# 高职学生职业发展与就业指导

主　编：周　薇

副主编：王秋芳　尹　华

南开大学出版社

天　津

**图书在版编目(CIP)数据**

高职学生职业发展与就业指导 / 周薇主编. —天津：
南开大学出版社，2017.8(2023.8 重印)
ISBN 978-7-310-05432-9

Ⅰ.①高… Ⅱ.①周… Ⅲ.①职业选择—高等职业教
育—教材 Ⅳ.①G717.38

中国版本图书馆 CIP 数据核字(2017)第 174865 号

高职学生职业发展与就业指导
GAOZHI XUESHENG ZHIYE FAZHAN YU JIUYE ZHIDAO

南开大学出版社出版发行
出版人:陈　敬
地址:天津市南开区卫津路 94 号　　邮政编码:300071
营销部电话:(022)23508339　营销部传真:(022)23508542
https://nkup.nankai.edu.cn

天津泰宇印务有限公司印刷　全国各地新华书店经销
2017 年 8 月第 1 版　2023 年 8 月第 5 次印刷
260×185 毫米　16 开本　16.875 印张　418 千字
定价:39.80 元

如遇图书印装质量问题,请与本社营销部联系调换,电话:(022)23508339

# 前　言

　　大学生涯正是人生最重要的阶段，职业发展也是大学生最重要的话题之一。有关大学生的各类就业调查表明，绝大多数在校学生都有获得学校专业化职业指导的迫切愿望。如今，随着社会经济的快速发展，高等教育的日益大众化以及高校招生规模的不断扩大，大学在校生和毕业生的数量都在逐年增长，大学生就业难已经成为了一个不容忽视的社会问题。大学生就业难问题的出现与社会经济的发展有一定的关系，但和大学生自身的就业观念有着更为直接的关系。有一些大学毕业生依然抱着天之骄子的心态，因而在就业时好高骛远，脱离社会需要而无法顺利就业；也有一些大学毕业生因缺乏必要的自信而在就业时饥不择食；还有一些大学毕业生因缺乏对自己、社会和职业的正确认识而盲目地迎合就业岗位的需要，从而导致高离职率的出现。

　　为了加强高校大学生的职业规划辅导和教育，帮助大学生更好地进行职业发展规划，我们组织教师编写了这本《高职学生职业发展与就业指导》。

　　本教材共分为三个模块，模块一为职业生涯规划篇，包括认识高职教育，传承校企文化；了解职业生涯，成就个人发展和规划大学生活，创造美好明天三章内容。模块二为职业素质篇，包括职业素质概述；职业理想与职业道德；大学生职业心态；大学生职业沟通；大学生团队合作能力；大学生职业形象；大学生时间管理和大学生创新能力八章内容。模块三为就业指导篇，包括大学生就业形势与政策；就业信息收集与自荐材料制作；大学生面试技巧；大学生创业和大学生就业权益保护及毕业派遣与档案管理五章内容。全书逻辑清晰，结构鲜明，语言通俗易懂，并穿插有案例、案例分析、拓展阅读、思考与练习等板块，具有全面性、科学性、系统性和实用性的特点。

　　本书在编写的过程中得到了各大通信运营商和服务商的大力支持，通过企业调研，共同探讨，教材内容上结合企业实际，使学生的就业能够更加贴近企业实际需求。

　　本书由四川邮电职业技术学院周薇担任主编，王秋芳、尹华担任副主编，在编写的过程中得到了诸多同行的帮助，同时参考了许多专家学者的研究成果，在此一并表示衷心的感谢。但由于时间仓促，编者水平有限，书中难免会有失误、错误或不当之处，恳请广大专家学者和读者不吝指正，以便本书日后的修订与完善。

# 目　录

# 模块一：职业生涯规划篇

# 第一章　认识高职教育，传承校企文化

**【导读】**

　　高等职业教育既是高等教育，又是职业教育。作为高职院校的学生，面对的是不同于普通高等教育的教育教学环境和目标，为使刚刚入学的新生尽快适应，规划好自己的大学生活。本章除了介绍高职教育外，还贴近邮电通信行业阐述了邮电通信企业文化，又以四川邮电职业技术学院为例阐述了高职院校的校园文化，以便使刚刚入学的大学生能够根据高等职业教育的特点调整身心，科学地确立自己的成长目标。

## 第一节　高职教育概述

　　我国的高等职业教育从 1999 年才开始成规模地发展，十几年间已经有了很大的进展。近年来，高等职业教育发展很快，办学规模迅速扩大，办学水平不断提高，办学特色日趋明显，社会影响力和社会评价显著提高，业已成为全国教育发展的重点。中国高等职业教育以其独特的发展和不可替代的位置获得了社会普遍的关注。目前，全国高职院校在校生人数已近 1000 万，高等职业教育已成为我国高等教育的"半壁江山"。据有关方面对各类高等院校的统计，独立设置的高职高专院校毕业生初次就业率仅次于"985"院校。进入高职院校学习的学生，应首先对高职教育的性质和特点等问题有一些了解。

### 一、高等职业教育的性质和特点

#### （一）高等职业教育的性质

　　根据《中华人民共和国高等教育法》第二章第十六条、第十七条之规定，高等学历教育分为专科教育、本科教育和研究生教育。

　　专科教育的学业标准是，应当使学生掌握本专业必备的基础理论、专门知识，具有从事本专业实际工作的基本技能和初步能力。

　　专科教育的基本修业年限为二至三年，本科教育的基本修业年限为四至五年，硕士研究生教育的基本修业年限为二至三年，博士研究生教育的基本修业年限为三至六年。非全日制高等学历教育的修业年限应当适当延长。高等学校根据实际需要，报主管的教育行政部门批准，可以对本学校的修业年限做出调整。

　　根据《中华人民共和国职业教育法》第二章第十三条、第十四条的规定，职业学校教育分为，初等、中等、高等职业学校教育。其中，高等职业学校教育根据需要和条件由高等职业学校实施，或者由普通高等学校实施。其他学校按照教育行政部门的统筹规划，可以实施同层次的职业学校教育。

由此可见，高等职业教育既是高等教育，又是职业教育。在整个教育系统内，从层次上来划分，高职教育属于高等教育，是高等教育的重要组成部分。与职高、中专、技校等中等职业教育相比较，虽在类型上同属职业教育范畴，但高职教育处于更高的等级和层次，高职毕业生可以适应新技术产业和科技含量更高的职业岗位，具有更强的技术应用能力和创新能力；从类型上来划分，高职教育又属于职业教育，所以，与大家熟悉的传统的普通高等教育相比较，虽在层次上同属高等教育，但高职教育与普通高等教育在性质、类型、培养目标与教学特点等方面有很大的不同，具有高职教育自身的特点。高等职业教育是兼有高等教育和职业教育双重属性的一种新的高等教育类型；高职教育培养的人才，既要达到高等教育的基本要求，又要具有职业教育特点，要面向实际、突出应用性、实践性，毕业生有较强的现场解决实际问题的技术应用能力和创新能力。

**（二）高等职业教育的特点**

1. 从培养目标看具有职业定向性

高等职业教育培养目标是具有本专业必备的基础理论、专门知识，具有从事本专业实际工作的基本技能和初步能力，能够学习和运用高新技术知识，创新性地解决生产、经营与管理一线需要的实际技术问题。

2. 从专业设置和知识结构看具有对社会需求的适应性、针对性

《中华人民共和国职业教育法》第三章第二十三条规定，"实施职业教育应当实行产教结合，为本地区经济建设服务，与企业密切联系，培养实用人才和熟练劳动者。"这就要求高等职业教育要按照行业领域技术和岗位的实际需要设置专业。专业设置应把握市场的需求、专业的超前、专业的可行三个要素。高等职业教育的课程结构不必追求理论的系统性和完整性，要求把握本专业必要的理论知识、专门知识，它更加强调本专业技能的实用性和所学知识在实际工作中的适用性。无论理论基础还是实操技能都以"必需""够用"为尺度，以实际运用为重点。教学内容根据特定职业的岗位需求和技能要求，根据用人单位对所需人才的能力和知识结构的要求来确定，突出实用性。注重培养学生的合作能力、自我调节能力、独立思维能力、创新能力、科研成果转化能力及分析解决问题的能力，即围绕职业岗位，培养能解决职业岗位实际问题的实操能力，同时注重培养学生对职业岗位变动的良好适应性。

3. 从师资看强调建设一支高素质的"双师型"和专兼结合的教师队伍

师资队伍是提高高等职业教育办学水平和质量的关键。与普通高校相比较，从事高等职业教育的教师，应具有更为全面的知识储备，较高的专业技术应用能力和组织管理能力，较强的社会活动能力和知识创新能力；既要成为本专业的教授，又要成为本专业的工程师、经济师、会计师等。教师要定期到企事业单位的生产和管理第一线，去学习和掌握在线生产技术，了解在线设备，不断更新知识，丰富实践经验，提高教学水平。

高等职业教育的教师，还应是专兼职结合、比例合理的一支高等教育教师队伍。高职院校的教师，除了高职院校本身的在职专任教师以外，还应有一定比例的从行业、企事业单位聘请的管理骨干、技术专家担任兼职教师、名誉教授、客座教授等。总之，高等职业教育的师资队伍应该是一支学术水平高、教学水平高、实际工作能力强、结构合理、在行业领域内具有较高专业覆盖面的"双师型"专兼职教师队伍。

·4. 从毕业生看实行的是学历证书和职业资格证书"双证"教育

《中华人民共和国职业教育法》第一章第八条规定，"实施职业教育应当根据实际需要，同国家制定的职业分类和职业等级标准相适应，实行学历证书、培训证书和职业资格证书制度。"因此，高等职业教育的学生在获得毕业证书的同时，还要求按照国家制定的职业分类和职业等级标准获得相应的职业资格证书。职业资格证书作为高职院校毕业生就业的凭证，可以使学生适应劳动力市场就业需求，拓宽就业门路，提高竞争力。实行职业资格证书制度，有利于提高大学生的职业素质和职业技能，为高职院校大学毕业生自主择业和用人单位择优用人提供客观公正的职业技能凭证。

## 二、职业教育的现状及前景

### （一）专业设置迅速适应职业结构和产业结构的变化

当今社会，经济建设飞速发展，新兴产业、行业随时都会应运而生，使得社会对人才的需求不断变化。高校是培养人才的基地，专业的设置要经过预测，适度超前，紧贴社会需求，掌握办学的主动权。同时以社会需求量比较大的长线专业作为相对稳定的专业，优化专业结构，将课程设置分为基础知识、基本技能训练、专业知识与专业技能训练三部分，形成以模块为主的综合课程，利用分割与组合的方式，由相对稳定的专业派生出新的专业或专业方向，使浮动性与稳定性结合，以适应社会需求的多变。

### （二）实践教学内容贯穿高等职业教育的全过程

高等职业教育的整个过程，强调理论与实践、实施和能力的有机结合，实践教学贯穿教学的全过程。不同的专业根据自身特点合理确定实践教学在整个教学计划中所占的比重。在整个教学实施过程中，理论教学与实践教学穿插进行，在不同的学习阶段对实践提出不同的要求。在主要课程之后，都会安排一些实践活动，使学生能够运用所学的知识，解决某些问题。在每一个教学环节中，随时随地将理论与实践结合讲授，使学生在做中学，在学中做，边学边做，学做合一。

### （三）全方位、多层次面向社会办学，走产业化发展道路

高等职业教育既然要按照市场经济的需要或者说按照产业的需要办学，就要求必须贯彻产学研结合的原则，坚持理论与实践相结合，教育与生产相结合。目前许多高职院校都建立了由企业、学校的专家组成的专业指导委员会，对高职院校的专业设置、教学计划、课程设置、实践环节等进行可行性论证，确定方案，使教学内容更加丰富，更加切合实际需要。同时根据优势互补、共同受益的原则，巩固和建设一批相对稳定、形式多样、效益显著的"教学实训基地"，通过实施"订单式"培养，使学校、企业、社会连成一片，紧紧依靠社会，开放式办学。建立相关产学合作联盟，走依靠行业、产业办专业，发展专业的道路，使学生在社会、企业的大课堂中锻炼工作能力和专业技能，增强岗位意识和敬业精神，提高科研能力，启发创造性思维，也强化了学生的产品质量意识和市场竞争意识，便于学生职业适应和职业发展。

### （四）国际间的交流与合作势在必行

高等职业教育的定位是服务于地方经济，不同地区经济发展模式、发展重点自然会有所不同，但随着世界经济化时代的到来，高职教育国际化已成为一种趋势。世界各国在高等教

育领域中的合作日益频繁，合作项目已涉及开发研究、互认学分、互派访问学者等各个方面。对于我国的高职教育而言，由于发展模式还不成熟，西方国家已经有比较完善的职业教育模式，可以作为我国发展职业教育的参考。在借鉴的同时要清醒地认识到，一种教育模式的形成是一个国家政治、经济、文化等各方面长期发展积淀而成的，有着浓厚的历史和文化背景。要明确的是我们到底要从中学什么，如何学，如何结合当地的实际来学。

**（五）进一步找准定位、办出特色是高职教育的必然选择**

对于我国的高等职业院校来说，"定位"有三层含义，其一是培养目标的定位，即培养什么样的人才；其二是办学层次的定位，是专科层次而非本科层次；其三是当地区域性经济中心的定位。前两个定位从目前看，基本上已很明确，关键是第三个定位，如何办出特色并逐步建立起个性化教育模式是所有高职院校在苦苦探索的问题，高职教育是面向区域性经济的，只有找准经济定位，才能知道社会到底需要什么样的人才。

**【延伸阅读】**

### 国家中长期教育改革和发展规划纲要（2010—2020 年）（节选）

1. 大力发展职业教育

发展职业教育是推动经济发展、促进就业、改善民生、解决"三农"问题的重要途径，是缓解劳动力供求结构矛盾的关键环节，必须摆在更加突出的位置。职业教育要面向人人、面向社会，着力培养学生的职业道德、职业技能和就业创业能力。到 2020 年，形成适应经济发展方式转变和产业结构调整要求、体现终身教育理念、中等和高等职业教育协调发展的现代职业教育体系，满足人民群众接受职业教育的需求，满足经济社会对高素质劳动者和技能型人才的需要。

2. 政府切实履行发展职业教育的职责

把职业教育纳入经济社会发展和产业发展规划，促使职业教育规模、专业设置与经济社会发展需求相适应。统筹中等职业教育与高等职业教育发展。健全多渠道投入机制，加大职业教育投入。

**【延伸阅读】**

### 高等职业院校培养质量

1. 就业率：2012 届高等职业学校毕业生半年后的就业率为 90.4%，比 2011 届上升 0.8个百分点，与 2012 届本科毕业生 91.5% 的就业率基本接近。

2. 月收入：2012 届高等职业学校毕业生半年后的月收入为 2371 元，比 2011 届上升 10%。

3. 自主创业比例：在被调查的 2012 届高等职业学校毕业生中有 2.9% 的学生自主创业，比 2011 届上升 0.7 个百分点；2012 届本科毕业生自主创业比率为 1.2%。

4. 专业相关度：有 64% 的 2012 届理工农医类高职毕业生所从事的工作与专业相关，比2011 届上升 1 个百分点。

5. 母校总体满意度：有 83% 的 2012 届高职毕业生表示对母校满意，比 2011 届上升 3 个百分点。

（数据来源：麦可思　2011—2012 届大学毕业生社会需求与培养质量调查）

**【延伸阅读】**

## 部分国家职业教育特点

**1. 加拿大职业教育**

在加拿大上正规大学的高中毕业生不到20%，有部分学生高中毕业就直接就业了，另外相当多的一部分则会选择就读职业教育。在加拿大，从职业教育学院毕业的学生更好找工作，薪酬有的甚至比大学毕业生还高。所以，很多大学毕业生找不到工作又回到职业教育学校学习，再找工作机会就会更多了。这与国内一些大学生到技校"回炉再造"有些相似。

职业学校公立、私立的都有。一般的职业教育2年左右就能完成，都是学分制，可以根据自己的情况选择课程，什么时候修够本专业的学分，什么时候就能毕业。所以上职业教育的全日制和非全日制的都有，这与我们国内有很大的不同。而且，有些学生上了职业学校，也可以再申请上大学，职业学校和正规大学的一些课程学分可以互认。

目前在加拿大职业教育中比较受欢迎的专业有IT网管、美容、木工、电工、会计、文秘、室内设计、汽车喷绘等，学校会根据不同的专业规定文化课程和实践课程各占多少学分。很多专业实行的都是与企业联合办学的模式，像英属哥伦比亚学院（BCIT）有个飞机修理专业，学生实习都会到大的航空公司，就业一般也就安排在实习的公司了，就业前景很好。

在加拿大，职业教育的专业是可以换的，如果你学了一段时间，感觉这个专业并不适合你，你可以申请转学别的专业，一些课程的学分也可以转。转换专业的手续和程序很简单，给学生很大的选择空间。这应该是我国目前职业教育可以积极探索学习的人才培养模式。

**2. 新加坡职业教育**

新加坡职业教育学院是专门培养职业人才的摇篮，专业设置非常齐全，而且学校就像一个复合型的大工厂，试验设备相当完善，学生在学校就可以把将来要工作的流水线全部接触到、学习到。而且，学院也会给学生安排带薪实习，一般实习期为2～4个月。学院本身就是人才加工厂，输出的毕业生可以直接胜任工作岗位。

另外，新加坡的理工学院也比较侧重于职业教育，完全根据市场导向办学，水准相比国内的高职教育来讲要高出很多。新加坡的职业教育很重要的一个特点就是企业老总、政府官员参与到校董事会，这样就会把最新的职业需求情况直接传达给学校，学校就会根据国家整体的人才需求和企业对人才的需求及时调整专业设置。

目前在新加坡，物流、旅游、酒店管理、电子、证券、金融等行业是就业的大热门，也成为学生选择职业教育的首选专业。

**3. 新西兰职业教育**

新西兰教育体系中最值得骄傲的是中、高等职业教育。新西兰的职业教育有超过一百年的发展历史，很多课程是长期移民或中短期移民短缺课程，而且学制不长，一般1～2年可以获得大专学历，毕业生能掌握相应的职业技能。这就意味着他们可以很快就业，并申请移民到新西兰。例如西餐厨师、面点师、机械师、建筑木工、园艺师、设计师、摄影师等都是移民短缺人才。遍布新西兰南北岛的20所国立理工学院提供所有相关课程。位于南岛最大城市的基督城理工学院提供一系列工程类技能大专课程，包括土木工程、汽车机械工程、电子工程、电脑工程及计算机辅助设计等。课程采取小班授课，每班不超过15人，能达到最好的教学效果。

# 第二节 邮电通信企业文化

## 一、中国电信行业发展概述

### （一）1979 至 1993 年：放松价格管制阶段

1979 年之前，我国电信业的基本体制是政府部门直接垄断经营。由于国家对电话资费实施严格管制政策，电信业基本不赢利甚至亏损，电信基础设施及服务短缺成为经济增长的瓶颈之一。

1979 年开始，政府实施电信管理体制改革并放松价格管制，采取对邮电业实行中央和地方双重领导，允许邮电部门征收电话初装费等措施。

1979 年 6 月，国务院批准邮电部的请示，同意向用户收取电话安装费用，用于市内电话建设。

1980 年，经国务院批准，邮电部、财政部、物价总局联合发文，对收取市话初装费的标准和办法做出明确规定。

1988 年 6 月，国务院领导提出通信发展要坚持"统筹规划、条块结合、分层负责、联合建设"的方针，形成了全社会支持通信发展的合力；同年 11 月，国务院确定邮电体制改革"三步走"的方向：第一步是对邮电物资等管理机构完全实现政企分开；第二步是逐步实现邮政、电信专业分别核算，转移职能；第三步是条件成熟时，从上至下实现邮政、电信分营和政企分开。

1990 年，经国务院批准，国家物价局、邮电部联合发文，提出了确定初装费标准的原则，全国指导性标准为 3000 至 5000 元，具体标准由各省区市政府制定。初装费成为支撑电信业持续高速发展的一个重要资金来源。

1993 年 8 月，国家放开经营部分电信业务，向社会放开经营无线寻呼、800 兆赫集群电话、450 兆赫无线移动通信、国内 VSAT 通信、电话信息服务、计算机信息服务、电子信箱、电子数据交换、可视图文等业务。

### （二）1994 至 1997 年：初步导入竞争阶段

1994 年 1 月，经国家经贸委批准，吉通公司成立，被授权建设、运营和管理国家公用经济信息网（即"金桥工程"），与原中国电信的 CHINANET 展开竞争。

1994 年 7 月，当时的电子部联合铁道部、电力部以及广电部成立了中国联通，被赋予打破"老中国电信"垄断地位的重任，但主要还是经营寻呼业务。

1995 年 4 月，电信总局以"中国邮电电信总局"的名义进行企业法人登记，其原有的政府职能转移至邮电部内其他司局，逐步实现了政企职责分开。

1995 年底，联通公司 GSM 移动电话网在北京、上海、广州、深圳等城市开通业务，四年后，联通移动电话用户达到 1874 万户，市场占有率为 22%。

1997 年 10 月，中国电信（香港）有限公司（后更名为中国移动香港有限公司）在纽约和香港挂牌上市。

（三）1998 至 2009 年：机构改革和产业重组阶段

1998 年年初，根据党的十五大精神和国务院的部署，中国电信业进入了以"政企分开、破除垄断、引入竞争"为主要内容的新的改革进程。

1998 年 3 月，国家在原邮电部和电子工业部的基础上组建信息产业部。至此，电信业逐步实现了政企分开。

1999 年 2 月，信息产业部决定对中国电信进行拆分重组，将中国电信的寻呼、卫星和移动业务剥离出去，原中国电信拆分成中国电信、中国移动和中国卫星通信公司 3 个公司，寻呼业务并入联通公司。

1999 年 4 月，中国网络通信有限公司成立。

2000 年 9 月，国务院批准信息产业部关于地方电信管理机构组建方案。到 12 月底，全国 31 个省区市通信管理局全部组建完毕。

2000 年 12 月，铁道通信信息有限责任公司成立。至此，中国电信市场七雄争霸格局初步形成。电信、移动、联通是市场中三个大玩家，而网通、吉通、铁通则一直扮演着"陪练"的角色。

2001 年 10 月，中国电信南北拆分的方案出台。拆分重组后形成新的"5+1"格局，这五大电信巨头包括了中国电信、中国网通、中国移动、中国联通、中国铁通以及中国卫星通信集团公司。

2004 年初，国务院正式决定，铁通由铁道部移交国务院国有资产监督管理委员会（国资委）管理，并更名为中国铁通集团有限公司，作为国有独资基础电信运营企业独立运作。

2008 年 5 月 24 日，工业和信息化部、国家发改委、财政部联合发布《关于深化电信体制改革的通告》，鼓励中国电信收购中国联通 CDMA 网（包括资产和用户），中国联通与中国网通合并，中国卫通的基础电信业务并入中国电信，中国铁通并入中国移动，国内电信运营商由 6 家变为 3 家。

2008 年 8 月 18 日，工信部发布《关于同意中国移动通信集团公司开展试商用工作的批复》，同意中国移动在全国建立 TD 网络并开展试商用。

2008 年 10 月 1 日，中国电信开始与中国联通进行 C 网交割，并于 60 天内完成。

2008 年 10 月 15 日，中国联通与中国网通两公司的红筹公司已宣布正式合并，新联通公司正式成立，并公布了新的公司标识。

2008 年 12 月 22 日，中国电信发布移动业务品牌"天翼"，189 号段在部分省市投入试商用，全面转型为全业务运营商。

2008 年 12 月 31 日，国务院常务会议通过决议，同意启动 3G 牌照发放工作。同时，工业和信息化部召开专题会议，决定按照国务院的部署和要求，依照法定程序和企业申请的程序，稳妥做好 TD-SCDMA 和 WCDMA、CDMA2000 三张牌照发放工作。

2009 年 1 月 7 日，国家工业和信息化部发放 3G 牌照，其中国移动获得 TD-SCDMA 牌照，中国联通和中国电信分别获得 WCDMA 和 CDMA2000 牌照，标志中国正式进入 3G 时代。

（四）2010 至今：电信行业稳定发展阶段

2010 年以来，中国电信、中国移动、中国联通进入了稳定发展时期。

2012 年 1 月 4 日，国务院确定三网融合第二批试点地区和城市，加上 2010 年 6 月 30 日确定的 12 个首批试点城市，三网融合覆盖了全国 54 个地区和城市。

2012 年 6 月，工信部发布《关于鼓励和引导民间资本进一步进入电信业的实施意见》，鼓励和引导民间资本通过多种方式进入电信业八个重点领域，积极拓宽民间资本的投资渠道和参与范围。

2013 年 12 月 4 日，国家工业和信息化部发放 4G 牌照。其中中国移动推出全新商务品牌"和"，中国联通、中国电信分别沿用各自原商务品牌"沃"和"天翼"，标志中国正式进入 4G 时代。

根据工信部运行监测协调局的统计数据，2014 年电信业务收入完成 11541.1 亿元，按可比口径测算同比增长 3.6%，电信业务总量完成 18149.5 亿元，同比增长 16.1%。

固定资产投资方面，2014 年，全行业固定资产投资规模完成 3992.6 亿元，同比增长 6.3%，达到自 2009 年以来投资水平最高点。从投资的类别来看，2014 年，移动投资稳占电信投资的重点，完成投资 1618.5 亿元，同比增长 20.2%，占全部投资比重的 40.5%；传输投资比重逐步加大，其中，传输投资完成 967 亿元，同比增长 1.6%，占比达到 24.2%；互联网及数据通信投资完成 398.6 亿元，占比达到 10%。

随着国家"宽带中国"战略、促进"信息消费"、推进 4G 运营等一系列政策的深入实施，以及大数据、云计算、物联网等新业务新技术的普及应用，我国电信产业面临更为广阔的发展空间。但另一方面，随着移动互联网和大数据时代的到来，电信运营商面临更加复杂的产业环境，OTT 业务在打破运营商增值业务体系后，又进一步冲击了短信、话音等电信运营商的传统通信业务，同时，移动业务转售的开放及政府和企业信息化建设的深化，促使行业内竞争向产业间竞争方向转移，电信行业竞争进一步加剧，电信运营商经营压力日益加大。在此背景下，电信运营商越发注重视网络能力、营销能力和管理能力的提升，通过经营创新建立差异化竞争优势，通过网络和服务质量提升改善客户感知和品牌形象，通过管理变革增强运营能力和效率等手段成为各电信运营商提升核心竞争力的决策共识。而加大信息系统投入，加快电子化销售、渠道、客服、结算和大 ERP 等集中管理系统上线，为实施运营和管理的改革创新举措奠定坚实基础。

## 二、邮电通信企业文化

### （一）中国电信

1. 企业标识（见图 1-1）

图 1-1　中国电信企业标识

2. 企业介绍

中国电信集团公司（简称"中国电信"）成立于 2000 年 5 月 17 日，注册资本 2204 亿元人民币，资产规模超过 6000 亿元人民币，年收入规模超过 3300 亿元人民币。中国电信是中国三大主导电信运营商之一，连续多年入选《财富》杂志"世界500强企业"。作为综合信息服务提供商，中国电信为客户提供包括宽带互联网接入、移动通信、信息化应用及固定电话等产品在内的综合化信息解决方案。

中国电信控股"中国电信股份有限公司"和"中国通信服务股份有限公司"两大上市公司，形成了主业和辅业的双股份运营架构，中国电信股份有限公司（股票代码 HK.00728、NYSE.CHA）于2002年在香港和纽约上市，中国通信服务股份有限公司（股票代码 HK.00552）于2006年在香港上市。

中国电信在国内的 31 个省（自治区、直辖市）以及欧美、亚太等区域的主要国家均设有分支机构，拥有全球规模最大、技术领先的宽带互联网络和移动通信网络，具备为全球客户提供跨地域、全业务的综合信息服务能力和客户服务渠道体系。中国电信旗下拥有"天翼领航""天翼e家""天翼飞Young"等著名客户品牌，以及"号码百事通""翼支付"等多个知名产品品牌。中国电信拥有庞大的客户资源，截至2012年底，宽带互联网接入用户规模超过1亿户，移动用户规模约1.6亿户，固定电话用户规模约1.7亿户。

中国电信在保持自身健康发展的同时，积极履行社会责任，自觉把企业运营融入经济、社会和环境的可持续发展之中，促进社会的和谐与进步。大力推进"宽带中国·光网城市"建设，持续扩大城镇地区光纤覆盖范围，着力打造国家级的"信息高速公路"；并在农村地区因地制宜建设宽带网络，努力缩小城乡之间的"数字鸿沟"，彰显国家信息化建设主力军风范；注重环境保护，秉承"低碳电信、绿色发展"的理念，大力推进节能技术改造和移动基站共建共享，为社会节能减排贡献自己的一份力量；面对突发的地震、洪水等自然灾害，总是全力以赴、以最快的速度抢先恢复灾区通信，为抢险救灾提供有力保障，充分显示了中国电信的社会责任意识；热心社会公益事业，关心弱势群体，捐款捐物、扶危济困，促进了社会的和谐发展。

3．企业文化

**企业使命**：让客户尽情享受信息新生活。

**战略目标**：做世界综合信息服务提供商。

**核心价值观**：全面创新，求真务实，以人为本，共创价值。

**经营理念**：追求企业价值与客户价值共同成长。

**服务理念**：用户至上，用心服务。

**（二）中国移动**

1．企业标识（见图1-2）

**图1-2 中国移动企业标识**

2．企业介绍

中国移动通信集团公司（简称"中国移动"）于2000年4月20日成立，注册资本518亿元人民币，资产规模超过万亿元人民币，拥有全球第一的网络和客户规模。

中国移动全资拥有中国移动（香港）集团有限公司，由其控股的中国移动有限公司（简称"上市公司"）在国内 31 个省（自治区、直辖市）和香港特别行政区设立全资子公司，并在香港和纽约上市。2012 年列入《财富》杂志世界 500 强第 81 位，品牌价值位列全球电信品牌前列。

中国移动主要经营移动话音、数据、IP 电话和多媒体业务，并具有计算机互联网国际联网单位经营权和国际出入口局业务经营权。除提供基本话音业务外，还提供传真、数据、IP 电话等多种增值业务，拥有"全球通""神州行""动感地带"等著名客户品牌。

截至 2012 年底，中国移动的基站总数超过 109 万个，客户总数超过 7.2 亿户。中国移动连续八年在国资委考核中获得最高级别——A 级。上市公司连续五年入选道琼斯可持续发展指数，是中国内地唯一入选的企业。同时，中国移动积极投身社会公益事业，连续四年荣获慈善领域最高政府奖"中华慈善奖"。

中国移动是联合国全球契约（Global Compact）正式成员，认可并努力遵守全球契约十项原则，并加入该组织倡导的"关注气候变化"（Caring For Climate）行动。中国移动是国际气候组织（The Climate Group）成员，努力在应对气候变化中发挥积极作用。

3．企业文化

中国移动企业文化理念体系由核心价值观、使命、愿景三部分构成。中国移动企业文化理念体系的核心内涵是"责任"和"卓越"，体现了中国移动作为企业、中国移动人作为社会中的一员，将以成为"负责任"和"最优秀"的企业和个人作为自己的追求。

核心价值观：正德厚生 臻于至善。

企业责任秉持做优秀企业公民的诚意，以诚信实践承诺，以永不自满、不断创新的进取心态，精益求精追求企业、社会与环境的和谐发展。

企业使命：创无限通信世界，做信息社会栋梁。

企业愿景：成为卓越品质的创造者。

**（三）中国联通**

1．企业标识（见图 1-3）

图 1-3　中国联通企业标识

2．企业介绍

中国联合网络通信集团有限公司（简称"中国联通"）于 2009 年 1 月 6 日在原中国网通和原中国联通的基础上合并组建而成，在国内 31 个省（自治区、直辖市）和境外多个国家和地区设有分支机构，是中国唯一一家在纽约、香港、上海三地同时上市的电信运营企业，连续多年入选"世界 500 强企业"。

中国联通主要经营固定通信业务，移动通信业务，国内、国际通信设施服务业务，卫星国际专线业务、数据通信业务、网络接入业务和各类电信增值业务，与通信信息业务相关的系统集成业务等。中国联通于 2009 年 4 月 28 日推出全新的全业务品牌"沃"，承载了联通始终如一坚持创新的服务理念，为个人客户、家庭客户、集团客户提供全面支持。

近年来，中国联通的资产、人员、用户和收入规模明显扩大，企业综合实力得到明显提升。截至 2012 年底，中国联通资产规模达到 5760.72 亿元人民币，全系统从业人员 29.48 万人。截至 2013 年 3 月底，用户总数 4.03 亿户，其中移动电话用户 25070.8 万户，宽带用户 6091.3 万户，固定电话（含无线市话）用户 9127.5 万户。中国联通的收入规模、用户规模及上市公司市值均位居全球电信运营商的前列。

中国联通拥有覆盖全国、通达世界的现代通信网络，积极推进固定网络和移动网络的宽带化，为广大用户提供全方位、高品质信息通信服务。2009 年 1 月，中国联通获得了当今世界上技术最为成熟、应用最为广泛、产业链最为完善的 WCDMA 制式的 3G 牌照。在短短几个月的时间里，中国联通便建成了全球规模最大的 WCDMA 网络。目前，3G 网络已经覆盖了全国所有城市。

面对全球电信业创新转型和我国深入推进信息化与工业化融合带来的新机遇和新挑战，中国联通将继续推进企业的创新发展力，全面满足广大用户的信息服务需求，致力于成为信息生活的创新服务领导者，在国民经济和社会信息化进程中发挥主力军作用。

3．企业文化

愿景使命：信息生活的创新服务领导者。

公司愿景包括四个核心要素，即"信息生活""引领创新""卓越服务"和"领导者"。

"信息生活"是公司经营的核心领域，是人们社会生活、工作、商务、社交、娱乐等全方位信息服务需求的总称。"信息生活"体现了公司坚持以客户为中心，与客户用心沟通，为人们的生活、学习和工作助力添彩，做优秀企业公民的愿望。"信息生活"的核心内涵是要为社会提供高品质的信息服务。

"引领创新"是公司长期健康发展的源动力和形成差异化竞争优势的必然要求。公司要立足成为影响和引领技术、业务、服务和管理的创新型企业。"引领创新"的核心内涵是要打造一流的创新能力。

"卓越服务"是公司未来作为信息服务提供商的立足之本和实现增长的必由之路。公司要以为客户提供最好的信息服务为己任，建立业界领先的服务体系。"卓越服务"的核心内涵是始终追求为客户提供卓越的服务感知。

"领导者"是公司始终追求的目标。公司要在企业规模、经营业绩、运营效率、创新能力和服务水平等方面达到世界领先水平。"领导者"的核心内涵是树立世界一流的信息服务品牌，在核心业务上成为具有重大影响力的领导者。

"信息生活"体现了公司以客户为中心的全新定位；"引领创新"和"卓越服务"突出了公司的核心经营理念；"领导者"展现了公司在发展中持续提升客户信息生活品质的不懈追求和雄心壮志。

（四）中国通信服务

1．企业标识（见图 1-4）

图 1-4 中国通信服务企业标识

2．企业介绍

中国通信服务股份有限公司（简称"中国通信服务"）是经国务院同意、国务院国有资产管理委员会批准，在国家工商行政管理总局登记注册成立的大型企业，由中国电信集团公司、中国移动通信集团公司、中国联合网络通信集团有限公司三大电信运营商控股，在全国范围内为通信运营商、媒体运营商、设备制造商、专用通信网及政府机关、企事业单位等提供网络建设、外包服务、内容应用及其他服务，并积极拓展海外市场。

中国通信服务拥有先进的技术、齐全的业务、良好的业绩、完备的资质、广泛的本地化服务网络和独具特色的一体化服务模式，以及具有丰富经验和良好执行能力的管理团队。中国通信服务是我国通信行业第一家在海外上市的生产性服务类企业。中国通信服务上市被国务院国资委誉为"为大型国有企业盘活辅业资产进行了有益探索，提供了成功案例"。

作为国内主导的"信息和媒体运营商的服务商"，中国通信服务将抓住当前难得的发展机遇，牢牢把握竞争的主动权，进一步提高服务水平，实现客户价值与企业价值的共同成长，用3～5年时间，把公司打造成为客户领先、运营卓越、资源高效、创新领导的信息和媒体支撑服务业的主导企业，成为服务于社会信息化的重要力量，成为客户满意、股东放心、员工信赖、社会认可的优秀企业。

3．企业文化

中国通信服务大力弘扬"上善若水的乙方文化"，倡导"利泽万物"的核心价值观，不断提高企业的凝聚力和软实力，为确保实现战略目标提供有力的文化保障。

中国通信服务将水的至善品格融入公司文化及经营发展当中，以"重信赖、尚智慧、利万物"文化内涵和"创新、包容、坚韧、信赖、伙伴"的文化品格，在信息化领域中通过打造一体化的总承包服务能力，向客户提供综合信息网络建设解决方案，从而整体实现股东、员工、行业、客户和社会的价值。

**（五）中国铁塔**

1．企业标识（见图1-5）

图1-5 中国铁塔企业标识

2．企业介绍

全称：中国铁塔股份有限公司。2005年7月，当时的中国信息产业部发出通知，要求相关企业本着有效利用、节约资源、技术可行、合理负担的原则，实现电信管道、电信杆路、通信铁塔等电信设施的共用。已建成的电信管道、电信杆路、通信铁塔等电信设施的电信业务经营者应当将空余资源以出租、出售或资源互换等方式向有需求的其他电信业务经营者开放。

真正行动起来是在2008年。2008年8月27日，中国国家审计署的一份工作报告显示，2002年至2006年，中国移动、电信、联通、网通、铁通5家企业累计投入11235亿元用于基础设施建设，重复投资问题突出，网络资源利用率普遍偏低，通信光缆利用率仅为1/3左右。运营商之间资源共享的呼声随之而起。

2010—2013 年间，工信部和国资委联合印发了《关于推进电信基础设施共建共享的实施意见》，提出该年度共建共享考核的各项要求和具体考核指标。没完成指标的，则由国资委给予相应的业绩考核扣分处理。

2014 年 3 月 26 日，由国资委牵头，会同工信部，组织三大运营商召开过一次协调会。会议研究讨论了铁塔公司组建涉及的重要问题，明确设立铁塔公司协调组和筹备组。其中，协调组负责协调公司组建中的重大事项，筹备组负责具体的公司组建工作。

2014 年 4 月 30 日，工信部相关司局负责人证实，三家基础电信企业正在研究共同组建一家"通信设施公司"，负责统筹建设通信铁塔设施，进一步提高电信基础设施共建共享水平。该负责人称，"基础电信企业的这种探索有利于促进资源节约和环境保护，也有利于降低行业的建设成本，最终惠及广大电信用户。"

"国家基站公司"将要成立的消息引发股市上相关股票出现大幅波动。在香港上市的中国联通（3.18，0.11，3.58%）H 股大涨 5.87%，中国电信也大涨 3.11%，中国移动则上涨不大。原因是一旦"国家基站公司"成立，中国电信和中国联通将能以很少的成本快速布置 4G 基站，进而能集中精力发展新业务。

2014 年 9 月 11 日，铁塔公司终于落地。三大运营商中国移动、中国联通和中国电信共同签署了《发起人协议》，分别出资 40.0 亿元人民币、30.1 亿元人民币和 29.9 亿元人民币，在中国铁塔股份有限公司中各持有 40.0%、30.1% 和 29.9% 的股权。

**（六）中国邮政**

1．企业标识（见图 1-6）

图 1-6　中国邮政企业标识

2．企业介绍

中国邮政集团公司是依照《中华人民共和国全民所有制工业企业法》组建的大型国有独资企业，依法经营邮政专营业务，承担邮政普遍服务义务，受政府委托提供邮政特殊服务，对竞争性邮政业务实行商业化运营。

中国邮政集团公司为国务院授权投资机构，承担国有资产保值增值义务。财政部为中国邮政集团公司的国有资产管理部门。中国邮政集团公司在全国各省、自治区、直辖市设置邮政公司。

中国邮政集团公司在政府依法监管、企业独立自主经营的邮政新体制下，将按照建立现代企业制度的要求，逐步发展成为结构合理、技术先进、管理科学、服务优良、主业突出、拥有著名品牌、具有国际和国内竞争实力的现代企业集团。

中国邮政集团公司经营的主要业务：国内和国际邮件寄递业务；报刊、图书等出版物发行业务；邮票发行业务；邮政汇兑业务；机要通信业务；邮政金融业务；邮政速递业务；邮政物流业务；电子商务业务；各类邮政代理业务；国家规定开办的其他业务。

3．企业文化

企业理念：进步，与您同步；

服务理念：百年邮政，诚信到家；

经营理念：以服务促发展，以结构求效益；

管理理念：强大的中场承前启后，前场要善于进攻，后场要稳固防守；

团队意识：凝聚力谋发展，团结实干不争论；

员工关系：以诚相待，同甘共苦，友爱和谐；

客户关系：诚信竞合，共同发展。

**（七）中国广电**

1. 企业标识（见图1-7）

图1-7　中国广电企业标识

2. 企业介绍

中国广播电视网络有限公司（简称"中国广电"）由财政部出资，广电总局负责组建和代管，注册资本45亿元。中国广播电视网络有限公司负责全国范围内有线电视网络有关业务，并开展三网融合业务。2010年国务院在关于《推进三网融合总体方案》的通知中明确指出，在2010—2012年试点阶段"以推进广电和电信业务双向阶段性进入为重点"，并"加快培育市场主体，组建国家级有线电视网络公司，初步形成适度竞争的产业格局"。为此，2010年8月，广电总局成立了国家级广电网络公司筹备组。

中国广播电视网络有限公司成立后进一步整合全国有线电视网络为统一的市场主体，并拥有宽带网络运营等业务资质，成为继移动、电信、联通后的"第四运营商"，同时也是广电系"三网融合"的推进主体。

**【延伸阅读】**

**国家中长期教育改革和发展规划纲要**（2010—2020年）（节选）

第六章　职业教育

（十四）大力发展职业教育。发展职业教育是推动经济发展、促进就业、改善民生、解决"三农"问题的重要途径，是缓解劳动力供求结构矛盾的关键环节，必须摆在更加突出的位置。职业教育要面向人人、面向社会，着力培养学生的职业道德、职业技能和就业创业能力。到2020年，形成适应经济发展方式转变和产业结构调整要求、体现终身教育理念、中等和高等职业教育协调发展的现代职业教育体系，满足人民群众接受职业教育的需求，满足经济社会对高素质劳动者和技能型人才的需要。

政府切实履行发展职业教育的职责。把职业教育纳入经济社会发展和产业发展规划，促使职业教育规模、专业设置与经济社会发展需求相适应。统筹中等职业教育与高等职业教育发展。健全多渠道投入机制，加大职业教育投入。

把提高质量作为重点。以服务为宗旨，以就业为导向，推进教育教学改革。实行工学结合、校企合作、顶岗实习的人才培养模式。坚持学校教育与职业培训并举，全日制与非全日制并重。制定职业学校基本办学标准。加强"双师型"教师队伍和实训基地建设，提升职业教育基础能力。建立健全技能型人才到职业学校从教的制度。完善符合职业教育特点的教师资格标准和专业技术职务（职称）评聘办法。建立健全职业教育质量保障体系，吸收企业参加教育质量评估，开展职业技能竞赛。

（十五）调动行业企业的积极性。建立健全政府主导、行业指导、企业参与的办学机制，制定促进校企合作办学法规，推进校企合作制度化。鼓励行业组织、企业创办职业学校，鼓励委托职业学校进行职工培训。制定优惠政策，鼓励企业接收学生实习实训和教师实践，鼓励企业加大对职业教育的投入。

（十六）加快发展面向农村的职业教育。把加强职业教育作为服务社会主义新农村建设的重要内容。加强基础教育、职业教育和成人教育统筹，促进农科教结合。强化省、市（地）级政府发展农村职业教育的责任，扩大农村职业教育培训覆盖面，根据需要办好县级职教中心。强化职业教育资源的统筹协调和综合利用，推进城乡、区域合作，增强服务"三农"能力。加强涉农专业建设，加大培养适应农业和农村发展需要的专业人才力度。支持各级各类学校积极参与培养有文化、懂技术、会经营的新型农民，开展进城务工人员、农村劳动力转移培训。逐步实施农村新成长劳动力免费劳动预备制培训。

（十七）增强职业教育吸引力。完善职业教育支持政策。逐步实行中等职业教育免费制度，完善家庭经济困难学生资助政策。改革招生和教学模式。积极推进学历证书和职业资格证书"双证书"制度，推进职业学校专业课程内容和职业标准相衔接。完善就业准入制度，执行"先培训，后就业""先培训，后上岗"的规定。制定退役士兵接受职业教育培训的办法。建立健全职业教育课程衔接体系。鼓励毕业生在职继续学习，完善职业学校毕业生直接升学制度，拓宽毕业生继续学习渠道。提高技能型人才的社会地位和待遇。加大对有突出贡献的高技能人才的宣传表彰力度，形成行行出状元的良好社会氛围。

第七章　高等教育

（十八）全面提高高等教育质量。高等教育承担着培养高级专门人才、发展科学技术文化、促进社会主义现代化建设的重大任务。提高质量是高等教育发展的核心任务，是建设高等教育强国的基本要求。到2020年，高等教育结构更加合理，特色更加鲜明，人才培养、科学研究和社会服务整体水平全面提升，建成一批国际知名、有特色、高水平的高等学校，若干所大学达到或接近世界一流大学水平，高等教育国际竞争力显著增强。

（十九）提高人才培养质量。牢固确立人才培养在高校工作中的中心地位，着力培养信念执著、品德优良、知识丰富、本领过硬的高素质专门人才和拔尖创新人才。加大教学投入，把教学作为教师考核的首要内容，把教授为低年级学生授课作为重要制度。加强实验室、校内外实习基地、课程教材等基本建设。深化教学改革，推进和完善学分制，实行弹性学制，促进文理交融。支持学生参与科学研究，强化实践教学环节。加强就业创业教育和就业指导服务。创立高校与科研院所、行业、企业联合培养人才的新机制。全面实施"高等学校本科教学质量与教学改革工程"。严格教学管理，健全教学质量保障体系，改进高校教学评估。充分调动学生学习积极性和主动性，激励学生刻苦学习，增强诚信意识，养成良好学风。

大力推进研究生培养机制改革，建立以科学与工程技术研究为主导的导师责任制和导师项目资助制，推行产学研联合培养研究生的"双导师制"。实施"研究生教育创新计划"，加强管理，不断提高研究生特别是博士生培养质量。

（二十）提升科学研究水平。充分发挥高校在国家创新体系中的重要作用，鼓励高校在知识创新、技术创新、国防科技创新和区域创新中做出贡献。大力开展自然科学、技术科学、哲学社会科学研究。坚持服务国家目标与鼓励自由探索相结合，加强基础研究；以重大现实问题为主攻方向，加强应用研究。促进高校、科研院所、企业科技教育资源共享，推动高校创新组织模式，培育跨学科、跨领域的科研与教学相结合的团队。促进科研与教学互动、与创新人才培养相结合。充分发挥研究生在科学研究中的作用。加强高校重点科研创新基地与科技创新平台建设。完善以创新和质量为导向的科研评价机制。积极参与马克思主义理论研究和建设工程。深入实施"高等学校哲学社会科学繁荣计划"。

（二十一）增强社会服务能力。高校要牢固树立主动为社会服务的意识，全方位开展服务。推进产学研用结合，加快科技成果转化，规范校办产业发展。为社会成员提供继续教育服务。开展科学普及工作，提高公众科学素质和人文素质。积极推进文化传播，弘扬优秀传统文化，发展先进文化。积极参与决策咨询，主动开展前瞻性、对策性研究，充分发挥智囊团、思想库作用。鼓励师生开展志愿服务。

（二十二）优化结构，办出特色。适应国家和区域经济社会发展需要，建立动态调整机制，不断优化高等教育结构。优化学科专业、类型、层次结构，促进多学科交叉和融合。重点扩大应用型、复合型、技能型人才培养规模。加快发展专业学位研究生教育。优化区域布局结构。设立支持地方高等教育专项资金，实施中西部高等教育振兴计划。新增招生计划向中西部高等教育资源短缺地区倾斜，扩大东部高校在中西部地区招生规模，加大东部高校对西部高校对口支援力度。鼓励东部地区高等教育率先发展。建立完善军民结合、寓军于民的军队人才培养体系。

促进高校办出特色。建立高校分类体系，实行分类管理。发挥政策指导和资源配置的作用，引导高校合理定位，克服同质化倾向，形成各自的办学理念和风格，在不同层次、不同领域办出特色，争创一流。

加快建设一流大学和一流学科。以重点学科建设为基础，继续实施"985工程"和优势学科创新平台建设，继续实施"211工程"和启动特色重点学科项目。改进管理模式，引入竞争机制，实行绩效评估，进行动态管理。鼓励学校优势学科面向世界，支持参与和设立国际学术合作组织、国际科学计划，支持与境外高水平教育、科研机构建立联合研发基地。加快创建世界一流大学和高水平大学的步伐，培养一批拔尖创新人才，形成一批世界一流学科，产生一批国际领先的原创性成果，为提升我国综合国力贡献力量。

第十一章 人才培养体制改革

（三十一）更新人才培养观念。深化教育体制改革，关键是更新教育观念，核心是改革人才培养体制，目的是提高人才培养水平。树立全面发展观念，努力造就德智体美全面发展的高素质人才。树立人人成才的观念，面向全体学生，促进学生成长成才。树立多样化人才观念，尊重个人选择，鼓励个性发展，不拘一格培养人才。树立终身学习观念，为持续发展奠定基础。树立系统培养观念，推进小学、中学、大学有机衔接，教学、科研、实践紧密结合，学校、家庭、社会密切配合，加强学校之间、校企之间、学校与科研机构之间合作以及中外合作等多种联合培养方式，形成体系开放、机制灵活、渠道互通、选择多样的人才培养体制。

（三十二）创新人才培养模式。适应国家和社会发展需要，遵循教育规律和人才成长规律，深化教育教学改革，创新教育教学方法，探索多种培养方式，形成各类人才辈出、拔尖创新人才不断涌现的局面。

注重学思结合。倡导启发式、探究式、讨论式、参与式教学，帮助学生学会学习。激发学生的好奇心，培养学生的兴趣爱好，营造独立思考、自由探索、勇于创新的良好环境。适应经济社会发展和科技进步的要求，推进课程改革，加强教材建设，建立健全教材质量监管制度。深入研究、确定不同教育阶段学生必须掌握的核心内容，形成教学内容更新机制。充分发挥现代信息技术作用，促进优质教学资源共享。

注重知行统一。坚持教育教学与生产劳动、社会实践相结合。开发实践课程和活动课程，增强学生科学实验、生产实习和技能实训的成效。充分利用社会教育资源，开展各种课外及校外活动。加强中小学校外活动场所建设。加强学生社团组织指导，鼓励学生积极参与志愿服务和公益事业。

注重因材施教。关注学生不同特点和个性差异，发展每一个学生的优势潜能。推进分层教学、走班制、学分制、导师制等教学管理制度改革。建立学习困难学生的帮助机制。改进优异学生培养方式，在跳级、转学、转换专业以及选修更高学段课程等方面给予支持和指导。健全公开、平等、竞争、择优的选拔方式，改进中学生升学推荐办法，创新研究生培养方法。探索高中阶段、高等学校拔尖学生培养模式。

（三十三）改革教育质量评价和人才评价制度，改进教育教学评价。根据培养目标和人才理念，建立科学、多样的评价标准。开展由政府、学校、家长及社会各方面参与的教育质量评价活动。做好学生成长记录，完善综合素质评价。探索促进学生发展的多种评价方式，激励学生乐观向上、自主自立、努力成才。

改进人才评价及选用制度，为人才培养创造良好环境。树立科学人才观，建立以岗位职责为基础，以品德、能力和业绩为导向的科学化、社会化人才评价发现机制。强化人才选拔使用中对实践能力的考查，克服社会用人单纯追求学历的倾向。

【思考与练习】

1．你为何选择就读职业技术学院？

2．你认为你的前景如何？

3．你是否了解职业教育？

4．你怎样规划三年大学生活？

5．你理想中的大学学习和生活是什么样的？现实的大学学习和生活是什么样的？

6．有些同学抱怨：这是什么大学哟，管得比高中还严格。还有同学说：大学又不用上早晚自习，老师也没经常来班级和寝室，可自由了……你呢？有没有认真比对过四川邮电职业技术学院与其他学校的学生管理有关制度，你认为什么样的管理制度和模式更合理更合适？

# 第二章　了解职业生涯，成就个人发展

**【导读】**

学习了解职业及职业生涯内容，学会根据生涯学理论，确定职业发展方向和实施策略，规划好自己的人生之路。

## 第一节　认识职业生涯

### 一、职业生涯定义

职业生涯是一个人一生中所有与职业相联系的行为与活动，以及相关的态度、价值观愿望等的连续性经历的过程，也是一个人一生中职业、职位的变迁及工作理想的实现过程。

简单说，职业生涯就是一个人终生的工作经历。一般可以认为，我们的职业生涯开始于任职前的职业学习和培训，终止于退休。我们选择什么职业作为我们的工作，这对于每个人的重要性都是不言而喻的。

首先，我们未来的衣食住用行等各种需要，包括许多年轻人梦想的出国旅游、买房、买车，几乎都要通过工作来满足；同时，现代人大部分时间是在社会组织中度过的。在毕业后到退休前的几十年中，我们几乎每天都要和我们的工作打交道，因此，我们从事的工作，我们自己是否喜欢，是否适合，是否觉得这份工作很有意义，对我们同样非常重要。一位总裁曾经说过："在我看来，世界上最大的悲剧莫过于，有太多年轻人从来没有发现自己真正想做什么。想想看，一个人在工作中只能赚到薪水，其他的一无所获，这是一件多么可悲的事情啊！"

所以，我们在选择职业的时候，应该慎重的对待。中国的古话"男怕入错行，女怕嫁错郎"，在一定程度上反映了职业对于我们每个人的重要性。

#### （一）职业生涯规划的含义

职业生涯规划是指个人发展与组织发展相结合，对决定一个人职业生涯的主客观因素进行分析、总结和测定，确定一个人的事业奋斗目标，并选择实现这一事业目标的职业，编制相应的工作、教育和培训的行动计划，对每一步骤的时间、顺序和方向做出合理的安排。

#### （二）职业生涯规划的期限

职业生涯规划的期限，划分为短期规划、中期规划和长期规划。

短期规划，为1～2年内的规划，主要是确定近期目标，规划近期完成的任务。

中期规划，一般是 3～5 年内的规划，规划 3～5 年内的目标与任务。

长期规划，其规划时间是 5～10 年以上，主要设定较长远的目标。

**（三）职业生涯规划的特性**

1. 可行性

规划要有事实依据，并非是美好幻想或不着边际的梦想，否则将会延误良机。

2. 适时性

规划是预测未来的行动，确定将来的目标，因此各项主要活动，何时实施、何时完成，都应有时间和时序上的妥善安排，以作为检查行动的依据。

3. 适应性

规划未来的职业生涯目标，牵涉到多种可变因素，因此规划应有弹性，以增加其适应性。

4. 连续性

人生每个发展阶段应能持续连贯性衔接。

**（四）影响个人职业生涯发展的因素**

进取心与责任心、自信心、自我表现认识和自我表现调节、情绪稳定性、社会敏感性、社会接纳性、社会影响力。

## 二、职业生涯规划的意义

为什么要进行职业生涯规划？

一件成功的产品，在它问世之前，要经过精心策划，从调查市场需求到了解消费者偏好，再到搜集相关产品市场现状、前景，权衡本企业生产、销售条件，之后设计实施生产工艺流程、制造、包装、销售……

那么，对于我们自己呢？

如果把一个人的职业生涯比作一次旅行，那么出发之前最好先设定旅游线路，既不会错过梦想已久的地方，也不会千辛万苦却去到并不喜欢的景点。

国外的孩子从幼儿园就开始接受职业生涯规划理念的教育，而国内的职场人士只有在"撞到南墙"的时候，才会对自己的职业发展产生疑问，许多人愿意花一个礼拜甚至一个月的时间去计划一次休假、一次旅行，却不愿意花少许时间去进行事关自己一生的职业生涯规划……

哈佛大学曾经做过这样一个长达 25 年的跟踪调查，他们对一批学生 25 年前后有无明确的目标进行了长期的跟踪、调查和分析：

25 年前——

27%的人，没有目标；

60%的人，目标模糊；

10%的人，有清晰但比较短期的目标；

3%的人，有清晰而长远的目标。

25 年后——

3%的人，25 年间他们朝着一个方向不懈努力，几乎都成为社会各界的成功人士，其中不乏行业领袖、社会精英；

10%的人，他们的短期目标不断的实现，成为各个领域中的专业人士，大都生活在社会的中上层；

60%的人，他们安稳的生活与工作，但都没有什么特别的成绩，几乎都生活在社会的中下层；

剩下27%的人，他们的生活没有目标，过得很不如意，并且常常抱怨他人、抱怨社会、抱怨这个"不肯给他们机会"的世界。

所以，有具体的、明确的职业目标和规划的人比没有职业目标和规划的人成功的几率要大得多。这是不争的事实。

职业生涯规划的训练有助于全面提高大学生的综合素质，避免学习的盲目性和被动性；规划个人的职业生涯，可以使职业目标和实施策略能了然于心中，并便于从宏观上予以调整和掌控，能让大学生在职业探索和发展中少走弯路，节省时间和精力；同时，职业生涯规划还能对大学生起到内在的激励作用，使大学生产生学习、实践的动力，激发自己不断为实现各阶段目标和终极目标而进取。大学生首先要认识到生涯规划的重要意义，职业生涯活动将伴随我们的大半生，拥有成功的职业生涯才能实现完美人生。因此，职业生涯规划具有特别重要的意义。

**（一）职业生涯规划可以发掘自我潜能，增强个人实力**

一份行之有效的职业生涯规划将会：

（1）引导你正确认识自身的个性特质、现有与潜在的资源优势，帮助你重新对自己的价值进行定位并使其持续增值；

（2）引导你对自己的综合优势与劣势进行对比分析；

（3）使你树立明确的职业发展目标与职业理想；

（4）引导你评估个人目标与现实之间的差距；

（5）引导你前瞻与实际相结合的职业定位，搜索或发现新的或有潜力的职业机会；

（6）使你学会如何运用科学的方法采取可行的步骤与措施，不断增强你的职业竞争力，实现自己的职业目标与理想。

**（二）职业生涯规划可以增强发展的目的性与计划性，提升成功的机会**

生涯发展要有计划、有目的，不可盲目地"撞大运"，很多时候我们的职业生涯受挫就是由于生涯规划没有做好。好的计划是成功的开始，古语讲，凡事"预则立，不预则废"就是这个道理。

**（三）职业生涯规划可以提升应对竞争的能力**

当今社会处在变革的时代，到处充满着激烈的竞争。物竞天择，适者生存。职业活动的竞争非常突出，要想在这场激烈的竞争中脱颖而出并保持立于不败之地，必须设计好自己的职业生涯规划。这样才能做到心中有数，不打无准备之仗。而不少应届大学毕业生不是首先做好自己的职业生涯规划，而是拿着简历与求职书到处乱跑，总想会撞到好运气找到好工作。结果是浪费了大量的时间、精力与资金，到头来感叹招聘单位有眼无珠，不能"慧眼识英雄"，叹息自己英雄无用武之地。这部分大学毕业生没有充分认识到职业生涯规划的意义与重要性，认为找到理想的工作靠的是学识、业绩、耐心、关系、口才等条件，认为职业生涯规划纯属纸上谈兵，简直是耽误时间，有那时间还不如多跑两家招聘单位。这是一种错误的理念，实际上未雨绸缪，先做好职业生涯规划，磨刀不误砍柴工，有了清晰的认识与明确的目标之后再把求职活动付诸实践，这样的效果要好得多，也更经济、更科学。

从人力资源的角度出发，企业用人单位非常看重新进员工的职业生涯规划是否透明，是否与公司的发展一致。有一位毕业生在自己的求职资料中简要地描述了自己的生涯规划——"乐意从最基层的工作做起，用三至五年时间熟悉业务，掌握相应经验，然后向高级主管职位挑战"，尽管其成绩在众多竞争者中很一般，但却应聘成功。只有少数求职者会写出自己的未来发展规划。这些规划，让人觉得求职者的求职意向是经过深思熟虑的。即使其生涯规划只有五年甚至更短的时间用于为本企业工作，用人单位也乐意聘请这种目标明确、规划透明的人。宝洁公司高级人力资源经理透露，该公司在中国每年招聘应届毕业生 100 名左右，凡是职业生涯规划得早的人，现在大多数都已成为总监、副总监或高级经理。

因此，职业生涯规划应该从大学生入学就开始培养、引导和训练，以便为学生未来一生的职业发展打下坚实的基础。

## 三、职业生涯规划的理论

### （一）施恩的职业生涯发展理论

美国的施恩教授立足于人生不同年龄段面临的问题和职业工作主要任务，将职业生涯分为九个阶段。

1. 成长、幻想、探索阶段

一般 0~21 岁处于这一职业发展阶段。主要任务包括以下几方面：

（1）发展和发现自己的需要和兴趣，发展和发现自己的能力和才干，为进行实际的职业选择打好基础。

（2）学习职业方面的知识，寻找现实的角色模式，获取丰富信息，发展和发现自己的价值观、动机和抱负，做出合理的受教育决策，将幼年的职业幻想变为可操作的现实。

（3）接受教育和培训，开发工作中所需要的基本习惯和技能。在这一阶段所充当的角色是学生、职业工作的候选人、申请者。

2. 进入工作世界

16~25 岁的人步入该阶段。首先，进入劳动力市场，谋取可能成为一种职业基础的第一项工作；其次，个人和雇主之间达成正式可行的契约，个人成为一个组织或一种职业的成员，充当的角色是：应聘者、新学员。

3. 基础培训

处于该阶段的年龄是 16~25 岁。与上一正在进入职业工作或组织阶段不同，要担当实习生、新手的角色。也就是说，已经迈进职业或组织的大门。此时主要任务一是了解、熟悉组织，接受组织文化，融入工作群体，尽快取得组织成员资格，成为一名有效的成员；二是适应日常的操作程序，应付工作。

4. 早期职业的正式成员资格

此阶段的年龄为 17~30 岁，取得组织新的正式成员资格。面临的主要任务包括以下几方面。

（1）承担责任，成功的履行与第一次工作分配有关的任务。

（2）发展和展示自己的技能和专长，为提升或进入其他领域的横向职业成长打基础。

（3）根据自身才干和价值观，根据组织中的机会和约束，重估当初追求的职业，决定是否留在这个组织或职业中，或者在自己的需要、组织约束和机会之间寻找一种更好的配合。

5．职业中期

处于职业中期的正式成员，年龄一般在 25 岁以上。主要任务包括以下几方面。

（1）选定一项专业或进入管理部门。

（2）保持技术竞争力，在自己选择的专业或管理领域内继续学习，力争成为一名专家或职业能手。

（3）承担较大责任，确定自己的地位。

（4）开发个人的长期职业计划。

6．职业中期危险阶段

处于这一阶段的是 35~45 岁者。主要任务包括以下几方面。

（1）现实地估价自己的进步、职业抱负及个人前途。

（2）就接受现状或者争取看得见的前途做出具体选择。

（3）建立与他人的良师关系。

7．职业后期

从 40 岁以后直到退休，可说是处于职业后期阶段，此时的职业状况或任务包括以下几个方面。

（1）成为一名良师，学会发挥影响，指导、指挥别人，对他人承担责任。

（2）扩大、发展、深化技能，或者提高才干，以担负更大范围、更重大的责任。

（3）如果求安稳，就此停滞，则要接受和正视自己影响力和挑战能力的下降。

8．衰退和离职阶段

一般在 40 岁之后到退休期间，不同的人在不同的年龄会衰退或离职。此间主要的职业任务包括以下几方面。

（1）学会接受权力、责任、地位的下降。

（2）基于竞争力和进取心下降，要学会接受和发展新的角色。

（3）评估自己的职业生涯，着手退休。

9．离开组织或职业——退休

在失去工作或组织角色之后，面临以下两大问题或任务。

（1）保持一种认同感，适应角色、生活方式和生活标准的急剧变化。

（2）保持一种自我价值观，运用自己积累的经验和智慧，以各种资源角色，对他人进行传帮带。

需要指出的是，施恩虽然基本依照年龄增大顺序划分职业发展阶段，但并未囿于此，其阶段划分更多的是根据职业状态、任务、职业行为的重要性。

**（二）金斯伯格的职业生涯发展理论**

美国著名职业指导专家金斯伯格，对职业生涯的发展进行过长期研究，对于实践产生过广泛影响。金斯伯格的职业发展理论分为幻想期、尝试期和现实期。

1．幻想期

处于 11 岁之前的儿童时期。儿童们对大千世界，特别是对于他们所看到或接触到的各类职业工作者，充满了新奇、好玩的感觉。此时期职业需求的特点是：单纯凭自己的兴趣爱好，不考虑自身的条件、能力水平和社会需要与机遇，完全处于幻想之中。

2. 尝试期

11~17 岁，这是由少年儿童向青年过渡的时期。此时期，人的心理和生理在迅速成长发育和变化，有独立的意识，价值观念开始形成，知识和能力显著增长和增强，初步懂得社会生产和生活的经验。在职业需求上呈现出的特点是：有职业兴趣，但不仅限于此，更多的和客观的审视自身各方面的条件和能力；开始注意职业角色的社会地位、社会意义，以及社会对该职业的需要。

3. 现实期

17 岁以后的青年阶段，即将步入社会，能够客观地把自己的职业愿望或要求，同自己的主观条件、能力，以及社会现实的职业需要紧密联系和协调起来，寻找适合于自己的职业角色。此前所希求的职业不再模糊不清，已有具体的、现实的职业目标，表现出的最大特点是客观性、现实性、讲求实际。

金斯伯格的职业发展论，事实上是前期职业生涯发展的不同阶段，也就是说，是初就业前人们职业意识或职业追求的变化发展过程。

**（三）帕金森的职业—人匹配理论**

这是用于职业选择、职业指导的经典性理论。最早由美国波士顿大学教授帕金森提出。1909 年，帕金森在其《选择一个职业》的著述中，明确阐明职业选择的三大要素或条件。

（1）应清楚地了解自己的态度、能力、兴趣、智谋、局限和其他特征。

（2）应清楚地了解职业选择成功的条件，所需知识，在不同职业工作岗位上所占有的优势、不利和补偿、机会和前途。

（3）上述两个条件的平衡。帕金森的理论内涵即是在清楚认识、了解个人的主观条件和社会职业岗位需求条件基础上，将主客观条件与社会职业岗位（对自己有一定可能性的）相对照、相匹配，最后选择一个与个人匹配相当的职业。

职业—人匹配，分为两种类型：

（1）因素匹配，例如所需专门技术和专业知识的职业与掌握该种特殊技能和专业知识的择业者相匹配；或者脏、累、苦劳动条件很差的职业，需要吃苦耐劳、体格健壮的劳动者与之匹配。

（2）特性匹配，例如，具有敏感、易动感情、不守常规、个性强、理想主义等人格特性的人，宜于从事审美性、自我情感表达的艺术创作类型的职业。

帕金森的职业—人匹配论，这一经典性原则，至今仍然正确、有效，并影响着职业管理学、职业心理学的发展。

**（四）萨柏的职业生涯发展理论**

萨柏是美国另一位有代表性的职业学家。他把人的职业发展划分为 5 个大的阶段。

1. 成长阶段

从 0~14 岁。经历对职业从好奇、幻想到兴趣，到有意识培养职业能力的逐步成长过程。萨柏将这一阶段，具体分为 3 个成长期。

（1）幻想期（10 岁之前）：儿童从外界感知到许多职业，对于自己觉得好玩和喜爱的职业充满幻想和进行模仿。

（2）兴趣期（11~12 岁）：以兴趣为中心，理解、评价职业，开始做职业选择。

（3）能力期（13~14岁）：开始考虑自身条件与喜爱的职业是否相符，有意识地进行能力培养。

2．探索阶段

从15~24岁，择业、初就业。也可分为3个时期。

（1）试验期（15~17岁）：综合认识和考虑自己的兴趣、能力与职业社会价值、就业机会，开始进行择业尝试。

（2）过渡期（18~21岁）：进入劳动力市场，或者进行专门的职业培训。

（3）尝试期（22~24岁）：选定工作领域，开始从事某种职业。

3．建立阶段

从25~44岁为建立稳定职业阶段。经过两个时期。

（1）尝试期（25~30岁）：对初就业选定的职业不满意，再选择、变换职业工作。变换次数各人不等，也可能满意初选职业而无变换。

（2）稳定期（31~44岁）：最终职业确定，开始致力于稳定工作。

4．维持阶段

在45~64岁这一长时间内，劳动者一般达到常言所说的"功成名就"情景，已不再考虑变换职业工作，只力求维持已取得的成就和社会地位。

5．衰退阶段

人达到65岁以上，其健康状况和工作能力逐步衰退，即将退出工作，结束职业生涯。

**（五）格林豪斯的职业生涯发展理论**

格林豪斯研究人生不同年龄段职业发展的主要任务，并以此将职业生涯划分为5个阶段。

1．职业准备

典型年龄段为0~18岁。主要任务：发展职业想象力，对职业进行评估和选择，接受必须的职业教育。

2．进入组织

18~25岁为进入组织阶段。主要任务是在一个理想的组织中获得一份工作，在获取足量信息的基础上，尽量选择一种合适的、较为满意的职业。

3．职业生涯初期

处于此时期的典型年龄段为25~40岁。学习职业技术，提高工作能力；了解和学习组织纪律和规范，逐步适应职业工作，适应和融入组织；为未来的职业成功做好准备，是该时期的主要任务。

4．职业生涯中期

40~55岁是职业生涯中期阶段。需要对早期职业生涯重新评估，强化或改变自己的职业理想；选定职业，努力工作，有所成就。

5．职业生涯后期

从55岁直至退休为职业生涯的后期。继续保持已有的职业成就，维护尊严，准备退休，是这一阶段的主要任务。

**（六）霍兰德职业兴趣理论**

职业兴趣理论主要是由美国著名的职业指导专家霍兰德提出和发展。他认为人的一生中，面临许多选择，职业方面的选择是关乎一生幸福的重要内容之一。这其中职业兴趣有着极为重要的影响。

霍兰德把职业兴趣分为六种基本类型，我们每个人都归属于其中的一种或几种类型。六种职业兴趣类型为：

1. 社会型

共同特征：喜欢与人交往、不断结交新的朋友、善言谈、愿意教导别人。关心社会问题、渴望发挥自己的社会作用。寻求广泛的人际关系，比较看重社会义务和社会道德。

典型职业：喜欢要求与人打交道的工作，能够不断结交新的朋友，从事提供信息、启迪、帮助、培训、开发或治疗等事务，并具备相应能力。如教育工作者（教师、教育行政人员）和社会工作者（咨询人员、公关人员）。

2. 企业型

共同特征：追求权力、权威和物质财富，具有领导才能。喜欢竞争、敢冒风险、有野心、抱负。为人务实，习惯以利益得失，权利、地位、金钱等来衡量做事的价值，做事有较强的目的性。

典型职业：喜欢要求具备经营、管理、劝服、监督和领导才能，以实现机构、政治、社会及经济目标的工作，并具备相应的能力。如项目经理、销售人员，营销管理人员、政府官员、企业领导、法官、律师。

3. 常规型

共同特征：尊重权威和规章制度，喜欢按计划办事，细心、有条理，习惯接受他人的指挥和领导，自己不谋求领导职务。喜欢关注实际和细节情况，通常较为谨慎和保守，缺乏创造性，不喜欢冒险和竞争，富有自我牺牲精神。

典型职业：喜欢注意细节、精确度、有系统、有条理，具有记录、归档、根据特定要求或程序组织数据和文字信息的职业，并具备相应能力。如：秘书、办公室人员、记事员、会计、行政助理、图书馆管理员、出纳员、打字员、投资分析员。

4. 现实型

共同特征：愿意使用工具从事操作性工作，动手能力强，做事手脚灵活，动作协调。偏好于具体任务，不善言辞，做事保守，较为谦虚。缺乏社交能力，通常喜欢独立做事。

典型职业：喜欢使用工具、机器，需要基本操作技能的工作。对要求具备机械方面才能、体力或从事与物件、机器、工具、运动器材、植物、动物相关的职业有兴趣，并具备相应能力。如：技术性职业（计算机硬件人员、摄影师、制图员、机械装配工），技能性职业（木匠、厨师、技工、修理工、农民、一般劳动者）。

5. 调研型

共同特征：思想家而非实干家，抽象思维能力强，求知欲强，肯动脑，善思考，不愿动手。喜欢独立的和富有创造性的工作。知识渊博，有学识才能，不善于领导他人。考虑问题理性，做事喜欢精确，喜欢逻辑分析和推理，不断探讨未知的领域。

典型职业：喜欢智力的、抽象的、分析的、独立的定向任务，要求具备智力或分析才能，并将其用于观察、估测、衡量、形成理论、最终解决问题的工作，并具备相应的能力。 如科学研究人员、教师、工程师、电脑编程人员、医生、系统分析员。

6. 艺术型

共同特点：有创造力，乐于创造新颖、与众不同的成果，渴望表现自己的个性，实现自身的价值。做事理想化，追求完美，不重实际。具有一定的艺术才能和个性。善于表达、怀旧、心态较为复杂。

典型职业：喜欢的工作要求具备艺术修养、创造力、表达能力和直觉，并将其用于语言、行为、声音、颜色和形式的审美、思索和感受，具备相应的能力。不善于事务性工作，如艺术方面（演员、导演、艺术设计师、雕刻家、建筑师、摄影家、广告制作人）、音乐方面（歌唱家、作曲家、乐队指挥）、文学方面（小说家、诗人、剧作家）。

然而，大多数人都并非只有一种性向（比如，一个人的性向中很可能是同时包含着社会性向、实际性向和调研性向这三种）。霍兰德认为，这些性向越相似，相容性越强，则一个人在选择职业时所面临的内在冲突和犹豫就会越少。为了帮助描述这种情况，霍兰德建议将这六种性向分别放在一个正六角形的每一角。

员工的工作满意度与流动倾向性，取决于个体的人格特点与职业环境的匹配程度。当人格和职业相匹配时，会产生最高的满意度和最低的流动率。例如，社会型的个体应该从事社会型的工作，社会型的工作对现实型的人则可能不合适。这一模型的关键在于：第一，个体之间在人格方面存在着本质差异；第二，个体具有不同的类型；第三，当工作环境与人格类型协调一致时，会产生更高的工作满意度和更低的离职可能性。

**（七）MBTI人格理论**

MBTI理论认为一个人的个性可以从四个角度进行分析，用字母代表如下。

驱动力的来源：外向E—内向I。

接受信息的方式：感觉S—直觉N。

决策的方式：思维T—情感F。

对待不确定性的态度：判断J—知觉P。

其中两两组合，可以组合成16种人格类型。实际上这16种类型又归于四个大类之中，具体总结如下。

1. SJ型——忠诚的监护人

具有SJ偏爱的人的共性是有很强的责任心与事业心，他们忠诚、按时完成任务，推崇安全、礼仪、规则和服从，他们被一种服务于社会需要的强烈动机所驱使。

2. SP型——天才的艺术家

有SP偏好的人有冒险精神，反应灵敏，在任何要求技巧性强的领域中游刃有余，他们常常被认为是喜欢活在危险边缘寻找刺激的人。

3. NT型——科学家、思想家的摇篮

NT偏爱的人有着天生的好奇心，喜欢梦想，有独创性、创造力、洞察力，有兴趣获得新知识，有极强的分析问题、解决问题的能力。他们是独立的、理性的、有能力的人。

4. NF型——理想主义者

精神领袖NF偏爱的人在精神上有极强的哲理性，他们善于言辩、充满活力、有感染力、能影响他人的价值观并鼓舞其激情。他们帮助别人成长和进步，具有煽动性，被称为传播者和催化剂。

根据MBTI理论，每种个性类型均有相应的优点和缺点、适合的工作环境、适合自己的岗位特质。使用MBTI理论进行职业生涯开发的关键在于如何将个人的人格特点与职业特点进行结合。

对于大学生而言，在进行职业生涯设计时除了参考职业兴趣之外，最重要的就是了解自己的 MBTI 类型，它不仅可以提供适合的岗位、工作环境等方面的参考，还根据个人的情况提出了系统的发展建议。

**（八）职业锚理论**

职业锚（Career Anchor）是职业生涯规划时另一个必须考虑的要素。职业锚是指当一个人做出职业选择时，最难以舍弃的选择因素，也就是一个人选择和发展一生的职业时所围绕的中心。

职业锚的概念是由美国施恩教授提出的，这一概念最初产生于美国麻省理工学院斯隆管理学院的专门研究小组，是从斯隆管理学院毕业生的跟踪研究中提炼出的。

施恩教授在 1978 年时提出了五种类型的职业锚，随后大量的学者对职业锚进行了广泛的研究，并在 20 世纪 90 年代将职业锚确定为八种类型。

1．技术/职能型

技术/职能型的人追求在技术/职能领域的成长和技能的不断提高，以及应用这种技术/职能的机会。他们对自己的认可来自于他们的专业水平，他们喜欢面对专业领域的挑战。他们通常不喜欢从事一般的管理工作，因为这意味着他们不得不放弃在技术/职能领域的成就。

2．管理型

管理型的人追求并致力于工作晋升，倾心于全面管理，独立负责一个部分，可以跨部门整合其他人的努力成果。他们想去承担整体的责任，并将公司的成功与否看成自己的工作。具体的技术/职能工作仅仅被看作是通向更高、更全面管理层的必经之路。

3．自主/独立型

自主/独立型的人希望随心所欲安排自己的工作方式、工作习惯和生活方式。追求能施展个人能力的工作环境，最大限度地摆脱组织的限制和制约。他们宁愿放弃提升或工作发展机会，也不愿意放弃自由与独立。

4．安全/稳定型

安全/稳定型的人追求工作中的安全与稳定感，他们因为能够预测到稳定的将来而感到放松。他们关心财务安全，例如退休金和退休计划。稳定感包括诚实、忠诚，以及完成老板交待的工作。尽管有时他们可以达到一个高的职位，但他们并不关心具体的职位和具体的工作内容。

5．创业型

创业型的人希望用自己的能力去创建属于自己的公司或创建完全属于自己的产品（或服务），而且愿意去冒风险，并克服面临的障碍。他们想向世界证明公司是他们靠自己的努力创建的。他们可能正在别人的公司工作，但同时他们在学习并寻找机会。一旦时机成熟了，他们便会走出去创立自己的事业。

6．服务型

服务型的人一直追求他们认可的核心价值，例如帮助他人，改善人们的安全，通过新的产品消除疾病等。他们一直追寻这种机会，这意味着即使变换公司，他们也不会接受不允许他们实现这种价值的变动或工作提升。

7．挑战型

挑战型的人喜欢解决看上去无法解决的问题，战胜强硬的对手，克服无法克服的困难障碍等。对他们而言，参加工作或职业的原因是工作允许他们去战胜各种不可能。他们需要新奇、变化和困难，如果事情非常容易，它马上会变得非常令人厌烦。

8. 生活型

生活型的人希望将生活的各个主要方面整合为一个整体，喜欢平衡个人的、家庭的和职业的需要，因此，生活型的人需要一个能够提供"足够弹性"的工作环境来实现这一目标。他们将成功定义得比职业成功更广泛。相对于具体的工作环境、工作内容，生活型的人更关注自己如何生活、在哪里居住、如何处理家务事等。

职业锚实际上是内心中个人能力、动机、需要、价值观和态度等相互作用和逐步整合的结果。在实际工作中，通过不断审视自我，逐步明确个人的需要与价值观，明确自己擅长所在及今后发展的重点，最终在潜意识里找到自己长期稳定的职业定位，即职业锚。

对于有工作经验的人而言，明确自己的职业锚是职业选择的最佳参考。而对于没有工作经验的人而言，因为不了解各个职位的内涵，所以其职业锚还没有清晰形成。

## 四、职业生涯规划的原则

人们在思考自己的职业生涯规划时，应该把个体和社会结合起来，把个体发展与组织发展结合起来，把现在与未来结合起来进行思考。正确的职业生涯规划能使一个人走向成功之路，不正确的职业生涯规划可能使一个人误入歧途。为了正确制定职业生涯规划，人们必须遵循一些原则，职业生涯规划应遵循的主要原则有：

### （一）社会需要的原则

社会需要的原则是指一个人在确定职业目标时，要把社会需要作为出发点和归宿，以社会对自己的要求为准绳去观察和认识问题，进而确定自己的职业岗位。职业岗位的产生，是随着社会历史的发展而产生的，社会上每一个职业岗位的出现，也都是社会发展的需要。目前，社会的需要不断地变化着，旧的需要不断消失，新的需要不断产生，人们在进行职业生涯规划时，一定要分析社会需求，择世之所需。如果漠视社会需求，强调主观的想象，闭门造车，那一定会自食苦果，不能实现职业发展的目标。如果个人利益与国家利益发生矛盾时，个人要自觉地服从社会需要，到祖国最需要的地方去建功立业。

### （二）发挥个人优势的原则

发挥个人优势的原则是指一个人在选择职业岗位时，综合自身素质情况，根据自身的特长和优势选择职业岗位，以利于今后在职业岗位上顺利地、出色地完成本职工作。人与人之间是存在着差异的，每一个人和其他人相比，在能力、性格、专业等方面肯定是不完全相同的。根据自己能力及特长来选择职业岗位，既是胜任工作的需要，又是发挥个人的最大潜力和进行创造性劳动的需要。适当考虑自己的性格特点，充分发挥性格特长也十分必要，从所学专业特点出发，做到专业基本对口，能够在职业岗位上大显身手。如果不坚持发挥个人优势的原则去择业，那只会事与愿违，功不成、业不就，贻误自己的前程。不同职业对从业者素质还有其特殊的行业要求，人们在发挥自己特长的同时，还要充分认识、主动去适应职业岗位的需要，若是身体原因、性别原因受限，则不能勉强。

### （三）择己所利的原则

职业对每个人而言，当然是一种谋生的手段，是谋取人生幸福的途径。谁都期望职业生涯能给自己幸福，利益倾向支配着你的职业选择。每个人通过职业劳动，在谋取个人利益的同时，也为社会做出了贡献，创造了社会财富。每个人在规划职业生涯时必将考虑自己的预期收益，这种预期收益要求你实现最大化的幸福，也就是使收益最大化。个人预期收益在于使这些由低到高的需求得到最大的满足，而衡量其满足程度的指标表现在收入、社会地位、职业生涯稳定感与挑战性等方面。不同的人会有不同的想法，每个人都会尽可能满足其所有的需求，从一个社会人的角度出发，在一个由收入、社会地位等变量组成的函数中找到一个最大值。不考虑个人利益的职业生涯规划是不合理和不现实的。择己所利必须建立在履行个人对社会的义务，遵守国家社会法规的前提下来考虑。

### （四）独立性原则

独立性原则是指规划职业生涯时有自己的主见，能根据自己的志向和判断独立做出选择。每个人在规划职业生涯时，他人及一些社会现象和信息会对自己产生一定的影响，有些人的建议会有重要的参考价值，也有些人尽管他们的出发点是好的，但由于价值观差异、思考角度不同，有时还会产生误导作用。独立性原则就是要求人们头脑清醒，在了解社会现状及发展趋势的情况下，多看书，多浏览网站，多向父母、老师、同学、老乡、亲戚请教，最后自己做出正确的决策。毕竟对自己的情况最为了解的是自己，未来职业生涯规划的实现与否影响最大的也是自己。一般情况下，了解信息越多，请教的人范围越广，做出的规划就越客观。当然，如果没有主见，见的、听的越多会越糊涂。凡是人云亦云、随大流的人是没有多大作为的。但坚持独立性原则不是要求人们做规划时闭门造车，固执己见，不虚心听取别人的意见。

### （五）主动性原则

主动性原则就是指人们在职业生涯规划实施过程中，要主动出击，积极参与。主动性表现在主动地完善自我，提高自己的素质，在就业前掌握一定的职业技能，为此后在职业竞争中获得成功打下基础。主动性具体表现在主动参与职业岗位竞争，主动与用人单位进行联系，主动寻求父母兄长、同学老师、同事朋友的各种帮助，主动开拓就业岗位、自谋职业、自主创业。主动性还具体表现为主动地了解人才供求信息和规格要求，主动搜集各种职业知识和用人信息，主动到职业介绍机构进行咨询，主动参加各种职业技能培训，主动准备好求职信，主动做好面试与形象等方面的准备。凡是有主动性的人，是具有积极生活态度的人，比起那些被动、消极的人来说会赢得更多的机会，从而易于取得一定的成就，尽快地实现自己的职业发展目标。

### （六）分清主次的原则

在现实生活中，摆在人们面前的职业或用人单位是多样的，其工作性质、工作条件、生活待遇、发展方向等不尽相同，且各有各的优劣之处。人们在选择时，发现不可能有十全十美的职业或用人单位，只能权衡利弊、分清主次，在职业选择决策的过程中，抓住主要的、现实的、合理的条件，抛弃次要的、幻想的、过分要求的因素。分清主次的原则就是要求人们规划职业生涯不要面面俱到，过于追求完美，那样只会丧失很多机会而难于就业。同时，分清主次的原则要求人们规划职业生涯时，一定要搞明白哪是主、哪是次，不能本末倒置，抓住了本该忽视的、与自己关系不大的方面，而忘记本应该重视的、与自己紧密相关的方面，错过了真正的好职业，没有达到应该达到的发展程度。

## （七）长期性原则

职业生涯规划一定要从长远来考虑，只有这样才能给人生设定一个大方向，使你集中力量紧紧围绕这个方面做出努力。规划一定要明确，一个可以实行的行动，各项主要活动何时实施、何时完成，都要有时间和时序上的妥善安排。人生各阶段的线路划分与安排都具体可行，能够根据个人特点、用人单位发展需要和社会发展需要确定将来的目标。人生每个发展阶段的规划应保持连贯性，各具体规划与人生总体规划保持一致，若摇摆不定，前后矛盾，则会浪费各发展阶段的人力资本积累。规划是预测未来的行动，牵涉到许多可变因素，因此规划要有弹性，到了一定的时间要视具体情况予以修正。有了长期性原则，职业生涯规划就会变得清晰起来，从而是可行的、有效的，最终使进行职业生涯规划的人走向成功。

### 【案例分析】

**案例：**这是一个关于四只毛毛虫的故事。毛毛虫都喜欢吃苹果，有四只关系很好的毛毛虫，都长大了，各自去森林里找苹果吃。

第一只毛毛虫跋山涉水，终于来到一棵苹果树下。它根本就不知道这是一棵苹果树，也不知树上长满了红红的可口的苹果。当它看到其他的毛毛虫往上爬时，稀里糊涂地就跟着往上爬。没有目的，不知终点，更不知自己到底想要哪一种苹果，也没想过怎么样去摘取苹果，只好一切全凭运气了。

第二只毛毛虫也爬到了苹果树下。它知道这是一棵苹果树，也确定自己的目标就是找到一个大苹果。问题是它并不知道大苹果会长在什么地方？但它猜想：大苹果应该长在大枝叶上吧！于是它就慢慢地往上爬，遇到分枝的时候，就选择较粗的树枝继续爬。于是它就按这个标准一直往上爬，最后终于找到了一个大苹果。这只毛毛虫刚想高兴地扑上去大吃一顿，但是放眼一看，它发现这个大苹果是全树上最小的一个，上面还有许多更大的苹果。更令它泄气的是，要是它上一次选择另外一个分枝，它就能得到一个大得多的苹果。

第三只毛毛虫也到了一棵苹果树下。这只毛毛虫知道自己想要的就是大苹果，并且研制了一副望远镜。还没有开始爬时就先利用望远镜搜寻了一番，找到了一个很大的苹果。同时，它发现当从下往上找路时，会遇到很多分枝，有各种不同的爬法；但若从上往下找路时，却只有一种爬法。它很细心的从苹果的位置，由上往下反推至目前所处的位置，记下这条确定的路径。于是，它开始往上爬了，当遇到分枝时，它一点也不慌张，因为它知道该往哪条路上走，而不必跟着一大堆虫去挤破头。最后，这只毛毛虫应该会有一个很好的结局，因为它已经有了自己的计划。但是真实的情况往往是，因为毛毛虫的爬行相当缓慢，当它抵达时，苹果不是被别的虫捷足先登，就是苹果已熟透而烂掉了。

第四只毛毛虫可不是一只普通的虫，做事有自己的规划。它知道自己要什么苹果，也知道苹果将怎么长大。因此当它带着望远镜观察苹果时，它的目标并不是一个大苹果，而是一朵含苞待放的苹果花。它计算着自己的行程，估计当它到达的时候，这朵花正好长成一个成熟的大苹果，它就能得到自己满意的苹果。结果它如愿以偿，得到了一个又大又甜的苹果，从此过着幸福快乐的日子。

**分析：**第一只毛毛虫是只毫无目标，没有自己人生规划的糊涂虫，不知道自己想要什么。遗憾的是，我们大部分的人都是像第一只毛毛虫那样活着。

第二只毛毛虫虽然知道自己想要什么，但是它不知道该怎样去摘得苹果，在习惯中做出了一些看似正确却使它渐渐远离苹果的选择。

第三只毛毛虫有非常清晰的人生规划，也总是能做出正确的选择，但是，它的目标过于远大，而自己的行动过于缓慢，成功对它来说，已经是不可能的了。

第四只毛毛虫，它不仅知道自己想要什么，也知道如何去得到自己的苹果，以及得到苹果应该需要什么条件，然后制定清晰实际的计划，在望远镜的指引下，它一步步实现自己的理想。

其实我们的人生就是毛毛虫，而苹果就是我们的人生目标，我们都得爬上人生这棵苹果树去寻找未来。要想得到自己喜欢的苹果，就请做第四只毛毛虫吧。

## 【案例分析】

**案例：**中学毕业之际，比尔·拉福就立志经商。他的父亲是洛克菲特集团的一名高级职员，父亲的职业熏陶了年少的拉福。拉福的父亲在商界打拼了多年，对商海中的事务了如指掌，深谙其中的奥秘。他发现儿子机敏果敢，敢于创新，有商业的天赋，却很少经历磨难，更缺乏知识。于是拉福父子进行了一次长谈，共同制定了计划，一起勾画出了职业生涯的蓝图。拉福听从了父亲的劝告，升学时没有直接去读贸易专业，而是选择了工科中最基础最普通的专业——机械制造。这一步走得很绝妙，因为做商贸必须具备一定的专业知识，在贸易中，工业产品占据了绝大多数，如果不了解产品的性能、生产制造的情况，就很难保证产品的收益。因此，具备一些工科的基础知识是经商的先决条件。况且，工科学习不仅是知识技能的培养，它还能帮助人们建立一整套严谨的思维体系，训练人的推理分析能力，使之有一种脚踏实地的工作态度，这些素质对经商的帮助很大。比尔·拉福就这样在麻省理工学院度过了四年。他没有拘泥于本专业的学习，还广泛学习了化工、电子、建筑等方面的知识，这些知识在他后来的商业活动中发挥了不可忽略的作用。

大学毕业后，比尔·拉福没有立即一头扎进商海。按照原先的设计，他开始攻读经济学的硕士学位。商业毕竟不是工业，这是一种经济活动，有其本身的规律和特征。现代商业不像古代阿拉伯人做得那么简单，无论是在程序上还是在原则内容上都很复杂，需要进行专门了解。在市场经济条件下，一切经济活动都通过商业活动来进行，不了解经济规律，不学习经济学知识，很难在商界立足。于是，比尔·拉福又考入了芝加哥大学，开始了为期三年的经济学硕士课程的学习。这期间，比尔·拉福掌握了经济学的基础知识，深入了解了经济规律，懂得了商业活动的地位作用，搞清了影响商业活动的多种因素。他还特意认真学习了相关的经济法律。在现代商业活动中，法律充当了至关重要的角色，没有法律保障，现代商业将陷入一片混乱。这样，几年下来，他完全具备了经商的素质。

你也许会感到意外，比尔·拉福拿到硕士学位后居然没有立即投身商海，而是考了公务员，去政府部门工作。原来，他的父亲，这位老谋深算的商业活动家深知，经商必须具备很深的社会交往能力，人际关系在社会生活中异常重要，要想在商业中获得成功，必须深知处世规则，充分了解人的心理特征，善于与人交往，能够给人以良好的印象，使人信任你，愿与你合作。这种开拓人际关系的能力在学校是学不到的，只有在社会上、在工作中才可以学到，而训练交际能力，观察人际关系的最佳去处就是政府部门。拉福在政府部门一干就是五年。这五年中，他从一名稚嫩的热血青年成长为一位老成世故的公务员。此外，通过五年的政府机关工作，他结识了一大批各界人士，建立起一整套关系网络。他非常善于利用这些网络，这个网络能够为他提供丰富的信息，提供许多便利条件。这对他后来事业的成功帮助很大。

五年的政府工作结束以后，比尔·拉福已经完全具备了成功商人所要具备的各种条件，羽翼丰满了。于是，他辞职下海，去了父亲为他引荐的通用公司熟悉商业业务。又经过两年，他已经掌握了商情和商业技巧，业绩斐然。这时候他不再耽误时间，婉言谢绝了通用公司的高薪挽留。跳出来自己开办拉福商贸公司。功夫不负有心人，比尔·拉福的准备太充分了，他几乎考虑到每一个细节，学会了商人应学会的一切。因此，他的商业进展异常顺利，拉福公司的成长速度出奇地快。二十年后，拉福公司的资产由最初的二十万美元发展成为二亿美元，而比尔·拉福也成为一个奇迹，受到世人的尊敬。

1994 年 10 月，比尔·拉福率团到中国进行商业考察，在北京长城饭店接受《中国青年报》记者采访时，谈起了他的经历。比尔·拉福认为他的成功应感谢他父亲的指导，他们共同制定了一个重要的职业规划，这个方案最终使他功成名就。

**分析：**不可否认比尔·拉福具有很多得天独厚的优越条件，不可否认他的成功和这些外在的因素有一定的关系，但是他的成功和他的职业规划也一定有关系。他能够清晰的知道自己将来要做什么，应该怎样去做，将来要达到什么样的结果，做出什么样的成就，他都为自己规划好了，这是很值得我们借鉴的。也就是说我们的生活必须要有目标，这样我们的生活才会有规律，才不会感到迷茫，才会更有动力为我们的人生目标而努力。

**【延伸阅读】**

### 职业锚测试

1. 你在高中时期主要对哪些领域比较感兴趣（如果有的话）？为什么会对这些领域感兴趣？你对这些领域的感受是怎样的？

2. 你在大学时期主要对哪些领域比较感兴趣？为什么会对这些领域感兴趣？你对这些领域的感受是怎样的？

3. 你毕业之后所从事的第一种工作是什么？（如果相关的话，服役也算在其中。）你期望从这种工作中得到些什么？

4. 当你开始自己的职业生涯的时候，你的抱负或长期目标是什么？这种抱负或长期目标是否曾经出现过变化？如果有，那么是在什么时候？为什么会变化？

5. 你第一次换工作或换公司的情况是怎样的？你指望下一个工作能给你带来什么？

6. 你后来换工作、换公司或换职业的情况是怎样的？你做出变动决定的原因是什么？你所追求的是什么？（请根据你每一次更换工作、公司或职业的情况来回答这几个问题。）

7. 当你回首自己的职业经历时，你觉得最令自己感到愉快的是哪些时候？你认为这些时候的什么东西最令你感到愉快？

8. 当你回首自己的职业经历时，你觉得最让自己感到不愉快的是哪些时候？你认为这些时候的什么东西最令你感到不愉快？

9. 你是否曾经拒绝过从事某种工作的机会或晋升机会？为什么？

10. 现在请你仔细检查自己的所有答案，并认真阅读关于五种职业锚（管理型、技术或功能型、安全型、创造型、自治与独立型）的描述。根据你对上述这些问题的回答，分别将每一种职业锚赋予从 1～5 之间的某一分数，其中 1 代表重要性最低；5 代表重要性最高。

管理型_____

技术或功能型_____

安全型_____

创造型_____

自主与独立型_____

技术或功能型职业锚

具有较强的技术或功能型职业锚的人往往不愿意选择那些带有一般管理性质的职业。相反他们总是倾向于选择那些能够保证自己在既定的技术或功能领域中不断发展的职业。

管理型职业锚

有些人则表现出成为管理人员的强烈动机，"他们的职业经历使得他们相信自己具备被提升到那些一般管理性职位上去所需要的各种必要能力以及相关的价值倾向。"必须承担较高责任的管理职位是这些人的最终目标。当追问他们为什么相信自己具备获得这些职位所必需的技能的时候，许多人回答说，他们之所以认为自己有资格获得管理职位，是由于他们认为自己具备以下三个方面的能力：(1) 分析能力（在信息不完全以及不确定的情况下发现问题、分析问题和解决问题的能力）；(2) 人际沟通能力（在各种层次上影响、监督、领导、操纵以及控制他人的能力）；(3) 情感能力（在情感和人际危机面前只会受到激励而不会受其困扰和削弱的能力以及在较高的责任压力下不会变得无所作为的能力）。

创造型职业锚

有些人在毕业之后逐渐成为成功的企业家。这些人都有这样一种需要："建立或创设某种完全属于自己的东西——一件署着他们名字的产品或工艺、一家他们自己的公司或一批反映他们的成就的个人财富等。

自主与独立型职业锚

有些人在选择职业时似乎被一种自己决定自己命运的需要所驱使着，他们希望摆脱那种因在大企业中工作而依赖别人的境况，因为，当一个人在某家大企业中工作的时候，他或她的提升、工作调动、薪金等诸多方面都难免要受别人的摆布。这些毕业生中有许多人还有着强烈的技术或功能导向。然而，他们却不是到某一个企业中去追求这种职业导向，而是决定成为一位咨询专家，要么是自己独立工作，要么是作为一个相对较小的企业中的合伙人来工作。具有这种职业锚的其他一些人则成了工商管理方面的教授、自由撰稿人或小型零售公司的所有者，等等。

安全型职业锚

还有一少部分人极为重视长期的职业稳定和工作的保障，他们似乎比较愿意去从事这样一类职业：这些职业应当能够提供有保障的工作、体面的收入以及可靠的未来生活。这种可靠的未来生活通常是由良好的退休计划和较高的退休金来保证的。

对于那些对地理安全性更感兴趣的人来说，如果追求更为优越的职业，意味着将要在他们的生活中注入一种不稳定或保障较差的地域因素的话——迫使他们举家搬迁到其他城市，那么他们会觉得在一个熟悉的环境中维持一种稳定的、有保障的职业对他们来说是更为重要的。对于另外一些追求安全型职业锚的人来说，安全则是意味着所依托的组织的安全性。他们可能优先选择到政府机关工作，因为政府公务员看来还是一种终身性的职业。这些人显然更愿意让他们的雇主来决定他们去从事何种职业。

## 【延伸阅读】

### 职业倾向测评

测试目标：职业倾向

测试说明：适合从事什么职业？进行以下职业倾向的测试。

每题有两种选择：A"是"与 B"否"。

第一部分

1. 墙上的画挂得不正，我看着不舒服，总想设法将它扶正。（ ）

2. 洗衣机、电视机出了故障时，我喜欢自己动手摆弄、修理。（ ）

3. 我做事情总力求精益求精。（ ）

4. 我对一种服装的评价是看它的设计而不关心是否流行。（ ）

5. 我能控制经济收支，很少有"月初松、月底空"的现象。（ ）

6. 我书写整齐清楚，很少写错。（ ）

7. 我不喜欢读长篇大作，喜欢读议论文、小品或散文。（ ）

8. 闲暇时间我爱做智力测验、智力游戏一类题目。（ ）

第二部分

9. 我不喜爱那些零散、琐碎的事情。（ ）

10. 以我的性格来说，我喜欢与年龄较小而不是年龄较大的人在一起。（ ）

11. 我心目中的另一半应具有与众不同的见解和活跃的思想。（ ）

12. 对于别人求助我的事情，总尽力帮助解决。（ ）

13. 我做事情考虑较多的是速度和数量，而不是在精雕细刻上下功夫。（ ）

14. 我喜欢"新鲜"这个概念，例如新环境、新旅游点、新同学。（ ）

15. 我不喜欢寂寞，希望与大家在一起。（ ）

16. 我喜欢改变某些生活习惯，以使自己有一些充裕的时间。（ ）

测评标准：选"A"加 1 分，选"B"加 0 分。

测评分析：

第一部分得分小于第二部分得分：是一个肯钻研，很谨慎、理性的人。适合的职业：律师、医生、工程师、编辑、会计师等。

第一部分得分大于第二部分得分：是一个善于与人交往，思想较活跃的人。适合的职业：服务员、艺人、采购员、推销员、记者等。

第一部分得分约等于第二部分得分：是一个兼具两部分特点的人。适合的职业：美容师、美发师、护士、教师、秘书等。

# 第二节　如何设计自己的职业生涯

## 一、职业生涯规划基本步骤

### （一）确定志向

志向是事业成功的基本前提，没有志向，事业的成功也就无从谈起。俗话说："志不立，天下无可成之事。"立志是人生的起跑点，反映着一个人的理想、胸怀、情趣和价值观，影响着一个人的奋斗目标及成就的大小。所以，在制定生涯规划时，首先要确立志向，这是制定职业生涯规划的关键，也是职业生涯中最重要的一点。

### （二）自我评估

职业生涯规划最基础的工作首先是要知己，即要客观全面认清自我，充分了解自己的职业兴趣、能力结构、职业价值观、行为风格、自己的优势与劣势等，人才素质测评是全面、科学地认识自我的有效手段和工具。只有正确地认识自己，才能进行准确的职业定位并对自己的职业发展目标做出正确的选择，才能选定适合自己发展的职业生涯路线。

在客观认识自我方面，我们至少需要了解以下四个方面：

（1）喜欢干什么——职业兴趣。

（2）能够干什么——职业技能。

（3）最看重什么——职业价值观。

（4）适合干什么——个人特质。

正确自我认识越来越受到社会各界的关注，哈佛大学的入学申请要求必须剖析自己的优缺点，列举个人兴趣爱好，还要列出三项成就并作说明，从中可见一斑。

### （三）职业生涯机会的评估

每一个人都处在一定的社会环境之中，离开了这个环境，便无法生存与成长。只有对这些环境因素充分了解，才能做到在复杂的环境中避害趋利，使职业生涯规划具有实际意义。

除了要正确客观地认识自我，还必须更多地了解各种职业机会，尤其是一些热门行业、热门职位对人才素质与能力的要求。深入地了解这些行业与职位的需求状况，结合自身特点评估外部事业机会，才能选择可以终生从事的理想职业。对职业机会的评估需要理性评估，真正做到知己知彼，切忌想当然，对不熟悉的行业和职位不切实际的向往，结果是费了九牛二虎之力进入"围城"，一入"围城"马上受到现实冲击，又要迫不急待地出"围城"，兜兜转转之间，年已蹉跎，空自消磨。

### （四）职业的选择

职业选择正确与否，直接关系到人生事业的成功与失败。据统计，在选错职业的人当中，有 80% 的人在事业上是失败者。正如人们所说的"女怕嫁错郎，男怕选错行"。由此可见，职业选择对人生事业发展是何等重要。如何才能选择正确的职业呢？至少应考虑以下几点。

（1）性格与职业的匹配

（2）兴趣与职业的匹配。

（3）内外环境与职业相适应。

**（五）择优选择职业目标和路径**

职业生涯规划的核心是制定自己的职业目标和选择职业发展路径，通过前面两个步骤，对自己的优势劣势有了清晰的判断，对外部环境和各行各业的发展趋势和人才素质要求有了客观的了解，在此基础上制定出与实际符合的短期目标、中期目标与长期目标。

职业生涯目标的设定，是职业生涯规划的核心。一个人事业的成败，很大程度上取决于有无正确适当的目标。没有目标如同驶入大海的孤舟，四野茫茫，没有方向，不知道自己走向何方。只有树立了目标，才能明确奋斗方向，犹如海洋中的灯塔，引导你避开险礁暗石，走向成功。

目标的设定，是在继职业选择、职业生涯路线选择后，对人生目标做出的抉择。其抉择是以自己的最佳才能、最优性格、最大兴趣、最有利的环境等信息为依据。通常目标分短期目标、中期目标、长期目标和人生目标。短期目标一般为一至二年，短期目标又分日目标、周目标、月目标、年目标。中期目标一般为三至五年。长期目标一般为五至十年。

正确的职业选择至少应考虑以下几点。

（1）兴趣与职业的匹配；

（2）性格与职业的匹配；

（3）特长与职业的匹配；

（4）价值观与职业的匹配；

（5）内外环境与职业相适应。

在职业目标确定后，向哪一路线发展，此时要做出选择。是向行政管理路线发展，还是向专业技术路线发展，还是先走技术路线，再转向行政管理路线……由于发展路线不同，对职业发展的要求也不相同。因此，在职业生涯规划中，须做出抉择，以便使自己的学习、工作以及各种行动措施沿着你的职业生涯路线或预定的方向前进。通常职业生涯路线的选择需考虑以下两个问题。

（1）我想往哪一路线发展？

（2）我可以往哪一路线发展？

对以上两个问题，进行综合分析，以此确定自己的最佳职业生涯路线。

**（六）制定行动计划与措施**

在确定了职业生涯目标后，行动便成了关键的环节。没有达成目标的行动，目标就难以实现，也就谈不上事业的成功。这里所指的行动，是指落实目标的具体措施，主要包括：工作、训练、教育、轮岗等方面的措施。例如，为达成目标，在工作方面，你计划采取什么措施提高你的工作效率？在业务素质方面，你计划学习哪些知识，掌握哪些技能，提高你的业务能力？在潜能开发方面，采取什么措施开发你的潜能等，都要有具体的计划与明确的措施。并且这些计划特别具体，以便于定时检查。

**（七）评估与回馈**

俗话说："计划赶不上变化。"是的，影响职业生涯规划的因素很多。有的变化因素是可以预测的，而有的变化因素难以预测。在此状况下，要使职业生涯规划行之有效，就必须不断地对职业生涯规划进行评估与修订。其修订的内容包括：职业的重新选择；职业生涯路线的选择；人生目标的修正；实施措施与计划的变更等。

## 二、职业规划的方法

按照图 2-1 设计自己的职业生涯。

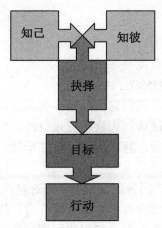

图 2-1 职业生涯规划

### （一）知己

1. 首先填写表 2-1 进行自我分析

表 2-1 自我分析表

| 兴趣爱好 | |
|---|---|
| 知识能力 | |
| 个性 | |
| 身体状况 | |
| 环境支持（可用资源） | |
| 人际关系 | |

2. 以回答如下问题的方式来了解自己的职业倾向

（1）用三个形容词来描述您的性格？

（2）您最喜欢做的三件事情是什么？

（3）您最擅长的三个方面什么？

（4）您最不擅长的三个方面？

（5）在生命中您最重视的是什么？（价值观）

3. 通过填写《霍兰德职业性向测验量表》来了解自己的职业倾向

4. 网络上标准心理测试

（1）四川邮电职业技术学院心理测试网：http://chengjiao.sptpc.com/ZhgProgram/frmLogin. aspx。

用户类型：学生　　　　　　　用户名：学号

用户密码："111"或是新生普查时自己设定的密码

测试问卷：①《气质问卷》②《艾森克个性测验（成人）》③《爱德华个性偏好测验》

（2）MBTI 职业性格测试：http://www.psytopic.com/mag/post/820.html。

5. 职业规划方法

（1）我是谁？

（2）我想做什么？

（3）我会做什么？

（4）环境支持或允许我做什么？

（5）我的职业与生活规划是什么？

第一步：回答了这五个问题，找到它们的最高共同点，您就有了自己的职业生涯规划。

如果您有兴趣，现在就可以试试。先取出五张白纸、一枝铅笔、一块橡皮。在每张纸的最上边分别写以上五个问题。然后，静下心来，排除干扰，按照顺序，独立地仔细思考每一个问题。

对于第一个问题"我是谁？"回答的要点是：面对自己，真实地写出每一个想到的答案；写完了再想想有没遗漏，认为确实没有了，按重要性进行排序。

对于第二个问题"我想干什么？"可将思绪回溯到孩童时代，从人生初次萌生第一个想干什么的念头开始，然后随着年龄的增长，回忆自己真心向往过想干的事，并一一地记录下来，写完后再想想有无遗漏，如果确实没有了，就进行认真的排序。

对于第三个问题"我能干什么？"则把确实证明的能力和自认为还可以开发出来的潜能都一一列出来，认为没有遗漏了，就进行认真的排序。

第四个问题"环境支持或允许我干什么？"的回答则要稍做分析：环境，有本单位、本市、本省、本国和其他国家，自小向大，只要认为自己有可能借助的环境，都应在考虑范畴之内；在这些环境中，认真想想自己可能获得什么支持和允许，搞明白后一一写下来，再根据重要性排列一下。

如果能够成功回答第五个问题"我的职业规划是什么？"您就有了最后答案了。做法是：把前四张纸和第五张纸一字排开，然后认真比较第一至第四张纸上的答案，将内容相同或相近的答案用一条横线连起来，您会得到几条连线，而不与其他连线相交的又处于最上面的线，就是您最应该去做的事情，您的职业生涯就应该以此为方向，并在此方向上以三年为单位，提出近期、中期与远期的目标；再在近期的目标中提出今年的目标；将今年的目标分解为每季度目标、每月目标、每周目标、每天目标。这样，您每天睡前就可以对照自己的目标进行反省，总结当日成就与失误、经验与教训，修正明天的目标与方法，第二天醒过来后稍加温习就可以投入行动了，这样日积月累，没有不能实现的规划。

**（二）知彼**

1. 就业环境（通信重组后行业发展的特点）

2. 岗位需求

（1）你感兴趣的通信企业的企业文化；

（2）您想从事岗位的用人标准、能力要求（如：技术类、营销类、综合类人才的要求）。

3. 信息收集

① 向班主任老师、就业办老师或向学长、学姐了解；

② 网络资源；

③ 就业网的职业介绍和从业要求；

④ 行业的企业网站（了解企业文化和企业用人标准）；

⑤ 个人的实习、实践经历体验；

⑥ 就业通告中的岗位需求。

（三）抉择

目标和行动：设计你的大学生活

1. 现在你的状况

2. 计划达到的就业目标

3. 分阶段计划实施（以大学三年即职业准备期为主设计如何准备）

　　阶段：

　　目标：

4. 参考信息

例如：技术类学生

（1）一年级目标：夯实基本素质。

①初步了解所学专业，扎实基础课和专业基础课。

②准备计算机、英语、普通话、驾照考试，并力求通过。

③参加班级、学校的活动，提高人际交往沟通能力和团队协调能力。

（2）二年级目标：提高专业技能，积极参加实习、见习。

①夯实专业课的学习，注重动手操作能力的培养。

②学有余力时，参加实用技能培训或自学相关专业提升课程。

③尝试兼职、参加和专业有关的寒暑假实习、社会实践活动，了解工作环境和自身工作能力，查漏补缺同时提高挫折承受能力。

（3）三年级目标：实习、成功就业、到岗实习、毕业论文。

①对前两年的学业和实践做一个总结，准备一份简历和一套职业装。

②了解搜集就业信息，积极参加校内外招聘活动并积极尝试。

③积极利用学校提供的条件，了解就业指导中心提供的用人公司资料信息、强化求职技巧、预先模拟面试，再参加面试；

④准备好到岗实习；

⑤返校准备毕业论文。

**【延伸阅读】**

### 霍兰德职业性向测验量表

本测验量表将帮助您发现和确定自己的职业兴趣和能力特长，从而更好地做出求职择业的决策。如果您已经考虑好或选择好了自己的职业，本测验将使您的这种考虑或选择具有理论基础，或向您展示其他合适的职业；如果您至今尚未确定职业方向，本测验将帮助您根据自己的情况选择一个恰当的职业目标。

本测验共有七个部分，每部分测验都没有时间限制，但请您尽快按要求完成。

### 第1部分　你心目中的理想职业（专业）

对于未来的职业（或升学进修的专业）你也许早有考虑，它可能很抽象、很朦胧，也可能很具体、很清晰。不管是哪种情况，现在都请你把你最想干的3种工作或最想读的3种专业，按顺序写下来。

1.

2.

3.

好，第1部分已完成。现在请继续做第2部分。

### 第2部分　你所感兴趣的活动

下面列举了一些十分具体的活动。这些活动无所谓好坏，如果你喜欢去参加（包括过去、现在或将来），就请在答题卷的相应题号上的"是"一栏的方框内划个"√"，如果不喜欢就请在"否"一栏的方框内划"√"。注意，这一部分测验主要想确定你的职业兴趣，而不是让你选择工作，你喜欢某种活动并不意味着你一定要从事这种活动。答题时不必考虑过去是否干过和是否擅长这种活动，只根据你的兴趣直接判断即可。请务必做完每一道题目。

一、R型（现实型活动）

你喜欢做下列事情吗？

1. 装配修理电器
2. 修理自行车
3. 装修机器或机器零件
4. 做木工活
5. 驾驶卡车或拖拉机
6. 开机床
7. 开摩托车
8. 上金属工艺课
9. 上机械制图课
10. 上木工手艺课
11. 上电气自动化技术课

二、I型（调查型活动）

你喜欢做下列事情吗？

1. 阅读科技书刊
2. 在实验室工作
3. 研究某个科研项目
4. 制作飞机、汽车模型
5. 做化学实验
6. 阅读专业性论文
7. 解一道数学或棋艺难题
8. 上物理课
9. 上化学课
10. 上几何课

11. 上生物课

三、A 型（艺术性活动）

你喜欢做下列事情吗？

1. 素描、制图或绘画

2. 表演戏剧、小品或相声节目

3. 设计家具或房屋

4. 在舞台上演唱或跳舞

5. 演奏一种乐器

6. 阅读流行小说

7. 听音乐会

8. 从事摄影创作

9. 阅读电影、电视剧本

10. 读诗写诗

11. 上书法美术课

四、S 型（社会型活动）

你喜欢做下列事情吗？

1. 给朋友们写信

2. 参加学校、单位组织的正式活动

3. 加入某个社会团体或俱乐部

4. 帮助别人解决困难

5. 照看小孩

6. 参加宴会、茶话会或联欢晚会

7. 跳交谊舞

8. 参加讨论会或辩论会

9. 观看运动会或体育比赛

10. 寻亲访友

11. 阅读与人际交往有关的书刊

五、E 型（企/事业型活动）

你喜欢做下列事情吗？

1. 对他人做劝说工作

2. 买东西与人讨价还价

3. 讨论政治问题

4. 从事个体或独立的经营活动

5. 出席正式会议

6. 做演讲

7. 在社会团体中做一名理事

8. 检查与评价别人的工作

9. 结识名流

10. 带领一群人去完成某项任务

11. 参与政治活动

## 六、C 型（常规型（传统型）活动）

你喜欢做下列事情吗？

1. 保持桌子和房间整洁
2. 抄写文章或信件
3. 开发票、写收据或打回条
4. 打算盘或用计算机计算
5. 记流水账或备忘录
6. 上打字课或学速记法
7. 上会计课
8. 上商业统计课
9. 将文件、报告、记录分类与归档
10. 为领导写公务信函与报告
11. 检查个人收支情况

好，第 2 部分已完成现在请继续做第 3 部分。

### 第 3 部分　你所擅长或胜任的活动

下面从 6 个方面分别列举一些十分具体的活动，以确定你具备哪一方面的工作特长。回答时，只需考虑你过去或现在对所列活动是否擅长、胜任，不必考虑你是否喜欢这种活动。如果你认为你擅长从事某一活动，就请在答题卷的相应题号上的"是"一栏的方框内划"√"，如果不擅长，就请在"否"一栏的方框内划"√"。注意，你如果从未从事过某一活动，那就请考虑你将来是否会擅长从事该项活动。请你务必做完每一个题目。

## 一、R 型（现实型能力）

你擅长做或胜任下列事情吗？

1. 使用锯子、钳子、车床、砂轮等工具
2. 使用万能电表
3. 给自行车或机器加油使它们正常运转
4. 使用钻床、研磨机、缝纫机等
5. 修整木器家具表面
6. 看机械、建筑设计图纸
7. 修理结构简单的家用电器
8. 制作简单的家具
9. 绘制机械设计图纸
10. 修理收录音的简单部件
11. 疏通、修理自来水管或下水道

## 二、I 型（调研型能力）

你擅长做或胜任下列事情吗？

1. 了解真空管的工作原理
2. 知道三种以上蛋白质含量高的食物
3. 知道一种放射性元素的"半衰期"

4. 使用对数表

5. 使用计算器或计算尺

6. 使用显微镜

7. 辨认 3 个星座

8. 说明白血球的功能

9. 解释简单的化学分子式

10. 理解人造卫星不会落地的道理

11. 参加科技竞赛或科研成果交流会

三、A 型（艺术型能力）

你擅长做或胜任下列事情吗?

1. 演奏一种乐器

2. 参加二重唱或四重唱表演

3. 独奏或独唱

4. 扮演剧中角色

5. 说书或讲故事

6. 表演现代舞或芭蕾舞

7. 人物素描

8. 油画或雕塑

9. 制造陶器、捏泥塑或剪纸

10. 设计服装、海报或家具

11. 写得一手好文章

四、S 型（社会型能力）

你擅长做或胜任下列事情吗?

1. 善于向别人解释问题

2. 参加慰问或救济活动

3. 善与人合作、配合默契

4. 殷勤待客

5. 能深入浅出地教育儿童

6. 为一次宴会安排娱乐活动

7. 帮助他人解决困难

8. 帮助护理病人或伤员

9. 安排学校或社团组织的各种集体事务

10. 善察人心或善于判断人的性格

11. 善与年长者相处

五、E 型（企业型能力）

你擅长做或胜任下列事情吗?

1. 学校里当过班干部并且干得不错

2. 善于督促他人工作

3. 善于使他人按你的习惯做事

4. 做事具有超常的经历和热情

5. 能做一个称职的推销员

6. 代表某个团体向有关部门提出建议或反映意见

7. 担任某种领导职务期间获过奖或受表扬

8. 说服别人加入你所在的团体（俱乐部、运动队、工作或研究组等）

9. 创办一家商店或企业

10. 知道如何做一位成功的领导人

11. 有很好的口才

六、C 型（常规型能力）

你擅长做或胜任下列事情吗?

1. 一天能誊抄近一万字

2. 能熟练地使用电脑或计算器

3. 能够熟练地使用中文打字机

4. 善于将书信、文件迅速归档

5. 做过办公室职员工作且干得不错

6. 核对数据或文章时既快又准确

7. 会使用外文打字机或复印机

8. 善于在短时间内分类和处理大量文件

9. 记账或开发票时既快又准确

10. 善于为自己或集体做财务预算（表）

11. 能迅速誊清贷方和借方的账目

好，第 3 部分已完成。现在请继续做第 4 部分。

### 第 4 部分　你所喜欢的职业

下面列举了许多职业，对这些职业的基本情况你或多或少都有所了解，并在此基础上形成了自己的评价态度。如果你对某项职业喜欢的话，请在答题卷的相应题号上的"是"一栏中打"√"，如果不喜欢则请在"否"一栏中打"√"。这一部分测验也要求每题必做。

一、R 型（现实型职业）

你喜欢做下列事情吗?

1. 飞行机械技术人员

2. 鱼类和野生动物专家

3. 自动化工程技术人员

4. 木工

5. 机床安装工或钳工

6. 电工

7. 无线电报务员

8. 长途汽车司机

9. 火车司机

10. 机械师

11. 测绘、水文技术人员

二、I 型（调研型职业）

你喜欢做下列事情吗?

1. 气象研究人员

2. 生物学研究人员

3. 天文学研究人员

4. 药剂师

5. 人类学研究人员

6. 化学研究人员

7. 科学杂志编辑

8. 植物学研究人员

9. 物理学研究人员

10. 科普工作者

11. 地质学研究人员

三、A 型（艺术型职业）

你喜欢下列职业吗?

1. 诗人

2. 文学艺术评论家

3. 作家

4. 记者

5. 歌唱家或歌手

6. 作曲家

7. 剧本写作人员

8. 画家

9. 相声演员

10. 乐团指挥

11. 电影演员

四、S 型（社会型职业）

你喜欢下列职业吗?

1. 街道、工会或妇联负责人

2. 中学教师

3. 青少年犯罪问题专家

4. 中学校长

5. 心理咨询人员

6. 精神病医生

7. 职业介绍所工作人员

8. 导游

9. 青年团负责人

10. 福利机构负责人

11. 婚姻介绍所工作人员

五、E 型（企业型职业）

你喜欢下列职业吗？

1. 供销科长

2. 推销员

3. 旅馆经理

4. 商店管理费用人员

5. 厂长

6. 律师或法官

7. 电视剧制作人

8. 饭店或饮食店经理

9. 人民代表

10. 服装批发商

11. 企业管理咨询人员

六、C 型（常规型职业）

你喜欢下列职业吗？

1. 簿记员

2. 会计师

3. 银行出纳员

4. 法庭书记员

5. 人口普查登记员

6. 成本核算员

7. 税务工作者

8. 校对员

9. 打字员

10. 办公室秘书

11. 质量检查员

好，第 4 部分已完成。现在请继续做第 5 部分。

第 5 部分　霍兰德职业性向测验答题卷

姓名　　　　　　　性别　　　　　　年龄　　　　　　测试日期

职务　　　　　　　单位

第 1 部分　你心目中的理想职业（专业）

1.

2.

3.

第 2 部分　你所感兴趣的活动

| R 型 | | | | I 型 | | | | A 型 | | |
|---|---|---|---|---|---|---|---|---|---|---|
| 题号 | 是 | 否 | | 题号 | 是 | 否 | | 题号 | 是 | 否 |
| 1 | ☐ | ☐ | | 1 | ☐ | ☐ | | 1 | ☐ | ☐ |
| 2 | ☐ | ☐ | | 2 | ☐ | ☐ | | 2 | ☐ | ☐ |
| 3 | ☐ | ☐ | | 3 | ☐ | ☐ | | 3 | ☐ | ☐ |
| 4 | ☐ | ☐ | | 4 | ☐ | ☐ | | 4 | ☐ | ☐ |
| 5 | ☐ | ☐ | | 5 | ☐ | ☐ | | 5 | ☐ | ☐ |
| 6 | ☐ | ☐ | | 6 | ☐ | ☐ | | 6 | ☐ | ☐ |
| 7 | ☐ | ☐ | | 7 | ☐ | ☐ | | 7 | ☐ | ☐ |
| 8 | ☐ | ☐ | | 8 | ☐ | ☐ | | 8 | ☐ | ☐ |
| 9 | ☐ | ☐ | | 9 | ☐ | ☐ | | 9 | ☐ | ☐ |
| 10 | ☐ | ☐ | | 10 | ☐ | ☐ | | 10 | ☐ | ☐ |
| 11 | ☐ | ☐ | | 11 | ☐ | ☐ | | 11 | ☐ | ☐ |
| "是"的总数： | | | | "是"的总数： | | | | "是"的总数： | | |

| S 型 | | | | E 型 | | | | C 型 | | |
|---|---|---|---|---|---|---|---|---|---|---|
| 题号 | 是 | 否 | | 题号 | 是 | 否 | | 题号 | 是 | 否 |
| 1 | ☐ | ☐ | | 1 | ☐ | ☐ | | 1 | ☐ | ☐ |
| 2 | ☐ | ☐ | | 2 | ☐ | ☐ | | 2 | ☐ | ☐ |
| 3 | ☐ | ☐ | | 3 | ☐ | ☐ | | 3 | ☐ | ☐ |
| 4 | ☐ | ☐ | | 4 | ☐ | ☐ | | 4 | ☐ | ☐ |
| 5 | ☐ | ☐ | | 5 | ☐ | ☐ | | 5 | ☐ | ☐ |
| 6 | ☐ | ☐ | | 6 | ☐ | ☐ | | 6 | ☐ | ☐ |
| 7 | ☐ | ☐ | | 7 | ☐ | ☐ | | 7 | ☐ | ☐ |
| 8 | ☐ | ☐ | | 8 | ☐ | ☐ | | 8 | ☐ | ☐ |
| 9 | ☐ | ☐ | | 9 | ☐ | ☐ | | 9 | ☐ | ☐ |
| 10 | ☐ | ☐ | | 10 | ☐ | ☐ | | 10 | ☐ | ☐ |
| 11 | ☐ | ☐ | | 11 | ☐ | ☐ | | 11 | ☐ | ☐ |
| "是"的总数： | | | | "是"的总数： | | | | "是"的总数： | | |

第 3 部分　你所擅长或胜任的活动

| R 型 | | | | I 型 | | | | A 型 | | |
|---|---|---|---|---|---|---|---|---|---|---|
| 题号 | 是 | 否 | | 题号 | 是 | 否 | | 题号 | 是 | 否 |
| 1 | ☐ | ☐ | | 1 | ☐ | ☐ | | 1 | ☐ | ☐ |
| 2 | ☐ | ☐ | | 2 | ☐ | ☐ | | 2 | ☐ | ☐ |
| 3 | ☐ | ☐ | | 3 | ☐ | ☐ | | 3 | ☐ | ☐ |
| 4 | ☐ | ☐ | | 4 | ☐ | ☐ | | 4 | ☐ | ☐ |

| R 型 | | | | I 型 | | | | A 型 | | |
|---|---|---|---|---|---|---|---|---|---|---|
| 题号 | 是 | 否 | | 题号 | 是 | 否 | | 题号 | 是 | 否 |
| 5 | ☐ | ☐ | | 5 | ☐ | ☐ | | 5 | ☐ | ☐ |
| 6 | ☐ | ☐ | | 6 | ☐ | ☐ | | 6 | ☐ | ☐ |
| 7 | ☐ | ☐ | | 7 | ☐ | ☐ | | 7 | ☐ | ☐ |
| 8 | ☐ | ☐ | | 8 | ☐ | ☐ | | 8 | ☐ | ☐ |
| 9 | ☐ | ☐ | | 9 | ☐ | ☐ | | 9 | ☐ | ☐ |
| 10 | ☐ | ☐ | | 10 | ☐ | ☐ | | 10 | ☐ | ☐ |
| 11 | ☐ | ☐ | | 11 | ☐ | ☐ | | 11 | ☐ | ☐ |
| "是"的总数： | | | | "是"的总数： | | | | "是"的总数： | | |

| S 型 | | | | E 型 | | | | C 型 | | |
|---|---|---|---|---|---|---|---|---|---|---|
| 题号 | 是 | 否 | | 题号 | 是 | 否 | | 题号 | 是 | 否 |
| 1 | ☐ | ☐ | | 1 | ☐ | ☐ | | 1 | ☐ | ☐ |
| 2 | ☐ | ☐ | | 2 | ☐ | ☐ | | 2 | ☐ | ☐ |
| 3 | ☐ | ☐ | | 3 | ☐ | ☐ | | 3 | ☐ | ☐ |
| 4 | ☐ | ☐ | | 4 | ☐ | ☐ | | 4 | ☐ | ☐ |
| 5 | ☐ | ☐ | | 5 | ☐ | ☐ | | 5 | ☐ | ☐ |
| 6 | ☐ | ☐ | | 6 | ☐ | ☐ | | 6 | ☐ | ☐ |
| 7 | ☐ | ☐ | | 7 | ☐ | ☐ | | 7 | ☐ | ☐ |
| 8 | ☐ | ☐ | | 8 | ☐ | ☐ | | 8 | ☐ | ☐ |
| 9 | ☐ | ☐ | | 9 | ☐ | ☐ | | 9 | ☐ | ☐ |
| 10 | ☐ | ☐ | | 10 | ☐ | ☐ | | 10 | ☐ | ☐ |
| 11 | ☐ | ☐ | | 11 | ☐ | ☐ | | 11 | ☐ | ☐ |
| "是"的总数： | | | | "是"的总数： | | | | "是"的总数： | | |

第4部分　你所喜欢的职业

| R 型 | | | | I 型 | | | | A 型 | | |
|---|---|---|---|---|---|---|---|---|---|---|
| 题号 | 是 | 否 | | 题号 | 是 | 否 | | 题号 | 是 | 否 |
| 1 | ☐ | ☐ | | 1 | ☐ | ☐ | | 1 | ☐ | ☐ |
| 2 | ☐ | ☐ | | 2 | ☐ | ☐ | | 2 | ☐ | ☐ |
| 3 | ☐ | ☐ | | 3 | ☐ | ☐ | | 3 | ☐ | ☐ |
| 4 | ☐ | ☐ | | 4 | ☐ | ☐ | | 4 | ☐ | ☐ |
| 5 | ☐ | ☐ | | 5 | ☐ | ☐ | | 5 | ☐ | ☐ |
| 6 | ☐ | ☐ | | 6 | ☐ | ☐ | | 6 | ☐ | ☐ |
| 7 | ☐ | ☐ | | 7 | ☐ | ☐ | | 7 | ☐ | ☐ |
| 8 | ☐ | ☐ | | 8 | ☐ | ☐ | | 8 | ☐ | ☐ |
| 9 | ☐ | ☐ | | 9 | ☐ | ☐ | | 9 | ☐ | ☐ |
| 10 | ☐ | ☐ | | 10 | ☐ | ☐ | | 10 | ☐ | ☐ |
| 11 | ☐ | ☐ | | 11 | ☐ | ☐ | | 11 | ☐ | ☐ |
| "是"的总数： | | | | "是"的总数： | | | | "是"的总数： | | |

| S 型 | | | | E 型 | | | | C 型 | | |
|---|---|---|---|---|---|---|---|---|---|---|
| 题号 | 是 | 否 | | 题号 | 是 | 否 | | 题号 | 是 | 否 |
| 1 | ☐ | ☐ | | 1 | ☐ | ☐ | | 1 | ☐ | ☐ |
| 2 | ☐ | ☐ | | 2 | ☐ | ☐ | | 2 | ☐ | ☐ |
| 3 | ☐ | ☐ | | 3 | ☐ | ☐ | | 3 | ☐ | ☐ |
| 4 | ☐ | ☐ | | 4 | ☐ | ☐ | | 4 | ☐ | ☐ |
| 5 | ☐ | ☐ | | 5 | ☐ | ☐ | | 5 | ☐ | ☐ |
| 6 | ☐ | ☐ | | 6 | ☐ | ☐ | | 6 | ☐ | ☐ |
| 7 | ☐ | ☐ | | 7 | ☐ | ☐ | | 7 | ☐ | ☐ |
| 8 | ☐ | ☐ | | 8 | ☐ | ☐ | | 8 | ☐ | ☐ |
| 9 | ☐ | ☐ | | 9 | ☐ | ☐ | | 9 | ☐ | ☐ |
| 10 | ☐ | ☐ | | 10 | ☐ | ☐ | | 10 | ☐ | ☐ |
| 11 | ☐ | ☐ | | 11 | ☐ | ☐ | | 11 | ☐ | ☐ |
| "是"的总数： | | | | "是"的总数： | | | | "是"的总数： | | |

## 第 5 部分　你的能力类型简评

下面两张表是你在 6 个职业能力方面的自我评分表。你可以先与同龄人比较一下自己在每一方面的能力，然后经斟酌以后对自己的能力作一评价。评分时请在表中适当的数字上画圈。数字越大表示你的能力越强。

注意，请勿全部圈画同样的数字，因为人的每项能力不可能完全一样。

表 A

| R 型 | I 型 | A 型 | S 型 | E 型 | C 型 |
|---|---|---|---|---|---|
| 机械操作能力 | 科学研究能力 | 艺术创造能力 | 解释表达能力 | 商业洽谈能力 | 事务执行能力 |
| 7 | 7 | 7 | 7 | 7 | 7 |
| 6 | 6 | 6 | 6 | 6 | 6 |
| 5 | 5 | 5 | 5 | 5 | 5 |
| 4 | 4 | 4 | 4 | 4 | 4 |
| 3 | 3 | 3 | 3 | 3 | 3 |
| 2 | 2 | 2 | 2 | 2 | 2 |
| 1 | 1 | 1 | 1 | 1 | 1 |

表 B

| R 型 | I 型 | A 型 | S 型 | E 型 | C 型 |
|---|---|---|---|---|---|
| 体力技能 | 数学技能 | 音乐技能 | 交际技能 | 领导技能 | 办公技能 |
| 7 | 7 | 7 | 7 | 7 | 7 |
| 6 | 6 | 6 | 6 | 6 | 6 |
| 5 | 5 | 5 | 5 | 5 | 5 |
| 4 | 4 | 4 | 4 | 4 | 4 |
| 3 | 3 | 3 | 3 | 3 | 3 |
| 2 | 2 | 2 | 2 | 2 | 2 |
| 1 | 1 | 1 | 1 | 1 | 1 |

好，第 5 部分已完成。请继续做第 6 部分。

### 第 6 部分 统计和确定你的职业倾向

请将第 2 部分至第 5 部分的全部测验分数按前面已统计好的 6 种职业倾向（R 型、I 型、A 型、S 型、E 型和 C 型）得分填入下表，并做纵向累加。

| 测验 | R 型 | I 型 | A 型 | S 型 | E 型 | C 型 |
|---|---|---|---|---|---|---|
| 第 2 部分 | | | | | | |
| 第 3 部分 | | | | | | |
| 第 4 部分 | | | | | | |
| 第 5 部分（A） | | | | | | |
| 第 5 部分（B） | | | | | | |
| 总分 | | | | | | |

请将上表中的 6 种职业倾向总分按大小顺序依次从左到右重新排列：

_____ 型、_____ 型、_____ 型、_____ 型、_____ 型、_____ 型

[你的职业倾向性得分]最高分 _____ 最低分 _____ 。

得分最高的职业类型意味着最适合你的职业。比如说，假如你在 I 型上得分最高，说明你适合做自然科学方面的研究工作，如气象研究、生物学研究、天文学研究或科学杂志编辑。其余类推。

如果最适合你的工作和你在第 1 部分所写的理想工作之间不太一致，或者在各种类型的职业上你的能力和兴趣不相匹配，那么请你参照第 7 部分——你的职业价值观来做出最佳选择。比方说，假如第 2 部分你在 I 型上得分最高，但第 3 部分你在 A 型上得分高，那么请参考你最看重的因素：假如你最看重第 8 项能充分发挥自己的能力特长或第 2 项工作环境舒适，那么 A 型工作最适合你；假如你最看重第 10 项能从事自己感兴趣的工作或第 4 项工作稳定有保障，那么 I 型工作最适合你；假如你最看重的是其他因素，那么请向 A 型职业方面的专家咨询，选择和你的职业价值观最接近的工作。

### 第 7 部分 你所看重的东西——职业价值观

这一部分测验列出了人们在选择工作时通常会考虑的 9 个要素（见所附工作价值标准）。现在请你在其中选出对你最重要的两项因素，以及最不重要的两项因素，并将序号填入下边相应空格上。

最 重 要：

最不重要：

次 重 要：

次不重要：

附 工作价值标准：

1. 工资高福利好

2. 工作环境（物质方面）舒适

3. 人际关系良好

4. 工作稳定有保障

5. 能提供较好的受教育机会

6. 有较高的社会地位

7. 工作不太紧张、外部压力少

8. 能充分发挥自己的能力特长

9. 社会需要与社会贡献较大

10. 能从事自己感兴趣的工作

以上全部测验完毕。

现在，将你测验得分居第一位的职业类型找出来，对照下表，判断一下自己适合的职业类型。职业索引——职业兴趣代号与其相应的职业对照表：

R（现实型）：木匠、农民、操作 X 光的技师、工程师、飞机机械师、鱼类和野生动物专家、自动化技师、机械工（车工、钳工等）、电工、无线电报务员、火车司机、长途公共汽车司机、机械制图员、电器师。

I（调查型）：气象学者、生物学者、天文学家、药剂师、动物学者、化学家、科学报刊编辑、地质学者、植物学者、物理学者、数学家、实验员、科研人员、科技作者。

A（艺术型）：室内装饰专家、图书管理专家、摄影师、音乐教师、作家、演员、记者、诗人、作曲家、编剧、雕刻家、漫画家。

S（社会型）：社会学者、导游、福利机构工作者、咨询人员、社会工作者、社会科学教师、学校领导、公共保健护士。

E（企业型）：推销员、进货员、商品批发员、旅馆经理、饭店经理、广告宣传员、调度员、律师、政治家、零售商。

C（常规型）：记账员、会计、银行出纳、法庭速记员、成本估算员、税务员、核算员、打字员、办公室职员、统计员、计算机操作员、秘书。

下面介绍与你3个代号的职业兴趣类型一致的职业表，对照的方法如下：首先根据你的职业兴趣代号，在下表中找出相应的职业，例如你的职业兴趣代号是RIA，那么牙科技术人员、陶工等是你兴趣所在的职业。然后寻找与你职业兴趣代号相近的职业，如你的职业兴趣代号是RIA，那么，其他由这三个字母组合成的编号（如IRA、IAR、ARI等）对应的职业，也较适合你的兴趣。

RIA：牙科技术员、陶工、建筑设计员、模型工、细木工、制作链条人员。

RIS：厨师、林务员、跳水员、潜水员、染色员、电器修理、眼镜制作、电工、纺织机器装配工、服务员、装玻璃工人、发电厂工人、焊接工。

RIE：建筑和桥梁工程、环境工程、航空工程、公路工程、电力工程、信号工程、电话工程、一般机械工程、自动工程、矿业工程、海洋工程、交通工程技术人员、制图员、家政经济人员、计量员、农民、农场工人、农业机器操作、清洁工、无线电修理、汽车修理、手表修理、线路装配工、工具仓库管理员。

RIC：船上工作人员、接待员、杂志保管员、牙医助手、制帽工、磨坊工、石匠、机器制造人员、机车（火车头）制造人员、农业机器装配人员、汽车装配工、缝纫机装配工、钟表装配和检验、电动器具装配、鞋匠、锁匠、货物检验员、电梯机修工、托儿所所长、钢琴调音员、装配工、印刷工、建筑钢铁工人、卡车司机。

RAI：手工雕刻人员、玻璃雕刻人员、制作模型人员、家具木工、手工钩针编织工、排字工人、印刷工人、图画雕刻工、装订工。

RSE：消防员、交通巡警、警察、门卫、理发师、房间清洁工、屠夫、锻工、开凿工人、管道安装工、出租汽车驾驶员、货物搬运工、送报员、勘探员、娱乐场所的服务员、起卸机操作工、灭害虫者、电梯操作工、厨房助手。

RSI：纺织工、编织工、农业学校教师、某些职业课程教师（诸如艺术、商业、技术、工艺课程）、雨衣上胶工。

REC：抄水表员、保姆、实验室动物饲养员、动物管理员。

REI：轮船船长、航海领航员、大副、试管实验员。

RES：旅馆服务员、家畜饲养员、渔民、渔网修补工、水手长、收割机操作工、搬运行李工人、公园服务员、救生员、登山导游、火车工程技术员、建筑工人、铺轨工人。

RCI：测量员、勘测员、仪表操作者、农业工程技术、化学工程技师、民用工程技师、石油工程技师、资料室管理员、探矿工、煅烧工、烧窑工、矿工、保养工、磨床工、取样工、样品检验员、纺纱工、炮手、漂洗工、电焊工、锯木工、刨床工、制帽工、手工缝纫工、油漆工、染色工、按摩工、木匠、农民建筑工人、电影放映员、勘测员助手。

RCS：公共汽车驾驶员、一等水手、游泳池服务员、裁缝、建筑工人、石匠、烟囱修建工、混凝土工、电话修理工、爆炸手、邮递员、矿工、裱糊工人、纺纱工。

RCE：打井工、吊车驾驶员、农场工人、邮件分类员、铲车司机、拖拉机司机。

IAS：普通经济学家、农场经济学家、财政经济学家、国际贸易经济学家、实验心理学家、工程心理学家、心理学家、哲学家、内科医生、数学家。

IAR：人类学家、天文学家、化学家、物理学家、医学病理学家、动物标本剥制者、化石修复者、艺术品管理员。

ISE：营养学家、饮食顾问、火灾检查员、邮政服务检查员。

ISC：侦察员、电视播音室修理员、电视修理服务员、验尸室人员、编目录者、医学实验室技师、调查研究者。

ISR：水生生物学者、昆虫学者、微生物学家、配镜师、矫正视力者、细菌学家、牙科医生、骨科医生。

ISA：实验心理学家、普通心理学家、发展心理学家、教育心理学家、社会心理学家、临床心理学家、目录学家、皮肤病学家、精神病学家、妇产科医生、眼科医生、五官科医生、医学实验室技术专家、民航医务人员、护士。

IES：细菌学家、生理学家、化学专家、地质专家、地理物理学专家、纺织技术专家、医院药剂师、工业药剂师、药房营业员。

IEC：档案保管员、保险统计员。

ICR：质量检验技术员、地质学技师、工程师、法官、图书馆技术辅导员、计算机操作员、医院听诊员、家禽检查员。

IRA：地理学家、地质学家、水文学家、矿物学家、古生物学家、石油学家、地震学家、声学物理学家、原子和分子物理学家、电学和磁学物理学家、气象学家、设计审核员、人口统计学家、数学统计学家、外科医生、城市规划家、气象员。

IRS：流体物理学家、物理海洋学家、等离子体物理学家、农业科学家、动物学家、食品科学家、园艺学家、植物学家、细菌学家、解剖学家、动物病理学家、作物病理学家、药物学家、生物化学家、生物物理学家、细胞生物学家、临床化学家、遗传学家、分子生物学家、质量控制工程师、地理学家、兽医、放射治疗技师。

IRE：化验员、化学工程师、纺织工程师、食品技师、渔业技术专家、材料和测试工程师、电气工程师、土木工程师、航空工程师、行政官员、冶金专家、原子核工程师、陶瓷工程师、地质工程师、电力工程师、口腔科医生、牙科医生。

IRC：飞机领航员、飞行员、物理实验室技师、文献检查员、农业技术专家、动植物技术专家、生物技师、油管检查员、工商业规划者、矿藏安全检查员、纺织品检验员、照相机修理者、工程技术员、编计算机程序者、工具设计者、仪器维修工。

CRI：簿记员、会计、记时员、铸造机操作工、打字员、按键操作工、复印机操作工。

CRS：仓库保管员、档案管理员、缝纫工、讲述员、收款人。

CRE：标价员、实验室工作者、广告管理员、自动打字机操作员、电动机装配工、缝纫机操作工。

CIS：记账员、顾客服务员、报刊发行员、土地测量员、保险公司职员、会计师、估价员、邮政检查员、外贸检查员。

CIE：打字员、统计员、支票记录员、订货员、校对员、办公室工作人员。

CIR：校对员、工程职员、海底电报员、检修计划员、发报员。

CSE：接待员、通讯员、电话接线员、卖票员、旅馆服务员、私人职员、商学教师、旅游办事员。

CSR：运货代理商、铁路职员、交通检查员、办公室通信员、簿记员、出纳员、银行财务职员。

CSA：秘书、图书管理员、办公室办事员。

CER：邮递员、数据处理员、航空邮件检查员。

CEI：推销员、经济分析家。

CES：银行会计、记账员、法人秘书、速记员、法院报告人。

ECI：银行行长、审记员、信用管理员、地产管理员、商业管理员。

ECS：信用办事员、保险人员、各类进货员、海关服务经理、售货员、购买员、会计。

ERI：建筑物管理员、工业工程师、农场管理员、护士长、农业经营管理人员。

ERS：仓库管理员、房屋管理员、货栈监督管理员。

ERC：邮政局长、渔船船长、机械操作领班、木工领班、瓦工领班、驾驶员领班。

EIR：科学、技术和有关周期出版物的管理员。

EIC：专利代理人、鉴定人、运输服务检查员、安全检查员、废品收购人员。

EIS：警官、侦察员、交通检验员、安全咨询员、合同管理者、商人。

EAS：法官、律师、公证人。

FAR：展览室管理员、舞台管理员、播音员、训兽员。

ESC：理发师、裁判员、政府行政管理员、财政管理员、工程管理员、职业病防治、售货员、商业经理、办公室主任、人事负责人、调度员。

ESR：家具售货员、书店售货员、公共汽车驾驶员、日用品售货员、护士长、自然科学和工程的行政领导。

ESI：博物馆管理员、图书馆管理员、古迹管理员、饮食业经理、地区安全服务管理员、技术服务咨询者、超级市场管理员、零售商品店店员、批发商、出租汽车服务站调度。

ESA：博物馆馆长、报刊管理员、音乐器材售货员、广告商、售画员、导游、（轮船或班机上的）事务长、飞机上的服务员、船员、法官、律师。

ASE：戏剧导演、舞蹈教师、广告撰稿人、报刊专栏作者、记者、演员、英语翻译。

ASI：音乐教师、乐器教师、美术教师、管弦乐指挥、合唱队指挥、歌星、演奏家、哲学家、作家、广告经理、时装模特。

AER：新闻摄影师、电视摄像师、艺术指导、录音指导、丑角演员、魔术师、木偶戏演员、骑士、跳水员。

AEI：音乐指挥、舞台指导、电影导演。

AES：流行歌手、舞蹈演员、电影导演、广播节目主持人、舞蹈教师、口技表演者、喜剧演员、模特。

AIS：画家、剧作家、编辑、评论家、时装艺术大师、新闻摄影师、男演员、文学作者。

AIE：花匠、皮衣设计师、工业产品设计师、剪影艺术家、复制雕刻品大师。

AIR：建筑师、画家、摄影师、绘图员、环境美化工、雕刻家、包装设计师、陶器设计师、绣花工、漫画工。

SEC：社会活动家、退伍军人服务官员、工商会事务代表、教育咨询者、宿舍管理员、旅馆经理、饮食服务管理员。

SER：体育教练、游泳指导。

SEI：大学校长、学院院长、医院行政管理员、历史学家、家政经济学家、职业学校教师、资料员。

SEA：娱乐活动管理员、国外服务办事员、社会服务助理、一般咨询者、宗教教育工作者。

SCE：部长助理、福利机构职员、生产协调人、环境卫生管理人员、戏院经理、餐馆经理、售票员。

SRI：外科医师助手、医院服务员。

SRE：体育教师、职业病治疗者、体育教练、专业运动员、房管员、儿童家庭教师、警察、引座员、传达员、保姆。

SRC：护理员、护理助理、医院勤杂工、理发师、学校儿童服务人员。

SIA：社会学家、心理咨询者、学校心理学家、政治科学家、大学或学院的系主任、大学或学院的教育学教师、大学农业课程教师、大学工程和建筑课程的教师、大学法律课程教师、大学数学课程教师、大学医学课程教师、大学物理学教师、大学社会科学和生命科学的教师、研究生助教、成人教育学院教师。

SIE：营养学家、饮食学家、海关检查员、安全检查员、税务稽查员、校长。

SIC：描图员、兽医助手、诊所助理、体检检查员、监督缓刑犯的工作者、娱乐指导者、咨询人员、社会科学教师。

SIR：理疗员、救护队工作人员、手足病医生、职业病治疗助手。

SAC：理发师、指甲修剪师、包装艺术家、美容师、整容专家、发式设计师。

SAE：听觉病治疗者、演讲矫正者。

SAE：图书馆管理员、小学教师、幼儿园教师、学前儿童教师、中学教师、师范学院教师、盲人教师、智力障碍人的教师、聋哑人的教师、学校护士、牙科助理、飞行指导员。

【思考与练习】

1. 从职业生涯规划的理论中，你获得了哪些启示？
2. 在不同的职业生涯发展阶段，你将面临哪些不同的任务？

# 第三章  规划大学生活，创造美好明天

**【导读】**
　　大学生涯是整个人生中最美好的时期，也是职业发展的准备期和起步阶段，通过合理规划大学生活，可以确定自己的目标，从而高效地度过大学生涯。

## 第一节  企业的用人标准和要求

### 一、当前通信行业发展下的人才需求

　　随着通信行业的发展，人才争夺战愈演愈烈。具有强烈市场意识和客户敏感性，以及快速实施能力的人将是业内人才需求的趋势。从业经验对管理人员比较重要，而对于技术人员，专业背景比从业经验更重要。目前，通信行业最需要的五类人才包括以下几种。

**（一）市场化的研发人才**
　　从目前招聘的情况看，通信行业的技术人才缺口大，也最为抢手。这主要是因为目前的通信产品更新换代周期短，各厂商必须不断地更新和提高自己产品的技术含量。而通信行业的研发，又需要不同类别的技术人才的组合。有一些职位，既需要懂通信设备软、硬件的专业知识，还需要能熟练掌握电子工程或计算机工程方面的专业知识，对人才的要求标准非常高，因此招聘到这方面的优秀人才也非常难。
　　目前，作为通信行业分支的电信业，硬件供应市场已基本饱和，相应的人才需求也如同股票的熊市。而个性化的应用却正引领市场的时尚。因此，具有市场前瞻性和敏感性，并富有创新意识的产品开发人才将炙手可热；具有较强的技术背景，又善于进行客户分析的人才将在业内具有较强的竞争力。

**（二）复合型人才**
　　业内目前的稀缺人才是拥有全面的技术架构，能按照客户要求迅速提供多方面支持和相应技术需求的复合型人才。
　　长城宽带网络服务有限公司负责人介绍，业内难招的是技术背景雄厚又精通管理的复合型人才。中国联通北京市通讯公司相关人士也认为，掌握通讯专业知识，并熟谙管理之道的高级管理人才是业内难寻的千里马。
　　一位资深技术人员透露，以往的工作中，很多人只是停留在技术层面的开发，而实际综合运用的研究相当少。在此之前，既懂互联网又掌握电信技术的人员并不是很多。因此复合

型人才需求旺盛。

### （三）国际化人才

随着企业海外业务的拓展，很多通信企业都在试图用各种诸如高薪、优良的事业平台等优惠条件吸引海归人士以及有相关工作经验的优秀人士加盟。

业内人士分析，快速扩张的中国企业参与海外市场竞争，迫切需要储备一批具有国际视野和海外工作经验的营销、管理人才，打造一支国际化的营销战队。同时还要克服海外市场的"水土不服"，这其中迫切需要世界先进的管理经验以及本地化的人才队伍，以迎合海外细分市场的需求。

### （四）有背景的经验型人才

通信业是一个非常强调经验的行业，尤其是技术人员，项目经验是进行跳槽和自我价值提升的关键砝码。目前移动通信人才争夺主要还是集中在中高层次，华为、中兴、贝尔、阿尔卡特、西门子里的面孔会交替更新。在招聘中，公司背景是很被看重的。

### （五）市场营销人才

电信运营需要大量人才，关键自己要多学习营销知识，随着通信发展步伐的加快，市场对人才的需求不断提高，各大通信设备制造商对人才的争夺已进入白热化。

通信市场的兴衰最终将由消费者的需求决定，所以营销人员对产业的推动显得非常重要。市场营销人员目前非常短缺，未来将成为通信行业人才需求的重点。

## 二、通信行业人才素质需求介绍

通信行业是一个知识、技术高度密集的行业，随着通信网络的不断升级，其承载的业务更加复杂多样，通信企业的员工需要掌握通信网络、计算机网络、信息技术专业知识、市场信息及分析知识。由于通信行业提供的服务需要各个环节紧密配合，通信企业的员工需要具备较强的责任心、团队合作精神和交流沟通能力。同时还面临着更高的要求：技术的不断发展要求从业者保持较强的学习能力，业务的不断创新要求从业者具备较强的创新意识和创新能力，市场竞争的加剧要求从业者具备较强的营销能力和服务意识。

根据企业对高职学生就业能力需求层次的分析，高职学生就业能力应分为 3 个层次。

### （一）专业基本技能

专业基本技能是高职学生在人才市场上获取工作岗位的基本生存能力，这一能力强调专业的应用性和针对性，是属于第一层次的能力，只有具备了这种能力，才能够真正地在企业"留得下"。

### （二）社会适应能力

社会适应能力是指高职学生与他人交往、合作、共同生活和工作中的人际交流、劳动组织能力、群体意识和社会责任心等，强调积极的人生态度、对社会的适应性和行为的规范性，它应包括积极的工作态度、思想道德水平、团队合作精神、人际交往能力、心理素质等，社会适应能力是企业考察高职毕业生是否"用得上"的重要指标。

### （三）专业发展能力

专业发展能力是指随着社会所创造并能提供给个人的工作岗位愈来愈多，个体在社会生活中的工作空间越来越大，工作的迁移性和工种的可变性要求日益凸显，工作岗位的边界也在不断的变化，新的就业形势要求高职毕业生在多样性、多变性的职业生涯中具备专业发展能力，它包括学习能力、创新能力及分析和解决问题的能力。具备专业发展能力的毕业生，在进入用人单位后将逐渐表现出优越性，形成高职毕业生进入职业生涯后的可持续发展因素，是决定毕业生是否"能发展"的主要指标。

调查显示，越来越多的用人单位认为，高职毕业生正确积极的工作态度和道德修养水平比专业技能更重要，特别是有 85.6%外企在招聘毕业生时把正确积极的工作态度作为最重要的因素进行考虑，道德修养水平也被用人单位认为是第二重要的因素。在访谈中，用人单位表示目前大部分学生在言行上存在较大差距，企业往往在培训方面花费大量的人力物力，学生在追求较高报酬的同时，往往忽略了对等付出和多一点奉献的思考，不安心工作，跳槽频繁，不辞而别的现象越来越多。团队合作精神和人际交往能力等也受到了用人单位的重视，重视程度几乎与专业基础技能持平。究其原因，当前无论是生产、管理或服务第一线，在社会化大生产的条件下，工作岗位越来越需要团队合作和沟通，这是胜任工作的一个重要条件。专业发展能力受重视的程度从受访企业来看排位比较靠后，这与企业类型的差异有关。生产型的企业对此不是很看重，这也与当前高职生就业低移现象有很大关系，在此类企业当中，80%以上的高职毕业生在从事中职毕业生就可以胜任的普工岗位，或与没有学历教育的打工者处在同一个职业群。但在管理、服务型企业当中或者是在生产型企业的管理岗位中，高职毕业生的学习能力、创新能力及分析和解决问题的能力的受重视程度相当靠前，提及率高达67.3%，是用人单位考虑的重要因素（见表 3-1）。

表 3-1 企业考察选用高职毕业生就业能力时的因素（%）

| | 选项 | 第一因素 | 第二因素 | 第三因素 | 提及率（合计） |
|---|---|---|---|---|---|
| 专业基础技能 | 专业理论知识 | 3.3 | 2.6 | 4.2 | 10.1 |
| | 实践操作能力 | 15.4 | 16.3 | 17.8 | 49.5 |
| 社会适应能力 | 正确积极的工作态度 | 31 | 21.4 | 18.3 | 70.7 |
| | 思想道德水平 | 17.6 | 22.7 | 18.1 | 58.4 |
| | 团队合作精神 | 10.9 | 12.1 | 13.5 | 36.5 |
| | 人际交往能力 | 8.8 | 9.8 | 4.9 | 23.5 |
| | 心理素质 | 2.3 | 3.5 | 6.8 | 12.6 |
| 专业发展能力 | 学习能力 | 3.4 | 4.7 | 8 | 16.1 |
| | 创新能力 | 3.3 | 2.1 | 4.7 | 10.1 |
| | 分析和解决问题能力 | 4 | 4.8 | 3.7 | 12.5 |

在调查当中我们还发现，企业在选择导致当前高职学生就业难最主要的因素时，顺序依次为：（1）社会适应能力较差（65.2%）；（2）就业心态和就业预期不匹配（50.9%）；（3）对岗位专业知识缺乏了解（32.6%）；（4）职业生涯规划不够（28.3%）。

在访谈中，各素质要素分别被提到的频度见表 3-2、表 3-3。

表 3-2　各通信公司高级技术人才素质要求访谈调查统计结果

| 素质要求 | 频度 | 素质要求 | 频度 |
|---|---|---|---|
| 反应敏捷 | 1 | 理解能力 | 1 |
| 专业技术能力 | 11 | 人品 | 2 |
| 客户服务意识 | 3 | 指导能力 | 1 |
| 模范带头能力 | 2 | 发现问题、解决问题的能力 | 10 |
| 时间观念 | 2 | 高学历 | 3 |
| 学习发展 | 4 | 高品质 | 1 |
| 工作态度 | 3 | 模范意识 | 1 |
| 责任心 | 2 | 严密逻辑思维 | 1 |
| 专研能力 | 1 | 积极性、主动性 | 1 |
| 突发事件处理能力 | 1 | 计算机应用能力 | 1 |
| 工作效率提高 | 1 | 创新能力 | 6 |
| 大局观念 | 1 | 敬业精神 | 1 |
| 团结协作意识 | 1 | 为人处世能力 | 1 |

表 3-3　各通信公司高级营销人才素质要求访谈调查统计结果

| 素质要求 | 频度 | 素质要求 | 频度 |
|---|---|---|---|
| 沟通能力 | 4 | 创新能力 | 7 |
| 组织协调能力 | 2 | 专业管理知识技能 | 4 |
| 责任心 | 2 | 业务了解能力 | 2 |
| 积极主动性 | 1 | 人品 | 1 |
| 参与意识 | 1 | 模范意识 | 2 |
| 综合素质 | 1 | 解决问题能力 | 1 |
| 综合判断分析能力 | 2 | 文字表达能力 | 1 |
| 为人处事能力 | 1 | 工作效率提升 | 1 |
| 团结协作意识 | 2 | | |

从统计表中可以看出，创新能力被提到了七次之多，沟通能力、专业管理知识技能被提到了四次，组织协调能力、责任心、综合判断分析能力、业务了解、模范意识、团结协作意识被分别提到两次，显然，这些素质要素是被调查者认为作为高级营销人才所必备的。

## 三、通信行业常见招聘要求

### （一）行政文员

岗位要求：

（1）年龄 25～30 岁；

（2）大专以上学历，中文、行政、文秘等专业；

（3）擅长文字表达，文笔流畅，条理清晰，善于总结归纳要点；

（4）具备良好的语言表达、沟通协调和综合事务处理能力，出色的沟通及组织能力；

（5）工作积极主动，具有责任心；

（6）熟练使用日常办公软件，每分钟打 80 字以上。

## （二）通信维护员

职位综述：通信基站日常维护、故障处理、天馈测试、空调日常维护及故障处理。

岗位要求：

（1）大专及以上学历，男性，年龄在 22～40 岁；

（2）有从事通信工程施工、维护的工作经验，具有一定的文字组织能力及计算机基础，能熟练使用各种常用的办公软件；

（3）具备良好的身体素质；

（4）有良好的团队协作精神，能吃苦耐劳，工作踏实，责任心强；

（5）有类似从业经验者优先。

## （三）大客户经理

岗位要求：

（1）具有亲和力，形象气质良好，身高 163cm—172cm，年龄在 30 岁以内的女性；

（2）反应敏捷、口齿清晰、有较好的语言表达能力，普通话标准；

（3）有很强的沟通、人际交往、组织、协调能力以及敏锐的观察力；

（4）熟悉电信业务或能够在较短时间内掌握通信业务知识；

（5）擅长文体，有较强的公关能力和客户活动组织能力。

## （四）各类新进大学生素质要求

对于大学毕业生常见几个岗位的整体素质要求，从发展潜力、价值观与态度、职业适应性三大方面来看，在发展潜力方面包含了沟通协调、经验开放性、人际交往、信息分析以及学习发展。在价值观与态度方面包含了进取心、敬业、团队合作、责任心以及组织认同。在职业适应性方面包含了诚信、弹性与适应、同理心、行动力以及自信。具体参见表 3-4、表 3-5、表 3-6。

表 3-4　新进大学生营销类整体素质要求

| 发展潜力 | 沟通协调 | 4.0 | 价值观与态度 | 进取心 | 4.0 | 职业适应性 | 诚信 | 5.0 |
|---|---|---|---|---|---|---|---|---|
| | 经验开放性 | 4.0 | | 敬业 | 4.5 | | 弹性与适应 | 4.0 |
| | 人际交往 | 3.5 | | 团队合作 | 4.0 | | 同理心 | 4.0 |
| | 信息分析 | 4.0 | | 责任心 | 4.0 | | 行动力 | 4.0 |
| | 学习发展 | 4.0 | | 组织认同 | 4.0 | | 自信 | 3.5 |

表 3-5　新进大学生行政类整体素质要求

| 发展潜力 | 沟通协调 | 4.0 | 价值观与态度 | 进取心 | 3.5 | 职业适应性 | 诚信 | 5.0 |
|---|---|---|---|---|---|---|---|---|
| | 经验开放性 | 4.0 | | 敬业 | 4.5 | | 弹性与适应 | 3.5 |
| | 人际交往 | 4.0 | | 团队合作 | 4.0 | | 同理心 | 3.5 |
| | 信息分析 | 4.0 | | 责任心 | 4.0 | | 行动力 | 4.0 |
| | 学习发展 | 4.0 | | 组织认同 | 4.0 | | 自信 | 3.5 |

表 3-6 新进大学生技术类整体素质要求

| 发展潜力 | 沟通协调 | 4.0 | 价值观与态度 | 进取心 | 3.5 | 职业适应性 | 诚信 | 5.0 |
|---|---|---|---|---|---|---|---|---|
| | 经验开放性 | 4.0 | | 敬业 | 4.5 | | 弹性与适应 | 3.5 |
| | 人际交往 | 3.5 | | 团队合作 | 4.0 | | 同理心 | 4.0 |
| | 信息分析 | 4.0 | | 责任心 | 4.0 | | 行动力 | 4.0 |
| | 学习发展 | 4.0 | | 组织认同 | 4.0 | | 信 | 3.5 |

【延伸阅读】

## 成都电信 VIP 服务部

一、对毕业生的要求

1. 态度最重要，要有职业人的意识。

2. 遵守职业道德，热爱企业，有强烈的企业认同感和责任心。

3. 在学校一定要学会做人，养成良好的品德。

4. 一定要有学习的能力，树立终身学习的理念。

5. 愿意在艰苦的环境里磨炼自己，脚踏实地，用心工作，学会坚持，不要好高骛远。

二、对在校生的建议

1. 邮电职业技术学院的管理制度好，就业率高，并且毕业生比其他学校的学生在专业技能上有优势，适应也更快。

2. 对自身要有清晰的规划，从大一起就要有明确的目标，从刚进校就不能荒废学业，注重知识储备和能力的培养。

3. 说好普通话、英语，掌握必备的沟通技巧，提高表达能力，培养服务意识、亲和力以及洞察能力。

4. 担任学生干部对就业会有优势，要争取担任班干部，培养自己的责任感。

5. 多参加社团活动和学校组织的各项活动，锻炼自己的人际交往和协作能力。

6. 实习和社会实践经历很重要，可以体会到挣钱的艰辛，以及培养自己的责任心。

7. 心态、情绪和适应能力很重要，一定要学会承受压力，抵抗住来自任务、竞争和精神上的压力，要学会调节。

8. 一定要学会坚持，不能浅尝辄止，先从基层做起，再向更高的目标迈进。

9. 要学会自学，提高自己的自学能力，平时多关注企业文化，了解所从事行业的文化、背景以及发展境况。

## 四川通信服务产业科技服务分公司

一、对学校的建议

1. 学生认为在学校学习的知识，实际用处不大，并且没有跟上通信技术的发展步伐。对当前通信发展状况了解不多，毕业后感到茫然。

2. 希望学校能够加强对学生的人文方面的教育，培养学生为人处事的能力，特别是在人际交往，以及如何更好地展示自己的才能方面。

二、对在校学生的建议

1. 在进入公司之前，文凭很重要。专科层次的学生毕业后会有劣势，因此，希望在校同学不要浪费时间，而应该参加自考函授等学习。进入公司以后，竞争也很激烈，还应该继续学习。

2. 在知识和技术方面，首先，英语和普通话很重要，因为，英语好才能更好地了解进口设备，并且有能力在外企工作，或者与外企合作。如果是搞市场营销，需要员工的普通话达到标准水平，并且也对英语口语有一定要求。其次多考一些企业认可的认证考试，比如思科。

3. 毕业以后，男生一般从事技术类工作，女生一般从事营销类和管理类工作。女生如果要搞技术，就一定要把技术做得更扎实，才能和男生竞争；如果不搞技术，就要学些与营销和管理相关的知识。

## 四川电信成都分公司

公司管理人员认为，四川邮电职业技术学院毕业生发展比较好，特别是中专时期的毕业生。从工作岗位的设置情况看，诸如社区经理等动手能力强的工作，都需要学院及以上这种层次学校毕业的学生。电信改革后，对电信工作人员的待遇影响很大，低层人员的待遇很低。学院毕业生的待遇普遍为一千元左右。

一、对毕业生的评价

公司管理人员对学院毕业生的评价比较全面，既提出了优点，又十分中肯地指出了学院毕业生在工作中表现出来的不足之处，值得我们深思。

1. 优点

公司管理人员认为，学院毕业生动手能力较强，定位较准，能够吃苦耐劳，有一定的敬业精神，听指挥。

2. 不足之处

（1）学习能力不强。

（2）身体和心理素质不高。

（3）与企业的融合度不高，归属感不强，没有将企业发展与自身发展结合起来，缺乏生涯规划。

（4）从事营销类工作的毕业生普通话不标准，缺乏必备的营销知识。

（5）流动比较频繁，主要原因在于有些学生比较娇气，认为工作辛苦，待遇不高。

二、对人才培养的建议

结合企业发展的实际以及学院毕业生的表现，成都电信管理人员提出了以下宝贵的人才培养建议，值得我们认真借鉴。

（1）应提高学生的动手实践能力。

（2）应培养学生的耐压能力，提高学生的心理素质。

（3）需要提高学生的普通话水平。

（4）需要提高学生的商务礼仪和营销技巧，提高沟通、表达能力。

（5）加强学生的职业生涯规划教育，增强忧患意识。

三、公司近几年的用人需求情况

成都电信作为四川省最大的分公司，是一个区域性营销中心。因此需要大量的营销人才。成都电信有80%的员工都直接或间接从事营销工作，只有20%的员工在后方工作。成都电信对技术类人才的需求量比较少，并且都是高端的，需要在交换、传输等方面非常擅长。技术类人才一般都招收成熟型人才或者重庆邮电、北京邮电等重点大学的毕业生。另外，对维护人员的需求量也已经饱和。

成都电信在四川邮电职业技术学院招收的毕业生，男生主要从事社区经理，女生主要从事营销类工作。目前，营销人员和社区经理都结成对，共同负责某个小区的业务发展。成都电信招收四川邮电职业技术学院的毕业生，用工性质多为劳工。例如，最近几年招收的10000名工作人员，是与劳务中介公司签订劳动合同，而不是与成都电信签订合同，不与成都电信发生劳动关系。不过，劳工今后可以通过参加省电信公司组织的人事代理考试，成为成都电信的正式员工。通过努力，社区经理可以晋升为社区数据维护工程师，营销人员也可以获得相应的提升。

四、对员工的要求

总的说来，公司希望员工具有敬业精神，能够吃苦耐劳、动手能力强、学习能力强。要求员工无论在哪个岗位工作，都必须先了解公司所推出的产品，熟悉公司的业务。另外，需要尽快融入企业文化中，将企业的发展与自身的发展相结合。

学院毕业生在成都电信从事两类工作较多——社区经理和市场营销，公司也有相应的要求。对于社区经理，由于 ADSL 用户的增加，要求工作人员具备 IT 方面的知识，例如计算机通信，并且要求工作人员要通过从业资格认证考试才能上岗。对于从事营销工作的人员，要求懂得社交礼仪、具备营销技巧，有良好的谈判和沟通能力，形象气质佳。例如，在营销中心，有一项工作是专门向客户催缴话费的，因此，需要营销人员通过电话渠道与客户谈判，对员工的能力要求较高。

# 第二节 如何规划自己的大学生活

## 一、大学三年生涯规划

大学生涯规划是大学生根据社会的客观需要和自己对未来人生的追求，在学校的指导下，对自己在大学不同阶段的发展目标及其实现途径进行具体设计和全面规划，并在大学学习和生活中为成功迈向社会做知识、能力、身体、心理和信息等方面的准备，大学生涯规划是职业生涯规划的重要组成部分。

## 二、大学生活规划

对于在校的大学生来说，及早设计自己的大学生活规划，明确自己的学业目标，在充分了解自身学什么、怎么学、什么时候学等问题的基础上提高素质优势，才有可能在将来激烈的竞争中把握住机会获得成功，实现自我，成就自我。因此，大学生学业规划在大学生们的人生道路上具有非常重要的意义。

### （一）大学生学业规划的六大步骤

#### 1. 学业规划的选定

事物都是普遍联系的，事物的相互联系包含事物是相互作用的，而相互作用必然导致事物的运动、变化、发展。人类社会的发展也是主观（人类自身）和客观（社会和自然界）相互联系、相互作用的结果。学业规划的制定也是学生本身和现代社会的发展前景相互作用而产生的。它的主要影响因素包括以下几个方面。

首先，分析自己的兴趣爱好，认定自己想做什么。古今中外，因兴趣之花而点燃成功之火的事例不胜枚举。兴趣是理想产生的基础，但目前很多大学生对自己的兴趣模糊，甚至没有。所以一定要认定自己的兴趣爱好是什么，选择自己喜欢的专业方向和研究领域进行奋斗和学习。

其次，分析自己的能力和特长，确定自己能干什么，能力是一个人综合素质在现实行动中的表现。任何职业都要求从业者掌握一定的技能，具备一定的条件，所以学生应该结合自己的兴趣爱好，在认定自己想干什么的基础上确定已经具备的能力和应该开发、培养的潜在能力。

再次，根据现代社会的发展前景和方向，确定社会需求是什么。选择符合社会需求又最适合发挥优势的专业方向和研究领域才是最好的，同时充分听取他人意见以及各种有关规划的事例，并联系自己所在学校的教育方式、背景才能做出好的决策。

#### 2. 学业规划的动力测试

学业规划的动力测试是用于考查参测成员与个人思想密切相关的动机结构特征及其强度，包括影响愿望与成功愿望的动机、挫折承受的动机、人际交往等。

（1）影响愿望：在组织行为过程中，力图获得、巩固和利用权力的内在需要，试图以自己的思想、意图影响和控制他人，控制环境和牵引对自己有影响的作用力的愿望。

（2）成功愿望：在面对任务环境时，朝向高标准设置具有挑战性的工作目标，并为实现这一目标进行艰苦的努力，希望得到优秀成绩的愿望。

（3）挫折承受：在现在或将来可能遇到的挫折、困难和失败面前的心态、情绪反应以及特定的行为方式。

（4）人际交往：在生活和工作中对人际关系的关注与重视程度、与他人建立并保持良好关系的愿望和技巧以及能够获得的人际支持的程度。

#### 3. 强化自己的学业规划，做出良好的心理暗示

当学业规划选定以后，很多大学生或者拖延不动或者立即行动，结果导致很多大学生有了学业规划却不能实施或实施后不能持久，最终无法实现既定的学业。这些现象的出现是因为大学生在制定学业规划时缺少了一个重要的环节：对学业规划的强化。强化学业规划就是学业规划的执行者在执行之前充分运用想象，详细地将达成学业规划的好处罗列出来，从而培养出积极的心态，进而增强动力、产生更大的执行力，确保学业规划的顺利完成。

#### 4. 学业规划的分解

学生在制定出学业总目标以后，要对学业规划进行自上而下的分解，即制定学习计划。这可以按照以下的思路进行：在校期间总的学习目标→年度学习目标→学期的学习目标→月的学习目标→周的学习目标→日的学习目标。从而使自己的学业规划落实到学习生活的每一天，确保学业的严格执行。

5. 对学业规划的评估

在实施过程中，及时地对环境和条件做出评价和估计，对自己的执行情况做出评估。在市场经济条件下，由于现实生活中种种不确定因素的存在，这就使得学业规划的设计具有一定的弹性，我们应该及时反省和修正自己的学业目标，变更实施措施与计划。做到定期评估：每年、每学期、每月、每日地进行检查、评估，进而分析原因和障碍，找出改进的方法和措施。

6. 进一步提升自己的兴趣爱好——激励和惩罚

对于一般人而言，激励措施能将人的潜能和积极性激发出来，惩罚可以有效地防止惰性的产生。一定要制定出完成阶段目标后对自己的奖励和惩罚措施：完成后怎样奖励自己，完不成将怎样惩罚自己。学生可以将自己的学业规划告诉老师、家长，让他们来引导自己，激发自己的兴趣，也可以联系自己的同学，在某项与自己相同的短期规划方面，进行两人比拼，这也可以激发自己的兴趣爱好。

表 3-7 学业规划对一个人的影响

| 学业规划情况 | 所占比例（%） | 30年后的结果 |
| --- | --- | --- |
| 没有做学业规划 | 27 | 生活在社会最底层 |
| 学业规划模糊 | 60 | 生活在社会中下层 |
| 短期学业规划 | 10 | 生活在社会中上层 |
| 长期学业规划 | 3 | 成为精英人物 |

7. 大学学业规划的几个时期（见表3-8）

表 3-8 大学学业规划时期

| 年级、时期 | 特征 | 规划任务 | 策略指导 |
| --- | --- | --- | --- |
| 大一 试探期 | 新环境、新学习和生活方式，目标不清晰 | 尽快熟悉、适应新环境、新学习和生活方式；了解通信行业背景，认识了解所学专业，制定自己的大学生活规划 | 向老师和高年级同学请教；有选择性地参加学生会和社团活动；熟悉本专业的培养目标和就业方向；开始接触并进行职业规划，树立职业意识 |
| 大二 定向期 | 环境已经熟悉，对大学生活和就业有了自己的看法，专注于自己的目标，专业课的学习进入深化阶段 | 确定合适的定位；制定能力提升计划；制定自己的职业生涯规划 | 主动积极地投入学习和生活；学会科学合理地安排时间；全面分析自身特点、明确自己的兴趣和目标；通过职业实践发现自己适合做什么；参加社会活动锻炼自己的组织能力、团队协作精神等 |
| 大三 冲刺期 | 开始反思自己的规划，并进行调整，为就业做准备 | 有意识地进行能力、职业素养的提高和经验积累；检验自己的职业目标是否明确、前二年的准备是否充分了解就业政策、学习就业相关的技巧和方法（如写求职信、面试技巧） | 多参加与专业和目标职业、职位相关的社会实践；相关职业资格证的考取；充分利用各种渠道收集信息；学习各种技巧（面试、简历）；调整心态，以开朗而积极的心态去迎接挑战 |

**（二）构建分年级、分阶段的职业生涯教育体系**

针对以上各年级学生生涯规划的任务和策略，结合实际情况我们应从以下几个方面开展工作。

1. 大一阶段

现状显示目前新生入学以后对生涯认识了解有限，迫切需要从生涯规划的角度帮他们规划好自己的大学生活，因此从他们一踏进校门，就进行职业生涯规划教育和指导显得尤为重要。根据调查情况，目前应以提升学生综合素质和专业能力为目标，针对大一年级的学生建立分阶段、多层次的就业指导体系，全过程、多方位进行就业培训和指导。学生从一入学开始，就要明确自己的职业方向，明确学校教育内容、教学模式、教学方法和考试评价标准。这种教育，随着学生不断参与社会实践、职业实践、教学实践而不断深化，学生对职业、职业岗位（群）的体验贯穿于学生在校三年的始终。

（1）认识和了解职业生涯，帮助学生树立关于生涯规划的意识，可以通过我们的自助手册和职业生涯讲座学习和了解。

（2）以班级为单位，结合自身实际设定大学和职业生涯目标，制定大学学习生活的总体目标和阶段性实施步骤的措施办法充实自己的大学生活，以免迷失自己。

（3）加强对职业的认识：可自用"霍兰德入职匹配"等理论确定职业发展方向，明确达到职业目标需要具备的素质和实现目标的优劣势，制定大学学习生活的总体目标和阶段性实施步骤和措施办法，增强学习自觉性和积极性。

（4）分析各种职业对人的要求（因素），了解将来所从事职业的相关信息，包括：①职业的性质、工资待遇、工作条件以及晋升的可能性；②求职的最低条件，诸如学历要求、所需的专业训练、身体要求、年龄、各种能力以及其他心理特点的要求；③职业所必须具备的各种能力。

2. 大二阶段

加强对学生综合素质的培养和锻炼。引导学生树立全面发展的成才目标，提升学生职业基础知识和职业技能。鼓励学生参加兼职工作、社会实践活动，提高学生的责任感、主动性和受挫能力；增强各类职业技能培训，通过英语和计算机的相关证书考试，有选择地辅修其他专业的知识充实自己；检验自己的知识技能，根据个人兴趣与能力修订个人的职业生涯规划设计。

（1）扎实学好专业课，注重动手操作能力的培养。

（2）学有余力时，参加实用技能培训或自学相关专业提升课程。

（3）尝试兼职、参加和专业有关的寒暑假实习、社会实践活动，了解工作环境和自身工作能力，查缺补漏。

3. 大三阶段

由于临近毕业，加强对学生求职、就业法律知识、就业政策等方面的指导，帮助大学生培养良好的人际沟通能力，通过就业过程各个环节的技巧指导与训练，帮助学生成功求职。

（1）对前两年的学业和实践做一个总结，准备一份简历和一套职业装。

（2）了解搜集就业信息，积极参加校内外招聘活动并积极尝试。

（3）积极利用学校提供的条件，了解就业指导中心提供的用人公司资料信息、强化求职技巧、预先模拟面试，参加面试。

（4）准备好到岗实习。

【延伸阅读】

## 职业生涯规划模板

真实姓名：×××

笔名：×××

性别：×

年龄：××

籍贯：××××××

身份证号码：××××××××××××××××

所在赛区:××省/市

所在学校及学院:××大学××××学院

班级及专业：××××级×××专业

学号：××××××××××

联系地址：××××××××××××××××

邮编：××××××

联系电话:××××××××××

E-mail：×××××××××××××

目录：

一、自我分析

二、职业分析

三、职业定位

四、计划实施

五、评估调整

正文：

引言

一、自我分析

结合大赛指定的人才测评报告以及××等分析方法，我对自己进行了全方位、多角度的分析。

1. 职业兴趣——喜欢干什么

我的人才素质测评报告中，职业兴趣前三项是××型（×分）、××型（×分）和××型（×分）。我的具体情况是……

2. 职业能力——能够干什么

我的人才素质测评报告结果显示，××能力得分较高（×分），××能力得分较低（×分）。我的具体情况是……

3. 个人特质——适合干什么

我的人才素质测评报告结果显示……，我的具体情况是……

4. 职业价值观——最看重什么

我的人才素质测评报告结果显示前三项是××取向（×分）、××取向（×分）和××取向（×

分)。我的具体情况是……

5. 胜任能力——优劣势是什么

我的优势能力：

我的弱势能力：

自我分析小结：

二、职业分析

参考人才素质测评报告建议以及通过××等途径方法，我对影响职业选择的相关外部环境进行了较为系统的分析。

1. 家庭环境分析

如经济状况、家人期望、家族文化等以及对本人的影响。

2. 学校环境分析

如学校特色、专业学习、实践经验等。

3. 社会环境分析

如就业形势、就业政策、竞争对手等。

4. 职业环境分析

（1）行业分析。

如××行业现状及发展趋势，人—业匹配分析。

（2）职业分析。

如××职业的工作内容、工作要求、发展前景，人—岗匹配分析。

（3）企业分析。

如××单位类型、企业文化、发展前景、发展阶段、产品服务、员工素质、工作氛围等，人—企匹配分析。

（4）地域分析。

如××工作城市的发展前景、文化特点、气候水土、人际关系等，人—城匹配分析。

职业分析小结：

三、职业定位

综合第一部分(自我分析)及第二部分(职业分析)的主要内容得出本人职业定位的SWOT分析：

内部环境因素

优势因素（S）：

弱势因素（W）：

外部环境因素

机会因素（O）：

威胁因素（T）：

结论：

职业目标：将来从事（××行业的）××职业。

职业发展策略

举例：进入××类型的组织（到××地区发展）。

职业发展路径

举例：走专家路线（管理路线等）。

具体路径

举例：××员—初级××—中级××—高级××。

四、计划实施

计划实施一览表：

计划名称：

时间跨度：

总目标：

分目标：

计划内容：

策略和措施：

备注：

短期计划（大学计划）

2007—20××年

如大学毕业时要达到……，大一要达到……，大二要达到……，或在××方面要达到……，如专业学习、职业技能培养、职业素质提升、职业实践计划等。

（如大一以适应大学生活为主，大二以专业学习和掌握职业技能为主……，或为了实现××目标，我要……）

大学生职业规划的重点：

中期计划（毕业后五年计划）

20××—20××年

如毕业后第五年时要达到……

如毕业后第一年要……，第二年要……，或在××方面要达到……，如职场适应、三脉积累（知脉、人脉、钱脉）、岗位转换及升迁等。

大学生职业规划的重点：

长期计划（毕业后十年或以上计划）

20××—20××年

如退休时要达到……，毕业后第十年要……，第二十年要……，如事业发展、工作、生活关系、健康、心灵成长、子女教育、慈善等。

方向性规划

详细执行计划如下：

本人现正就读××大学（研究生）×年级，我的学习计划是……

五、评估调整

职业生涯规划是一个动态的过程，必须根据实施结果的情况以及因应变化进行及时的评估与修正。

■ 职业目标评估（是否需要重新选择职业？）假如一直……，那么我将……

■ 职业路径评估（是否需要调整发展方向？）当出现……的时候，我就……

■ 实施策略评估（是否需要改变行动策略？）如果……，我就……

■ 其他因素评估（身体、家庭、经济状况以及机遇、意外情况的及时评估）。

【思考与练习】

1. 根据下面提供的具体内容。结合自我认知和专业认知，完成一份学业规划设计书。

自我认知：

（1）360度评估。

表3-9　360度评估

| 姓名 | 优点 | 缺点 |
|---|---|---|
| 自我评价 | | |
| 家人评价 | | |
| 老师评价 | | |
| 亲密朋友评价 | | |
| 同学评价 | | |
| 其他社会关系评价 | | |

（2）橱窗分析法。

表3-10　四个自我

| 公开的我（自己知道，别人知道） | 盲目的我（自己知道，别人不知道） |
|---|---|
| 秘密的我（自己知道，别人不知道） | 未知的我（自己不知道，别人也不知道） |

（3）自我认知小结。

（4）各种选择认知。

外部环境分析：

家庭环境分析：

学校环境分析：

社会环境分析：

学业目标分析：

学业目标简述：

学业目标的基本说明：

学业目标的基本指标：

学业目标的阶段分析：

该目标的就业和发展分析：

（5）SWOT分析。

①我的优势及其使用；

②我的弱势及其弥补；

③我的机会及其利用；

④我面临的威胁及其排除。

（6）学业选择认知小结。

学业规划设计：

确定学业目标和路径：

一年内学业目标：

毕业前学业目标：

终身学业目标：

学业发展路径：

制定行动计划：

一年计划：

三年计划；

终身计划：

动态反馈调整：评估、调整我的学业目标、学业路径与行动计划。

备选学业规划方案：

2. 你希望学习了职业生涯规划后，在哪些方面可以帮助和提升自己？

3. 请尝试设计一份自己的职业生涯规划书。

# 模块二：职业素质篇

# 第四章 职业素质概述

**【导读】**

在校大学生要了解，任何一个有效任务的完成都需要高素质团队成员的支撑与合作，这些不仅需要高技能，还需具有高职业素质。因此，我们要多方面培养自己的职业素质，为毕业后走向职场做好充分的准备。

## 第一节 素质与职业素质

### 一、素质的基本概述

素质指人在先天禀赋的基础上，通过环境和教育的影响而形成和发展起来的相对稳定的内在的基本品质。

素质是一个人的内在基本表现，必须通过外在行为来显现。所以，我们说一个人很有素质一定是通过观察他在参与各项活动中的言行举止。

总之，素质定义为人在先天禀赋的基础上，通过环境和教育的影响而形成和发展起来的相对稳定的内在的基本品质。包含三个因素：遗传素质、可能素质、现实素质。

### 二、职业素质的基本概述

职业素质是从业者对社会职业的适应能力与了解情况、准备素质的一种综合性的表现。通常表现为职业道德、职业心态、职业形象、职业能力、沟通能力以及职业管理能力等。影响并制约大学生的职业素质的因素有受教育的程度、社会需求、实践能力和工作经历等。所以，大学生能否顺利就业，在职业领域取得好的成就很大程度上取决于本身的职业素质，即职业素质越高，个人的职业发展也会越好。

职业素质是指从业者在一定的生理和心理条件的基础上，通过教育、劳动实践和自我修养等途径而形成和发展起来的，在职业活动中发挥重要作用的内在基本品质。

### 三、职业素质冰山理论

冰山理论是一个隐喻，它指一个人的"自我"就像一座冰山一样，我们能看到的只是表面很少的一部分——行为，而更大一部分的内在世界却藏在更深层次，不为人所见，恰如冰山。包括行为、应对方式、感受、观点、期待、渴望、自我七个层次。正如冰山有八分之七存在于水底一样，正是这八分之七的隐性素质支撑了一个员工的显性素质。

人的才能既有显性的，也有隐性的。显性的因素包括外在形象、技术能力、各种技能等，这些因素就像浮于海面上的冰山一角，事实上是非常有限的；冰山水底的隐性因素包括人的职业意识、职业道德和职业态度，在更深层次上影响着个人的发展。

一个人就像冰山，呈现在人们视野中的部分往往只有 1/8，而看不到的则占 7/8。对个人来说，显露的 1/8 是其资质、知识、行为和技能，隐藏的 7/8 则是由职业意识、职业道德和职业态度三个方面形成的基石。要培育优秀的职业化素质，就要重视这三个隐性方面的内容，因为它占个人素质的 7/8，同时还深刻地影响着个人 1/8 的显性素质。

个人素质的"水上部分"包括基本知识、基本技能，是显性的，即处在水面以上，随时可以调用，是人力资源管理中人们一般比较重视的方面，它们相对来说比较容易改变和发展，培训起来也比较容易见成效，但很难从根本上解决个人综合素质问题。

个人素质的"水下部分"包括职业意识、职业道德、职业态度，是隐性的，即处在水面以下，如果不加以激发，它只能潜意识地起作用，这方面处于冰山的最下层，是人力资源管理中经常被忽视的，也经常被个人所忽视。然而，如果个人的隐性素质能够得到足够的培训，那么对素质提升将是非常巨大的。

## 【延伸阅读】

### 基本素质列表

| 序号 | 素质名称 | 素质含义 |
| --- | --- | --- |
| 1 | 监控能力 | 设立严格的行为标准并指派人去完成它，动机是对"工作" |
| 2 | 收集信息 | 对信息敏感，能用特殊的方式、方法收集信息 |
| 3 | 关系建立 | 工作中能主动建立人际关系 |
| 4 | 领导能力 | 能领导人们有效地在一起工作，主要目的是促进团队的运作 |
| 5 | 合作精神 | 强调融入团队，作为团体的一员 |
| 6 | 沟通能力 | 能较为准确和顺畅地表达想法、传递信息 |
| 7 | 计划能力 | 具有规划、提前安排事物的能力 |
| 8 | 资源整合能力 | 能有效地利用周围的各种资源达成目标 |
| 9 | 判断能力 | 对事物的发展趋势和演变能够提前预计 |
| 10 | 协调能力 | 能考虑多方面的因素做出较为合理的安排 |
| 11 | 表达能力 | 口头、书面表达思想、观点、看法和感受的能力 |
| 12 | 指导能力 | 对其他人进行有效的引导，使其掌握一定的方法、技能等 |
| 13 | 服务精神 | 能设身处地为顾客着想、行事 |
| 14 | 培养人才 | 具有长期培养人才的特点，动机是对"人" |
| 15 | 主动性 | 有前瞻性，能对未来的需求和机会做出反应 |
| 16 | 组织意识 | 对组织的政治和结构非常敏感，理解组织中非成文约定 |
| 17 | 责任意识 | 能意识到自身承担的责任并在没有监督的情况下愿意为其付出 |
| 18 | 自信 | 对象是自己，敢于冒险接受任务或敢于提出与上级有权势的人不同的意见 |
| 19 | 目标意识 | 对要达成的目标有较强的认识 |

| 序号 | 素质名称 | 素质含义 |
|------|----------|----------|
| 20 | 思维能力 | 对问题的分析、归纳、推理和判断等一系列认识活动比较擅长 |
| 21 | 灵活性 | 在必要的时候改变策略、方法或放弃原定目标，但最终是为了更好地达到公司大目标 |
| 22 | 诚实正直 | 行为与价值观一致，在与自己坚信的人生信条及价值观相冲突时能坚持正义 |
| 23 | 人际理解能力 | 在别人没有直接用语言的情况下，能知道别人在想什么，感受怎样 |
| 24 | 成就导向 | 有把工作做得更好的企图和行为 |
| 25 | 坚韧性 | 在艰苦的条件下，仍表现出乐观的态度 |
| 26 | 影响能力 | 为特定目的，采用影响策略或战术，并有具体行动 |
| 27 | 亲和力 | 初次见面能够给别人以亲近的感觉，有吸引力，使人愿意与其交往 |
| 28 | 事业心 | 有成就一番事业的愿望 |

# 第二节　职业素质的特征

职业素质具有 5 个特征。

## 一、专业性

俗话说："术业有专攻。"不同的职业，对职业素质的要求是不同的。对建筑工人的职业素质要求不同于对护士的职业素质要求；对商业服务人员的职业素质要求，不同于对教师职业的素质要求。李素丽的职业素质是和她作为一名优秀的售票员联系在一起的，正如她自己所说："如果我能把十米车厢、三尺票台当成为人民服务的岗位，实实在在去为社会做贡献，就能在服务中融入真情，为社会增添一份美好。即便有时自己有点烦心事，只要一上车，一见到乘客，就不烦了。"这是一名公共汽车售票员的职业素质。再比如，教师的职业素质要求其具有讲授课程的能力，有良好的语言表达能力，能将自己的知识传递给学生。

## 二、稳定性

一个人的职业素质是在长期执业时间中日积月累形成的。它一旦形成，便产生相对的稳定性，持久、不易变。比如，一位教师，经过三年五载的教学生涯，就逐渐形成了怎样备课、怎样讲课、怎样热爱自己的学生、怎样为人师表等一系列教师职业素质，于是，便保持相对的稳定。

当然，随着他继续学习、工作和环境的影响，这种素质还可以继续提高。稳定性会被暂时地打破，之后又会进入一个稳定的状态。

## 三、内在性

职业从业人员在长期的职业活动中，经过自己学习、认识和亲身体验，觉得怎样做是对的，怎样做是不对的。内在性，只有在具体的职业活动中才能展现出来。这样，有意识地内化、积淀和升华的这一心理品质，就是职业素质的内在性。我们常说，这个人一看就是干什么职业的，其实就是他的内在性的外展，让人们感受到他的某种品质。

## 四、整体性

整体性是职业素质的一种综合表现，一个从业人员的职业素质是和他整个素质有关的。我们说某某同志职业素质好，不仅指他的思想政治素质、职业道德素质好，而且还包括他的科学文化素质、专业技能素质、身体心理素质好，甚至还包括创新精神和实践能力好。比如，一个从业人员，虽然思想道德素质好，但科学文化素质、心理素质差，就不能说这个人整体素质好。所以，职业素质一个很重要的特点就是整体性。

## 五、发展性

发展性是在社会发展、科技进步等情况下为从业者不断提出的新的要求。一个人的素质是通过教育、自身社会实践和社会影响逐步形成的，它具有相对性和稳定性。但是，随着社会发展对人们不断提出的要求，人们为了更好地适应、满足、促进社会发展的需要，总是不断地提高自己的素质，所以，素质具有发展性，只有在不断的学习与实践中，才能获得素质的提高。

大学生只有了解了职业素质的特征，掌握职业发展规律，才能更好地成就自己的职业生涯。

# 第三节　职业素质的构成

职业素质主要包含思想政治素质、职业道德素质、科学文化素质、专业技能素质、身体心理素质、能力素质和人格素质等，那么多的方面，大学生应该从哪些方面关注自己的职业素质呢？归纳起来，主要从以下几个方面来看。

## 一、能力素质

能力素质包含一般能力（即智力）和特殊能力两个方面。

### （一）智力

智力是指人认识客观事物并运用知识解决实际问题的能力，即人的"聪明程度"。智力是人的基本能力，即通常所称的 IQ。智力包含感知力（特别是其中的观察力）、记忆力、思维力、想象力四个方面。

下面谈两种特殊的智力能力。

1. 社会智力

社会智力一般包括计划能力或规划能力、决策能力、组织能力或协调能力、人际关系能力或沟通能力、说服能力、领导能力等。一个人的社会智力水平对于人的生涯设计、对于人的职业生涯实践和职业生涯成功有着巨大的影响。

2. 创造力

创造力是使人能够经常取得创造性产物的能力和素质的总和，是人力资源所具有的一种复杂的、高层次的心理特质。创造力以一定的智力水平为基础。创造力比一般智力复杂、难度大，内容也丰富得多，对于成功的影响作用也更加明显。

掌握一定的技术技能，具有一定的智力能力，才能在工作岗位上有更大的贡献。高等职业技术学院培养的是很强的具有实践能力的应用型人才，掌握专业技术能力是高职院校大学生的基本的任务和基本素质。

（二）特殊能力

特殊能力因素包括语言能力、数学计算能力、空间判断能力、形态知觉能力、动作协调能力（眼、手动作协调）、手指灵活性、手的灵巧性、眼—手—足的配合能力、辨色能力等。主要是借助骨骼、肌肉运动实现的一系列外部动作。当以上的动作以完善合理的方式组织起来，并逐渐形成自动化行动时，就成为了动作能力。

对于高职院校的大学生而言，只有具有一定的能力素质，具有应用知识的重要条件，发展职业领域中的创造力与工作力，才能在职业领域有所发展和成就，迎接更大的挑战。因此，大学生要使自己的能力素质获得提升，在职业活动中为社会做出更大的贡献，首先要掌握一定的技能。

1. 将理论转为实践

高职院校的大学生一方面要加强理论知识的学习和积累，另一方面要加强专业技能的训练，积极参加实践活动，将理论转变为实际动手能力，不放过任何一次动手操作的机会，在实践中锻炼。

2. 发展一专多能

大学生要掌握过硬的本领，具有的能力素质不是仅仅体现在一个方面，在掌握本专业技能的同时继续努力，向一专多能型发展，刻苦学习，勤奋苦练。

（三）从业能力

职业能力与职业资格的联系是相对应的。一方面，一般从业能力的外在表现是行业准入证。例如：教师资格证、电工证、登高证、会计证、导游证、厨师证等。另一方面，特殊职业的从业能力是一些特殊职业在素质要求方面提出的更加特殊的要求。例如，搞音乐要有辨别音色音量与音调、具有较强的音乐记忆力和对乐曲风格理解等方面的素质；从事广播员工作，要嗓音圆润明亮、发音吐字清晰；当飞行员对眼睛除"视力好"以外，还要求对于空间距离的判断要非常准确，要求两眼的深度感要好。

## 二、人格素质

### （一）气质因素

在人格素质中重要的一种因素便是气质因素。在现代心理学中，气质是指表现在人的心理活动方面和行为状态方面的具有稳定性的个人特点。气质是一个人最基本的心理特征，它影响到个人活动的一切方面，具有稳定性，即这种个人特点不因为所从事活动的目的、动机和内容受到影响而有所改变。

气质是职业选择的依据之一，也是人才测评的一个重要内容。某些气质特征为一个人从事某种工作提供有利的条件，但在一般的实践活动中，由于气质的各种特质之间可以相互补偿，因此对活动效率的影响不明显。但一些特殊职业，如运动员、宇航员、雷达观察员等，这类人的气质特征有特定的要求，必须经过气质的测验，进行严格的选拔和淘汰，才能使他们胜任这类活动。

为了提高工作效率，对不同职位和岗位的员工的气质特性就要提出特定的要求，有些特殊工种还有其特殊要求，否则是难以适应和胜任的。了解自己的气质类型，可以更好地帮助自己了解在职业领域中自己的气质更利于在哪种领域有所成就，帮助大学生进行准确的职业定位。

### （二）气质测评

陈会昌气质量表为自陈形式，计分采取数字等级制，即非常符合计 2 分，比较符合计 1 分，拿不准的计 0 分，比较不符计 −1 分，完全不符计 −2 分。分别把属于每一种类型题的分数相加，得出的和即为该类型的得分。

（1）做事力求稳妥，不做无把握的事。

（2）遇到可气的事就怒不可遏，想把心里话全说出来才痛快。

（3）宁肯一个人干事，不愿很多人在一起。

（4）到一个新环境很快就能适应。

（5）厌恶那些强烈的刺激，如尖叫、噪声、危险的镜头等。

（6）和人争吵时，总是先发制人，喜欢挑衅。

（7）喜欢安静的环境。

（8）喜欢和人交往。

（9）羡慕那种能克制自己感情的人。

（10）生活有规律，很少违反作息制度。

（11）在多数情况下情绪是乐观的。

（12）碰到陌生人觉得很拘束。

（13）遇到令人气愤的事，能很好地自我克制。

（14）做事总是有旺盛的精力。

（15）遇到问题常常举棋不定，优柔寡断。

（16）在人群中从不觉得过分拘束。

（17）情绪高昂时，觉得干什么都有趣。

（18）当注意力集中于一件事时，别的事很难使我分心。

（19）理解问题总比别人快。

（20）碰到危险情境，常有一种极度恐怖感。

（21）对学习、工作、事业怀有很高的热情。

（22）能够长时间做枯燥、单调的工作。

（23）符合兴趣的事情，干起来劲头十足，否则就不想干。

（24）一点小事就能引起情绪波动。

（25）讨厌做那种需要耐心、细致的工作。

（26）与人交往不卑不亢。

（27）喜欢参加热烈的活动。

（28）爱看感情细腻、描写人物内心活动的文学作品。

（29）工作、学习时间长了，常感到厌倦。

（30）不喜欢长时间谈论一个问题，愿意实际动手干。

（31）宁愿侃侃而谈，不愿窃窃私语。

（32）别人说我总是闷闷不乐。

（33）疲倦时只要短暂的休息就能精神抖擞，重新投入工作。

（34）理解问题常比别人慢些。

（35）心里有话宁愿自己想，不愿说出来。

（36）认准一个目标就希望尽快实现，不达目的，誓不罢休。

（37）学习、工作一段时间后，常比别人更疲倦。

（38）做事有些莽撞，常常不考虑后果。

（39）老师或师傅讲授新知识、技术时，总希望他讲慢些，多重复几遍。

（40）能够很快地忘记那些不愉快的事情。

（41）做作业或完成一件工作总比别人花的时间多。

（42）喜欢运动量大的剧烈体育活动，或参加各种文娱活动。

（43）不能很快地把注意力从一件事转移到另一件事上去。

（44）接受一个任务后，希望把它迅速完成。

（45）认为默守陈规比冒风险强些。

（46）能够同时注意几件事物。

（47）当我烦闷的时候，别人很难使我高兴起来。

（48）爱看情节起伏跌宕、激动人心的小说。

（49）对工作抱认真严谨、始终一贯的态度。

（50）和周围人们的关系总是相处不好。

（51）喜欢复习学过的知识，重复做已经掌握的工作。

（52）喜欢做变化大、花样多的工作。

（53）小时候会背的诗歌，我似乎比别人记得清楚。

（54）别人说我"出语伤人"，可我并不觉得这样。

（55）在体育活动中，常因反应慢而落后。

（56）反应敏捷，头脑机智。

（57）喜欢有条理而不甚麻烦的工作。

（58）兴奋的事常使我失眠。

（59）老师讲新概念，常常听不懂，但是弄懂以后就很难忘记。

（60）假如工作枯燥无味，马上就会情绪低落。

最后的评分标准是：如果某种气质得分明显高出其他三种（均高出 4 分以上），则可定为该种气质；如果两种气质得分接近（差异低于 3 分）而又明显高于其他两种（高出 4 分以上），则可定为二种气质的混合型； 如果三种气质均高于第四种的得分且相接近，则为三种气质的混合型。由此可能具有十三种类型。

陈会昌气质量表的参考结果：

胆汁质型包括 2、6、9、14、17、21、27、31、36、38、42、48、50、54、58 各题；

多血质型包括 4、8、11、16、19、23、25、29、34、40、44、46、52、56、60 各题；

黏液质型包括 1、7、10、13、18、22、26、30、33、39、43、45、49、55、57 各题；

抑郁质型包括 3、5、12、15、20、24、28、32、35、37、41、47、51、53、59 各题。

多数人的气质是一般气质或两种气质的混合型，而典型气质和三种气质混合型的人较少。

基础气质类型的主要特征为：

多血质型：情绪兴奋性高，性情活跃，外部表现明显，反应敏捷，动作灵敏，善于交际，但注意力和情绪容易转移。

胆汁质型：情绪兴奋性较高，直爽热情，精力旺盛，情绪体验强烈而持久，但抑制能力差，反应速度快，即动作迅速却不灵活，容易激动、急躁、易怒。

黏液质型：情绪兴奋性较低，安静沉稳，内倾明显，自制力强，外部表现少，反应速度慢但稳定性强，偏固执、冷漠。

抑郁质型：情绪兴奋性低，但体验深刻；反应速度迟缓而不灵活，性情沉静，内倾（向），感受性高而耐受性低，即性情脆弱，往往是多愁善感的人。

气质在人的实践活动中不起决定作用，但有一定的影响。它可能影响活动的效率。如，要求做出迅速灵活反应的工作，具有多血质和胆汁质的人比较合适，而具有黏液质和抑郁质的人则较难胜任。反之，要求持久细致的工作，具有黏液质、抑郁质的人较为合适，而具有多血质、胆汁质的人又较难适应。

## 三、理念素质

理念是具有指导意义的基本生活态度和基本行为准则，它在人的思想中处于高层次的位置。

在职场中要有职业生涯规划，个人的职业生涯规划中重要的一点是要有自我发展的意识，自我发展意识不是出于企业的要求，或是上级的要求，而是以个人的职业发展总目标和阶段目标为出发点，自发、自动、自觉、自愿树立的职业信念和工作心态，也就是追求职业成功应有的自我发展理念，和应有的理念素质。

理念可以有不同领域的表现，例如，政治的理念、科学的理念、生活的理念等。从生涯发展和成功的角度看，理念的内容主要有：一般道德、职业道德、责任心、意志、观念等内容。

### （一）挫折商

1. 挫折商的含义

挫折商是人们面对困难时的心态反应与应对态度。挫折商与智商、情商并称，来自英文 Adversity Quotient，一般被译为挫折商或逆境商，即 IQ、EQ、AQ 并称 3Q，有专家甚至断言，100%的成功=20%IQ+80%（EQ+AQ）。

1997 年，加拿大培训咨询专家保罗·斯托茨博士出版的《挫折商：将障碍变成机会》一书，第一次正式提出挫折商的概念，用以测试人们将不利局面转化为有利条件的能力。2000 年，他又出版了《工作中的挫折商》。这两本书都成为探讨挫折商的重要著作。

2. 培养挫折商的目的

心理学家认为，一个人事业成功必须具备高智商、高情商和高挫折商三个因素。多年的测试证明，高挫折商可以帮助产生一流的成绩、生产力和创造力，可以帮助人们保持健康、活力和愉快的情绪。有研究显示，挫折商高的人手术后康复快，销售业绩也较好，在公司中升迁的速度也快得多。SBC 电信公司提供的销售数据表明，挫折商高的员工比挫折商低的员工销售额平均高出 141%。（《广州日报》2004 年 4 月 19 日）

高挫折商是可以培养的。经过适当的教育、培训、学习和环境塑造，可以提高一个人的挫折商水平，从而使其积极应对外界，积极克服困难，积极创造条件，获得生涯的成功。现在许多教育机构都在提倡挫折教育，让学生学会在挫折中成长，这样当他们踏上工作岗位后，抗挫折感才会提升。在充满逆境的当今世界，事业的成败、人生的成就，不仅取决于人的智商、情商，也在一定程度上取决于人的挫折商。《假如给我三天光明》的作者，美国著名聋哑作家海伦·凯勒便是一个拥有高 AQ 的例子。

3. 挫折商对于当代大学生的作用

综观当代大学生的实际特点，一方面，从入学起，大学生就承受着较大的思想压力，比如：学业压力、综合素质的提高、未来就业的不确定感、环境的不适应等。另一方面，大学生正值青春年少，缺乏人生经验，抗挫折能力与调控能力较差。面对困境与重压，容易沉陷在消极的泥潭而不能自拔。例如：某大学学生因为在实习时感到自己不能实现自己曾经的就业构想，在实习中遇到了一些挫折，选择跳楼；某大学学生因为快毕业就业意向已经签订，但是却没有拿到英语四级证书而选择自杀。还有更多的大学生不能承受学习、失恋等带来的身心压力，呈现焦虑、失眠、抑郁、恐惧、精神崩溃等症状。身心的失衡，不仅影响其能力素质的发挥，而且严重限制了其潜能的发展、综合能力的培养等。

因此，挫折商体现出了社会竞争进一步激烈化的情况下人的坚强品质。高校应高度重视培养学生的挫折商，积极开展大学生挫折商培养的教育活动，促使其在逆境面前形成良好的思维方式、良好的行为反应方式。

### （二）价值观

价值观是一个多元化的复杂系统，该系统包含许多成分。每个人或多或少都具有各种成分，只是相对强弱不同、主导价值观不同。

德国哲学家斯普郎格（E. Spranger，1928）在《人的类型》一书中提出了六种类型的价值取向：经济的、理论的、审美的、社会的、政治的和宗教的。这一理论影响很大，心理学家 G. W. 奥尔波特（G. W. Allport，1960）等人据此编制了《价值观研究量表》，用于测量和研究价值观。下面是六种价值观取向的人的特点。

1. 经济型

具有务实的特点，追求财富，对有用的东西感兴趣。具有经济价值观的人，基本上是对"有用"发生兴趣。这种人关心的是生产商品、提供服务和积累财富。他们是彻底的实用主义者，完全按照商人通行的框框办事，追求物质利益。

2. 理论型

具有智慧、兴趣、求知欲强，富于幻想，重视用批评和理性的方法去寻求真理。最大兴趣在于发现真理。为了达到这个标准，这种人经常寻找事物的共同点和不同点，尽量不考虑事物的美或效用。他们一生中的主要目标是把知识系统化和条理化。

3. 审美型

追求世界的形式与和谐，以美的原则如对称、均衡、和谐等评价事物。具有艺术价值观的人，对事物的形式与和谐赋予很高的价值，并愿意表现自我，即使不是一位艺术家，他的主要兴趣也在于人生中的艺术性插曲。

4. 社会型

热心社会活动，尊重他人价值，利他和注重人文关怀。具有社交价值观的人，最重视对人的爱。这种人总是给别人以高度评价。他们善良、富有同情心和大公无私。他们把爱本身看作是人际关系的唯一合理的形式。他们爱帮助别人。这种人的兴趣与具有宗教价值观的人很接近。

5. 政治型

追求权利、影响和声望，喜欢支配和控制他人。

6. 宗教型

认为最高的价值是统一和整体，相信神话和命运，寻求把自己与宇宙联系起来。

# 四、健康素质

## （一）身体素质

身体素质是指在遗传基础上发展起来的人体形态和生理功能上的特征，如身高、神经系统、运动系统、反应速度、抵抗能力、适应能力等。一般而言，身体素质在某种程度上影响一个人的职业素质。我们说，"身体是革命的本钱"，大学生应该锻炼好自己的身体，使自己拥有好的身体素质，才能更好地投入到生产和实践活动中。

## （二）心理素质

1. 心理素质的概念

心理素质是指在一定的遗传基础上，在主体、环境影响下个体形成的心理状态、心理品质和心理能力。

心理素质的好坏体现在心理状态的正常与否，心理品质的优劣和心理能力的强弱之中，直接关系到个体心理健康的状况。因此大学生在学习和生活中，应注重培养心理素质，关注自我的心理健康。

2. 心理健康的具体标准

（1）认知过程正常，智力正常。

大学生首先应具有良好的智力水平，才有能力学习科学文化知识，将自己的所学应用到祖国建设中。

（2）情绪稳定、乐观、心情舒畅。

培养自我良好的情绪，学会管理情绪，是大学生心理健康的重要课题。只有有能力管理控制自我情绪的人，才会最终走向事业和家庭的成功。

（3）意志坚强，做事有目的、有计划、有步骤、有方法，能克服困难达到目的。

意志力是做任何事情都不可缺少的一点。有些大学生缺乏意志力，在做任何事情时，不能持之以恒，遇到困难就立即退缩、逃避，结果一事无成。

（4）人格健全，性格、能力、价值观等均正常。

人格健全，才可能在职业领域、在团队合作中发挥自我的能力，才可能实现自我的人生价值。人格不健全，即使智力水平再高，对于社会也不会有任何贡献。

（5）养成健康习惯和行为，无不良行为。

良好行为习惯的养成是高职院校大学生学习生活的任务之一。因为只有养成良好的行为习惯和遵守行为规范，当投身于职业领域后才可能遵从职业道德、职业守则。

（6）精力充沛地适应社会，人际关系好。

通过人际交往提高人际沟通能力，从而获得社会性支持。人在一定程度上不是独立的个体，任何人都有一定的人际关系网络，怎样发展自己的人际网络，怎样建立自己的人际关系，是每位大学生都应该思考的问题，充分利用自己的人际资源，人际资源是推进个人事业发展的宝贵财富。

**【案例分析】**

**案例**：一位父亲让自己十岁的儿子去搬动一块很大的石头，儿子用力试了试，告诉父亲："爸爸，我力气小搬不动。"

父亲说："你再加把力气试试。"儿子又加了一把力，告诉父亲还是搬不动。

父亲说："你用尽全力试试。"儿子用足了力气，但是石头仍然一动不动。

父亲问儿子："你确信你用尽全力了吗？"

儿子回答："爸爸，我吃奶的力气都使出来了，真的搬不动，我确信我用尽全力了。"

于是父亲问道："可是，我就站在你的旁边，你并没有寻求我的帮助，你怎么说用尽全力了呢？"

**分析**：知道寻求他人的帮助，这也叫用尽全力。可是在生活中，当人们遇到自己不能完成的工作、自己没有能力去做的事情时，人们的第一反应是"我做不到"，忽视了寻求有能力的人来帮助自己。善于寻求他人的帮助，才会把人脉关系转化为有助于事业成功的资源。

**【案例分析】**

**案例**：曾经有一位上司让一个下属在一周之内拿出一份项目策划方案，这个下属说："一周怎么可能拿出方案来，数据测算和打印文稿的量很大，至少要一个月才行。"上司转身把同样的任务布置给另一位下属，第二位下属说："没问题，不过我需要抽调一名财务人员帮我算数据，需要从办公室调一名文员帮我打印设计文稿。"上司说："没问题。"结果他如期完成了上司交办的工作，得到上级赏识。

**分析**：企业倡导的是团队精神和协作意识，对个人而言就是你调动和运用同事关系达成目标的能力。培养团队协作意识不仅是为了更好地实现工作目标，更是为了积累有助于自己职业发展的人脉资源。

提高大学生职业素质，从社会的角度而言，有利于提高劳动生产率，有利于推动社会发展和科技进步。企业讲求的是劳动生产率，如果企业的每位员工职业素质高，那么企业的生产率自然而然得到提高，企业的品质得到保障，企业的形象得以提升。所以，在现代社会，职场要求不再仅仅是掌握的专业知识的多少决定个人的优秀与否，而是个人整体职业素质决定个人的发展。

提高大学生职业素质，从个人的层面讲，有利于个人的全面发展。职业素质是一种综合性的素质体系。提高个体职业素质，必然会对个体的某些方面产生积极的影响，比如，专业技能、人际关系、心理素质等，这种积极的影响又会促使个体整体水平的提升，从而形成良性的螺旋式上升。

【思考与练习】

1. 阅读以下案例，思考问题。

徐虎自从事水电维修工作以来，踏实肯干，服务周到，深受广大人民群众的欢迎和喜爱。他制作了 3 只"特约报修箱"挂在居委会电话间墙上。多年来，他每天晚上 7 点准时打开报修箱，义务为居民修理 2100 余处故障，花费了 6300 多小时的业余时间。有 8 个除夕夜，他都是在工作一线度过，被群众亲切地称为"晚上七点的太阳"。他主动带徒，手把手地将自己的专业技能和服务理念传授给徒弟，形成了广泛的"徐虎效应"。24 小时"徐虎热线"开通的十余年间，每年都要接到各类报修、咨询电话 3 万个左右。在上海各行各业的服务热线中，"徐虎热线"的知名度、美誉度始终名列前茅。1998 年以后，徐虎开始从事管理工作。从普通的水电维修岗位到企业管理岗位，他坚持角色变了，"辛苦我一人，方便千万家"的信念不变，一如既往地用自己的敬业、钻研和奉献精神，积极钻研物业管理和现代经营管理理论，结合实践撰写了多篇具有前瞻性和可操作性的研究论文。他是中共十五大代表，被授予全国优秀共产党员、全国劳动模范等荣誉称号。

（1）徐虎为什么能在平凡的岗位上做出不平凡的贡献，具有不平凡的影响？

（2）"徐虎"两个字为什么会成为无形资产？"徐虎物业"为什么会成为一个品牌？

（3）这些与徐虎的职业素质有没有关系？

2. 当代大学生应具备什么样的素质？

3. 当代大学生应具备哪些职业素质？

4. 了解自己所学专业的相关职业群的职业素质要求。

5. 实践应用：请就"职业道德"谈谈您的看法，并在同学中进行演讲。

# 第五章 职业理想与职业道德

## 【导读】

随着就业市场竞争的加剧，大学生的就业形势日趋严峻。大学生择业观对大学生的就业起着举足轻重的作用。大学生的职业选择是一个很宽泛的范畴，既包括了职业价值观、职业理想、职业道德、个人状况等个体的内在因素，也涉及到家庭、地区、生活环境、流行观念、就业政策、择业机会等外部因素。毕业生的就业期望与社会实际需求之间存在巨大反差，毕业生的能力素质与用人单位的要求之间也存在很大差距。面对日益竞争和完善的就业市场，大多数高校毕业生努力在现有条件下谋求个人发展。面对激烈的竞争，用人单位对大学生职业素质提出了更高的要求，本章旨在帮助广大的大学生了解职业理想和职业道德对职业发展的重要影响，促使大学生树立正确的职业理想和拥有高尚的职业道德。

# 第一节 职业理想

## 一、职业理想的涵义

职业理想是人们在职业上依据社会要求和个人条件而确立的奋斗目标，即个人渴望达到的职业境界。它是人们实现个人生活理想、道德理想和社会理想的手段，并受社会理想的制约。职业理想是人们对职业活动和职业成就的超前反映，是与人的价值观、职业期待、职业目标以及世界观、人生观密切相关的。

## 二、职业理想的树立

要树立正确的职业理想，必须做到如下几点：

### （一）全面地认识自己

要树立正确的职业理想，首先必须全面地认识自己。一要全面认识自己的生理特点，主要包括性别、身高、体重、视力、健康状况、体质和相貌等；二要全面认识自己的心理特点，主要包括兴趣、能力、气质和性格特点、人格类型以及道德品质等；三要全面认识自己的学习水平和将来可能达到的状态；四要正确认识自己的身心特点、学识能力等与未来职业需要之间的差距，要在全面认识自己的基础上，结合自己的发展潜力，对自己进行合理的定位。

只有这样，才能制定出一个适合自己特点的、切实可行的奋斗目标，也才能确立一个可以实现的职业理想。

### （二）全面地了解社会

树立正确的职业理想，要全面、科学地了解社会、了解职业。一要了解党和国家的路线、方针、政策；二要了解我国社会的经济构成及其发展状况；三要了解我国的基本国情；四要了解各地区的产业结构、行业结构和职业结构；五要了解各种产业、行业和职业对职工共同的基本要求和不同的具体要求；六要了解自己所学专业所对应的职业群，以及该职业群在社会主义建设中的地位和作用；七要了解该职业群中各种职业的社会价值、工作性质、工作条件、工作待遇、从业人员的发展前途，以及该职业群中各种职业对人员的素质要求，包括学历、专业、性别、智力、体力、性格等方面的要求。

### （三）树立正确的人生观

人生观是人们对于人生目的和人生意义的根本看法和根本态度，不同的人生观会产生对人生的不同看法和不同态度，而对人生的不同看法和不同态度，则会导致人们选择不同的人生道路。

由此可见，持不同的人生观的人，其职业理想也一定不同。正确的人生观会产生正确的职业理想，错误的人生观则会产生错误的职业理想。因此，要根据时代的要求，根据社会发展的要求，坚持以辩证唯物主义和历史唯物主义的立场、观点和方法看待人生，坚持以最广大人民群众的根本利益为核心，坚持以实现社会主义的共同理想为目标，不断加强学习，不断提高自己的思想觉悟，不断提高自己的思想素质、文化素质、能力素质，不断地完善自我，做到自尊、自爱、自强，树立正确的价值观、苦乐观、幸福观、荣辱观，进而树立为人民服务的正确的人生观。

只有这样，才能使自己的职业理想符合人民大众的根本利益，把选择职业与选择人生道路有机地结合起来，使自己在从业或创业的过程中，既实现自己的人生价值，又为人民、为社会做出应有的贡献。

### （四）树立正确的职业观

职业观是人们在选择职业与从事职业所持的基本观点和基本态度，是理想在职业问题上的反映，是人生观的重要组成部分。职业观具有三个基本要素：一是维持生活，二是发展个性，三是承担社会义务。在三个基本要素中哪一个要素占主导地位，将决定一个人职业观的类型与层次。正确的职业观是把三个基本要素统一起来，以承担社会义务作为主导方向。

## 三、大学生毕业后的职业选择

从大学生毕业后的职业选择来看大学生的职业理想。某项大学生职业选择的统计显示，53%大学生选择直接就业，仅 6%的大学生选择去支援贫困地区，23%的选择出国深造，国内深造的占 16%，其他为 3%。这项统计可以粗略说明现代大学生对于有关自身直接利益的职业还是非常现实，大学生择业的功利色彩凸显。择业取向从"一元"到"多元"，大学生择业呈现多样化发展趋势。数据显示仅有 6%的人选择毫不犹豫去贫困地区。可以看出，绝大部分大学生没有形成服务贫困地区的意识。这些地区条件艰苦、环境恶劣、气候复杂，而目前在校大学生大都是独生子女，从小娇生惯养，父母亲对其百般呵护，怕在外吃苦受累。直接就业占绝大部分，体现出了大学生希望更早地接触社会，有更多的阅历，尽早找到一份适合自己的好工作。正是因为看到了就业之不易，所以尚未出校门的新一代大学生更明白成功的现实定义。

从职业领域的选择来看，调查中有 39% 的大学生选择金融方面的职业，27% 的会选择类似教师、医生之类的职业，还各有 10% 以下的人会选择从事演艺、艺术、科学创造以及自主创业的道路。

另外，从大家对工资的要求来看，有 40% 的人会选择 5000～7000 档的工资，24% 的人会选择 7000～10000 档的工资，相对少的人会选择 10000 及以上的工资，或者 5000 以下的。被调查者称，并不是要求低，而是要看实际情况，现在竞争激烈，稳定的工作和中等的工资基本可以满足。但是仍有 12% 的同学信心十足，会冲击更高的挑战。

## 【延伸阅读】

### 2016 年高校毕业生就业竞争力和起薪排名

眼下正是 2017 届应届毕业生求职找工作的时候，一大批用人单位的校园招聘宣讲会正在全国高校密集启动。很多正在求职的同学和用人单位都非常关心：哪些高校就业竞争力强？应届生起薪有多高？哪些行业赚钱多？哪些城市就业机会大？

日前，国内某知名招聘网站以 2016 年进入职场的毕业生为调查对象，新鲜出炉了《2016 年应届生就业竞争力报告》，里面包含非常多 2016 年高校应届毕业生的就业信息，对正在求职的同学有一定的参考价值。

名校就业竞争力强、起薪高

在就业竞争力与薪酬增长空间上，"985" "211" 高校毕业生相比普通高校毕业生优势明显。

就业竞争力 100 强高校，四川 4 所上榜

从 2016 年应届生就业竞争力 TOP100 高校可以看出，85% 为大家耳熟能详的 "985" "211" 大学。其中清华、北大、复旦、浙大四所高校学生的就业竞争力最高，竞争力指数均超过 175，大大高于其他高校。四川有 4 所高校进入榜单，其中，排名最高的是电子科技大学（22 位），其次是四川大学（23 位），西南交通大学（50 位）和西南财经大学（57 位）也榜上有名。

从学校类型上看，在 TOP50 中，44% 的大学为理工类，38% 的大学为综合类，文科类仅占到 18%。对于普通高校学生来说，提高软实力已成为求职的必然选择。

起薪超 5000 元，四川高校起薪哪所最高？

从 2016 年应届生起薪 50 强高校来看，基本和就业竞争力前 50 高校保持一致，而且基本都集中在北京、上海、江苏等东部发达地区。四川高校中，起薪最高的是电子科技大学，为 5140 元。西南交通大学为 5115 元，四川大学为 4993 元，与电子科技大学差距并不大。

"985" "211" 高校毕业生和普通高校相比薪酬也要高不少。报告显示，"985" "211" 高校应届生平均薪酬要比普通高校应届生均值分别高出 37% 和 30.3%。50 所高校中有 32 所大学平均薪酬高于 5000 元，除深圳大学外，其余全部为 "985" 或 "211" 大学。而且高校所在地为北上广深的学校有 23 所，将近一半。

七成应届生起薪不到 5000 元

从 2016 年应届生起薪分布来看，2016 年全国应届生平均期望薪酬较去年回落 5.6%，为 4421 元。理想很丰满，现实很骨感，企业为应届生开出的平均薪酬为 3958 元，远低于期望

薪资。

从薪资分布上看，起薪在 3000～3500 元学生的应届生最多，占总数的 14.1%，而有 70.3% 的应届生薪水不足 5000 元。不过有 3.1% 的精英刚踏出校门便能获得 1 万元以上的可观月薪。下面是该招聘网站发布的 2016 年应届生起薪分布：

互联网、金融业起薪最高

虽然互联网行业遭遇资本寒冬，不过在"双创"大潮推动下，2016 年应届生平均薪酬最高的还是从事互联网行业的，达到 5143 元。应届生起薪较高的行业还包括金融、电子/信息/硬件、专业服务等，都超过了 4500 元。而处于重新洗牌阶段的广告传媒行业，应届生平均起薪仅为 3884 元，低于整体均值。起薪较低的行业包括农林牧渔、生活服务、汽车和机械制造等，基本接近 3000 元。

各行业薪资差异化明显使得更多应届生向互联网、金融等高薪朝阳产业涌入，其中互联网成为 95 后应届生就业的首选行业，而进入机械制造、汽车、消费品、房地产等传统行业的毕业生人数呈现不同程度的下降，从侧面体现出实体行业萎靡对大学生就业产生的影响。

成都等新一线城市成应届生新宠

很多人都认为北上广深等一线城市资源和就业机会多，一定是应届生就业的首选，不过事实却并非如此。

数据表明，2016 年工作期望城市中，北上广深的应届生数量在继续下降，36% 的毕业生希望留在一线城市，而在三年前，这个数字超过 50%。这可能是由于一线城市持续增加的生活压力以及人口数量控制的收紧政策，加之杭州、南京、青岛、成都等地的崛起，导致应届生们更多选择这些城市就业。

# 第二节　职业道德

## 一、何谓职业道德

### （一）职业的定义

职业是人们由于社会分工和生产内部的劳动分工而长期从事的具有专门业务和特定职责，并以此作为主要生活来源的社会活动。职业是参与社会分工，用专业的技能和知识创造物质或精神财富，获取合理报酬，丰富社会物质或精神生活的一项工作。

从社会角度看职业是劳动者获得的社会角色，劳动者为社会承担一定的义务和责任，并获得相应的报酬；从国民经济活动所需要的人力资源角度来看，职业是指不同性质、不同内容、不同形式、不同操作的专门劳动岗位。

### （二）道德的定义

道德是一定社会和一定阶级向人们提出的处理人与人、人与社会、人与自然的各种关系的一种特殊的行为规范。道德是一个人在一系列行为中所表现出的比较稳定的特征。

### （三）职业道德的定义

职业道德是同人们的职业活动紧密联系的符合职业特点所要求的道德准则、道德情操与道德品质的总和，它既是对本职人员在职业活动中行为的要求，同时又是职业对社会所负的道德责任与义务。它是人们从事职业的过程中形成的一种内在的、非强制性的约束机制。

职业道德是社会上占主导地位的道德或阶级道德在职业生活中的具体体现，是人们在履行本职工作中所遵循的行为准则和规范的总和。

## 二、社会主义职业道德规范

社会主义职业道德规范，如图 5-1 所示：

图 5-1 社会主义职业道德规范要素

### （一）爱岗敬业

爱岗就是要热爱自己的工作岗位，热爱本职工作；敬业就是尊重、尊崇自己的职业岗位，以恭敬和负责的态度对待自己的工作，做到工作专心，严肃认真，精益求精，尽职尽责，要有强烈的职业感和义务感。

敬业包含四层含义：其一，恪尽职守；其二，勤奋努力；其三，享受工作；其四，精益求精。敬业的特征是主动、务实、持久。

敬业要求的是强化职业责任、坚守工作岗位、提高职业技能。

敬业是一种精神，也是一种能力。它要求要充分发挥自己的聪明才智，在自己的岗位上实现自我价值。

首先，提倡爱岗敬业，热爱本职工作，并不是要求人们终身只能干"一"行，爱"一"行，也不排斥人的全面发展。它要求工作者通过本职活动，在一定程度上和范围内做到全面发展，不断增长知识，增长才干，努力成为多面手。我们不能把忠于职守、爱岗敬业片面地理解为绝对地、终身地只能从事某一职业。而是选定一行就应爱一行。合理的人才流动，双向选择可以增强人们优胜劣汰的人才竞争意识，促使大多数人更加自觉地忠于职守，爱岗敬业。实行双向选择，开展人才的合理流动，使用人单位有用人的自主权，可以择优录用，实现劳动力、生产资源的最佳配置，劳动者又可以根据社会的需要和个人的专业、特长、兴趣和爱好选择职业，真正做到人尽其才，充分发挥积极性和创造性。这与我们所强调的爱岗敬业的根本目的是一致的。

只有爱岗敬业的人，才会在自己的工作岗位上勤勤恳恳，不断地钻研学习，一丝不苟，精益求精，才有可能为社会为国家做出崇高而伟大的奉献。焦裕禄、孔繁森、郑培民等一大批党和人民的好干部都是在本职工作岗位上呕心沥血，勤政为民；当非典疫情袭来，一大批平时并不引人注目的医生、护士和科研人员，挺身而出，冒着生命危险，冲上第一线，拯救了一个个在死亡线上挣扎的同胞的生命。爱岗敬业是平凡的奉献精神，因为它是每个人都可以做到的，而且是应该具备的；爱岗敬业又是伟大的奉献精神，因为伟大出自平凡，没有平凡的爱岗敬业，就没有伟大的奉献。

## （二）诚实守信

海涅说："生命不可能从谎言中开出灿烂的鲜花。"罗塞尔·海宁说："坚守信用是成功的最大关键。"这些讲的都是诚实守信的问题。

诚实，即忠诚老实，就是忠于事物的本来面貌，不隐瞒自己的真实思想，不掩饰自己的真实感情，不说谎，不作假，不为不可告人的目的而欺瞒别人。守信，就是讲信用，讲信誉，信守承诺，忠实于自己承担的义务，答应了别人的事一定要去做。忠诚地履行自己承担的义务是每一个现代公民应有的职业品质。对人以诚信，人不欺我；对事以诚信，事无不成。

诚实守信是中华民族传统美德的一个重要规范，也是革命传统道德的一个重要内容。随着时代的不断发展和变化，诚实守信也不断被赋予体现时代精神的新内涵。

在先秦，所谓"诚"主要是指诚实、真诚和忠诚，要心里想的和实际做的一致，这也就是古人所说的"诚于中、形于外"，就是要勿自欺、勿欺人。所谓"信"，主要是真实、诚实和信守诺言，强调一个人要"言必信"，要"言而有信"等。后来，思想家们往往把"诚"和"信"相互通用。东汉的许慎在他所著的《说文解字》中说，"诚，信也"，又说"信，诚也"。

诚信是从业人员的道德底线。诚信是个人职业生涯的生存方式和发展力，是做人的根本，是一种积极的人生态度。诚信，是人立足社会的基础。一个人要想赢得他人的信任，一定要守信用。

诚实守信的具体要求：

（1）忠实所属企业，诚实劳动、关心企业发展、遵守合同和契约。

（2）维护企业信誉，树立产品质量意识，重视服务质量，树立服务意识。

（3）保守企业秘密。

## （三）公道正派

所谓"公道"，就是公平、客观、合理，遵循事物发展和人类社会关系中的基本法则，尊重事物的本来面目；所谓"正派"，就是作风、品行要规矩、光明、严谨，要符合社会大众的道德意识、思维方式和行为方式。

以"公"为"道"，不偏不倚；持"正"为"派"，不歪不斜，才称得上"公道正派"。公道正派是为人处事的基本道德准则和行为规范，是人们普遍认同的处世态度和价值取向，它具有一定的社会历史性和阶级性，在不同的历史时期，有着不同的表现形式，具有鲜明的时代特征。公道正派是构建良好合作关系的保证。

公道是员工和谐相处，实现团队目标的保证；可以避免不健康的同事关系，从而减少内耗。

大学生要做到公道正派，先做人，后做事。只有具有了高尚的职业道德，才可能成为对社会有用的人。

在职业活动中，从业人员应具有公道的道德品质，做到办事公道，为人正派，就能把握集体组织的基本准则，对当事双方不偏不倚，不论对谁都要按照统一的标准办事，为建立和谐的上下级关系、同事关系奠定坚实的基础。

公道正派是从业人员建立合作关系的重要品质。

## （四）服务群众——主动、热情、耐心

"为人民服务"是中国共产党的一个重要的原则，源于1944年9月8日毛泽东主席作的

一次著名的演讲。当时，在为战士张思德举行的追悼大会上，毛泽东主席第一次从理论上深刻阐明了为人民服务的思想——全心全意为人民服务，体现了社会主义道德的根本要求，是社会主义经济基础的客观需要，是建立和发展社会主义市场经济的要求，是履行职业职责的精神动力和衡量职业行为是非善恶的最高标准。毛泽东之后的历届领导人也都坚持并不断发展"全心全意为人民服务"的思想。邓小平主张以"人民拥护不拥护""人民赞成不赞成""人民高兴不高兴""人民答应不答应"来检验"全心全意为人民服务"的效果，并于1985年提出"领导就是服务"，从而把执政党的领导作用和全心全意为人民服务紧密地联系起来。江泽民明确提出："贯彻'三个代表'重要思想，关键在坚持与时俱进，核心在坚持党的先进性，本质在坚持执政为民。"胡锦涛强调：党员干部一定要做到权为民所用、情为民所系、利为民所谋。

习近平总书记强调：人民对美好生活的向往就是我们奋斗的目标。我们一定要始终与人民心连心，全心全意为人民服务。

服务群众要做到主动、热情、耐心。

### （五）奉献社会

奉献社会是社会主义职业道德最高要求和最高境界。

奉献，是一种爱，是对自己事业的不求回报的爱和全身心的付出。对个人而言，就是要在这份爱的召唤之下，把本职工作当成一项事业来热爱和完成，从点点滴滴中寻找乐趣；努力做好每一件事、认真善待每一个人，全心全意为人民服务。

奉献是不计报酬的给予，是"有一分热放一分光"，是"我为人人"。奉献者付出的是青春，是汗水，是热情，是一种无私的爱心，甚至是无价的生命。因为有人奉献，社会的物质财富和精神财富才会不断增加，人类才会不断前进。奉献者收获的是一种幸福，一种崇高的情感，是他人的尊敬与爱戴，是自己生命的延长。简单的说，"奉献"就是满怀感情地为他人服务，做出贡献，是不计回报的无偿服务。

## 三、职业道德与企业发展

孔子有过精辟的论述，孔子曾说过："道之以政，齐之以刑，民免而无耻；道之以德，齐之以礼，有耻且格。"也就是说，用制度法令确保企业的运行，人们知道哪些事情可以做，哪些事情不可以做。但是制度一开始不是很完备的，因此，人们可以钻制度法令的空子，可以做出不合乎道德而制度未明确规范的事情，这样人们就不会懂得廉耻。而如果以道德规范来约束人们的行为，教化人们的思想，让人们有羞耻之心，形成一种道德观念，当遇到不道德的事情时，人们就会有惭愧之心，会受到良心与社会舆论的谴责，在一定程度上防止违背道德的行为的发生。

职业道德在企业文化中占据重要的地位。企业员工是实现企业价值观、经营之道和企业发展战略目标的主体，企业的环境需要员工的共同维护，企业的规章制度需要员工的共同遵守。职业道德对于员工提高科学文化素养和职业能力具有推动作用。

职业道德是增强企业凝聚力的手段。职业道德在企业中成为了调节人际关系的法宝，有利于协调员工与员工的关系、员工与领导的关系以及员工与企业的关系。

由此可以得知，职业道德与企业发展是相辅相成的。一个企业要想获得长期健康稳定的发展，建立一个积极向上的有广泛约束力的企业道德信念是至关重要的，它能够为良好的员工职业道德的形成提供有力的支援。员工的职业道德是一个企业职员所必须遵循的业界普遍认同的职业规范。

## 四、培养职业道德修养

职业道德修养是从事各种职业的人们按照职业道德的基本原则和规范，在职业活动中进行的自我教育、自我锻炼和自我完善，使自己形成良好的职业道德和达到一定的职业道德境界。

职业道德修养是一种自律行为，关键在于"自我锻炼"和"自我改造"。任何一个从业人员，职业道德素质的提高，一方面靠他律，即社会的培养和组织的教育；另一方面就取决于自己的主观努力，即自我修养。两个方面是缺一不可的，而且后者更加重要。

培养职业道德修养，要求大学生要确立正确的人生观和价值观，这是职业道德修养的前提。同时，培养职业道德修养，要求大学生以培养良好的行为习惯入手，不断学习先进人物或事迹，不断激励自我，勇于同旧思想和社会上的不良行为、不良现象做斗争，做到经常自我反思，增强自律；努力学习完善专业技能，提高文化素质；学习职业道德相关理论，掌握职业道德知识。

### 【延伸阅读】
#### 良好的职业修养

良好的职业修养是每一个优秀员工必备的素质，良好的职业道德是每一个员工都必须具备的基本品质，这两点是企业对员工最基本的规范和要求，同时也是每个员工担负起自己的工作责任必备的素质。那么，怎样才是具备了良好的职业修养和职业道德呢？

每个人平时都有习惯，但不一定是职业习惯，更不一定是符合要求的职业习惯。那么，哪些才是符合要求的职业习惯呢？

第一，早到公司。每天提前到公司可以在上班之前准备好完成工作必需的工作条件，调整好工作状态，保证准时开始一天的工作，才叫不迟到。

第二，搞好清洁卫生。做好清洁卫生，可以保证一天整洁有序的工作环境，同时也利于保持良好的工作心情。

第三，工作计划。提前做好工作计划利于有条不紊的开展每天、每周和每一个周期的工作，自然也有利于保证工作的质和量。

第四，开会记录。及时记录必要的工作信息，有助于准确地记载各种有用的信息，帮助日常工作顺利开展。

第五，遵守工作纪律。工作纪律是为了保证正常工作秩序、维持必须工作环境而制定的，不仅有利于工作效率的提升，也有利于工作能力的提高。

第六，工作总结。及时总结每天、每周等阶段性工作中的得与失，可以及时调整自己的工作习惯，总结工作经验，不断完善工作技能。

第七，向上级汇报工作。及时的向上级请示汇报工作，不仅有利于工作任务的完成，也可以在上级的指示中学习到更多工作经验和技能，让自己得到提升。

职业习惯是一个职场人士根据工作需要，为了很好地完成工作任务主动或被动地在工作过程中养成的工作习惯，也是保证工作任务和工作质量必须具备的品质。良好的职业习惯，是出色地完成工作任务的必要前提，如果不具备良好的职业习惯就不能按照要求完成自己的工作。所以每一个人都需要养成一个良好的职业习惯。

（《中国将对青年教师师德考核实行"一票否决制"》，新华网，2013—05—29）

【延伸阅读】

### 晏殊信誉的树立

北宋词人晏殊，素以诚实著称。在他十四岁时，有人把他作为神童举荐给皇帝。皇帝召见了他，并要他与一千多名进士同时参加考试。结果晏殊发现考试是自己十天前刚练习过的，就如实向真宗报告，并请求改换其他题目。宋真宗非常赞赏晏殊的诚实品质，便赐给他"同进士出身"。晏殊当职时，正值天下太平。于是，京城的大小官员便经常到郊外游玩或在城内的酒楼茶馆举行各种宴会。晏殊家贫，无钱出去吃喝玩乐，只好在家里和兄弟们读写文章。有一天，真宗提升晏殊为辅佐太子读书的东宫官。大臣们惊讶异常，不明白真宗为何做出这样的决定。真宗说："近来群臣经常游玩饮宴，只有晏殊闭门读书，如此自重谨慎，正是东宫官合适的人选。"晏殊谢恩后说："我其实也是个喜欢游玩饮宴的人，只是家贫而已。若我有钱，也早就参与宴游了。"这两件事，使晏殊在群臣面前树立起了信誉，而宋真宗也更加信任他了。

### 立木为信与烽火戏诸侯的对比

春秋战国时，秦国的商鞅在秦孝公的支持下主持变法。当时处于战争频繁、人心惶惶之际，为了树立威信，推进改革，商鞅下令在都城南门外立一根三丈长的木头，并当众许下诺言：谁能把这根木头搬到北门，赏金十两。围观的人不相信如此轻而易举的事能得到如此高的赏赐，结果没人肯出手一试。于是，商鞅将赏金提高到50金。重赏之下必有勇夫，终于有人站起将木头扛到了北门。商鞅立即赏了他五十金。商鞅这一举动，在百姓心中树立起了威信，而商鞅接下来的变法就很快在秦国推广开了。新法使秦国渐渐强盛，最终统一了中国。

而同样在商鞅"立木为信"的地方，在早它400年以前，却曾发生过一场令人啼笑皆非的"烽火戏诸侯"的闹剧。

周幽王有个宠妃叫褒姒，为博她一笑，周幽王下令在都城附近20多座烽火台上点起烽火——烽火是边关报警的信号，只有在外敌入侵需召诸侯来救援的时候才能点燃。结果诸侯们见到烽火，率领兵将们匆匆赶到，弄明白这是君王为博妻一笑的花招后愤然离去。褒姒看到平日威仪赫赫的诸侯们手足无措的样子，终于开心一笑。五年后，酉夷太戎大举攻周，幽王烽火再燃而诸侯未到——谁也不愿再上第二次当了。结果幽王被逼自刎而褒姒也被俘虏。

一个"立木取信"，一诺千金；一个帝王无信，戏玩"狼来了"的游戏。结果前者变法成功，国强势壮；后者自取其辱，身死国亡。可见，"信"对一个国家的兴衰存亡都起着非常重要的作用。

【思考与练习】

1. 结合所学知识，谈谈自己的职业理想，以及实现职业理想的方法和途径。
2. 谈谈自己对于社会主义的职业道德的理解。
3. 你认为职业理想和职业道德在职业领域中占据着怎样的地位呢？

# 第六章　大学生职业心态

【导读】

很多人想成为纵横驰骋的骏马，成为搏击长空的雄鹰……他们总是想超越自己，这是人类的优点，但有时却又是不幸的根源。在拼命追求金钱的过程中为什么失去了亲情和友情……也放弃了对生命中的美好的享受……

只有拥有良好的职业心态，才能使我们在绝望中夺得生机，在痛苦中经历欢乐，在压力下摆脱烦恼，在失败中寻找新的希望……总之，积极的职业心态能帮助我们采取正确行动，改变可能存在的不好结果。

拥有好心情，才能欣赏美丽风景。

## 第一节　心态——"态度决定一切"

### 一、何谓心态

心态是指人们对于事物的心理态度。主要指四个方面：意识、观念、动机以及情感（图6-1）。

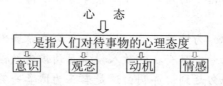

图 6-1　心态内涵图示

### 二、心态类型

心态分为积极心态和消极心态。前者有积极的自我意识、明确的目标和良好的自我状态。后者是消极的自我意识、模糊的目标以及萎靡的自我状态。

在面对难题与挑战时，两种心态的表现截然不同。面对难题或挑战，积极的心态会认真思考，做出选择，从实际出发，求变创新；消极心态只会不动脑筋，安于现状，甚至逃避、退缩。

这就会导致这样的结果：积极心态的人因为有目标、敢于承担责任、独立自主而走向事业的成功；消极心态的人无目标、逃避责任、依赖性强而走向事业的失败。

## 三、心态特点

### （一）直接现实性

人的心理活动的各种现象都是以心理状态的方式存在，或者说，人的各种具体的现实的心理过程与个性心理特征以致高级神经活动等，总是在一定的、具体现实的心理状态中被包含着和被表现出来。因此，了解自己或别人的心理生活时，直接观察到的便是在一定情境时存在的心理状态，作为了解自己或他人心理活动的指标，心理状态具有明显的直接现实性。

### （二）综合性

心理状态是个体在一定情境下各种心理活动的复合表现，任何一种心理状态既有各种心理过程的成分，又有个性差异的色彩，还包括许多复合的心理过程，不只是心理过程的简单的拼合，而是由这些心理过程所构成的具有新的特性的复合物。

### （三）相对的稳定性和持续性

当主体进入或处于某种心理状态时，若无必要强度量级的动因起作用并达到改变原心理状态的临界度以上，原来的心理状态就会持续稳定或长或短的时间，至于某一心理状态能持续多长时间，就要取决于许多可能起作用的相关因素及其力量的组合与对比，其重要的一个因素是该心理状态下各心理过程或心理活动的强度。

### （四）流动性和趋变性

心理状态具有变化不居的特性，也可叫动力性。任何心理状态都不是固定不变的，而是随时可能由于种种无法避免的内外动因的作用而发生量变和质变。

由于内外部现实的影响构成心理过程的不断变化，使复合的心理状态各部分之间的关系也不断发生变化，一种心理状态会随时被另一种心理状态所替代，而某一种特定的心理状态也会不断发生变化。

### （五）情境性

这里所说的情境指主体的感官在一段时间内接受到的全部信息，既包括注意的范围，也包括注意范围以外的，但作用于感官的其他事物对主体产生的未必全被主体意识到的心理影响。而心理状态往往与某种情景相联系，在很大程度上反映着一定的情景或受到情景的一定影响。

【案例分析】

为什么不选我

**案例：** 小兰是某大学经济管理系的毕业生，从大二开始就一直担任学校学生会的干部，并一直在外兼职，在学校成绩一直名列前茅的她想到自己一定要进入"世界500强企业"，这也成为了小兰的就业的目标。

小兰去来校招聘的一家企业面试。在集体面试的环节，考官先让大家进行自我介绍。作为学生干部的小兰流利而特别的介绍赢得了考官的注意，她暗自得意："我肯定能行。"第二环节是回答提问。和小兰一起参加面试的同学，之前对企业有认真详细的了解和分析，尤其是对于该企业的发展趋势和方向都回答得非常好，而小兰只是了解大众都知道的情况。再加上，有面试同学的专业和该企业非常吻合，都是通信技术类别，尽管这次招聘的职位是和市场营销有关的岗位。这样，作为仅仅有营销知识的小兰，完全不熟悉该企业的专业发展等信息。

之前满怀希望的小兰获得的是"未被录用"的结果。更让小兰觉得深受打击的是公司录用的是本校一个不起眼的非营销专业的女生。小兰认为，主考官完全没有水平，怎么会录用这样的一名普通的同学而不录用自己呢？最后，她认为一定是那位同学有"关系"。

最后，小兰对于招聘的信息不怎么关注，她认为反正关注了也是那些有"关系"的同学被录用，而自己再怎么优秀也没用。眼看毕业的日子越来越近了，小兰依然在抱怨，依旧对那位被录用的同学充满妒忌，依旧没有找到合适的工作。

**分析：**单从"营销"工作的一般要求来看，应当说小兰的业务素质或是个人能力都是能胜任的。实际上，用人单位的用人素质要求一定是有针对性的。作为通信技术的企业，它的营销岗位必然要求懂得一定的通信技术和一定的业务知识，所以，小兰并不是合适的人选。同时我们看到，小兰有过高的自我期望值，导致了她"高不成低不就"的结果。

因此，对于每位毕业生，在求职时都需要多想想，"这个职位需要我成为什么样"，而不是"我希望岗位是什么样"。失败要懂得从自身找原因，而不要一味抱怨或盲目自负。

**【延伸阅读】**

### 心态小故事

有两个年龄差不多的兄弟，哥哥是城市里最顶尖的会计师，弟弟是监狱里的囚徒。一天，有记者去采访当会计的哥哥，问他成为这么棒的会计师的秘诀是什么？哥哥说："我家住在贫民区，爸爸既赌博，又酗酒，不务正业；妈妈有精神病，我不努力，能行吗？"第二天，记者又去采访当囚徒的弟弟，问他失足的原因是什么？弟弟说："我家住在贫民区，爸爸既赌博，又酗酒，不务正业；妈妈有精神病。没有人管我，我吃不饱，穿不暖，所以去偷去抢……"

故事告诉我们影响我们命运的不是环境，不是条件，不是出身，更不是腰包里有没有钱，而是态度。

**【延伸阅读】**

### 他是谁？

二十一岁时，做生意失败。

二十二岁时，角逐美国州议员落选。

二十四岁时，做生意再度失败。

二十六岁时，他的情人离开人世。

二十七岁时，一度精神崩溃。

三十四岁时，角逐美国联邦众议员落选。

三十六岁时，角逐美国联邦众议员再度落选。

四十五岁时，角逐美国联邦参议员落选。

四十七岁时，提名副总统落选。

四十九岁时，角逐美国联邦参议员再度落选。

五十二岁时，当选美国第十六任总统。

# 第二节 成功路上的职业心态

拿破仑·希尔认为：成功人士的首要标志，在于他的心态。一个人如果心态积极，乐观地面对人生，乐观地接受挑战和应付麻烦事，那他就成功了一半。下面的故事，就是不同的心态带来的不同的结果。

在推销员中，流传着这样一个故事。两个欧洲人到非洲去推销皮鞋。由于天气炎热，非洲人向来都是打赤脚。第一个推销员看到非洲人都打赤脚，立刻失望起来："这些人都打赤脚，怎么会要我的皮鞋呢？"于是放弃努力，失败而归；另一个推销员看到非洲人都打赤脚，惊喜万分："这些人都没有皮鞋穿，皮鞋市场大得很呢！"于是想方设法，引导非洲人购买皮鞋，最后发大财而归。

## 一、积极心态

### （一）积极心态内涵

积极的心态主要是指积极的心理态度或状态，是个体对待自身、他人或事物的积极、正向、稳定的心理倾向，是一种良性的、建设性的心理准备状态，在学校文化素质教育、心理教育、心理咨询与治疗操作层面上主要指学生各种正向、主动、积极的心理品质的培养和训练。

积极的心态是把好的、正确的方面扩展开来，同时在第一时间投入进去。一个国家、一个企业肯定都有很多好的方面，也会有不够好的地方，我们需要用积极的心态去对待。企业有很多不尽合理的管理问题，可是我们应该看到企业管理风格的改变。也许你在工作中遇到了很多困难，可是我们应该看到克服这些困难后的一片蓝天。同时，我们应该就正确的、好的事情在第一时间去投入，唯有在第一时间投入，才会唤起你的激情，唯有在第一时间投入，才会使困难在你面前变得渺小，好的方面在你面前发扬光大。

### （二）成就个人十大积极心态

执着：对个人、企业和团队目标、价值观坚定不移的信念。

挑战：勇敢地挺身而出，积极地迎接变化和新的任务。

热情：对自己的工作及公司的产品、服务、品牌和形象具有强烈的感情和浓厚的兴趣。

奉献：全心全意完成工作或处理事务。

激情：始终对未来充满憧憬和希望，全力以赴地投入。

愉快：乐于接受微笑、乐趣，并分享成功。

爱心：助人为乐，感恩心态。

自豪：因为自身价值或团队成绩而深感荣耀。

渴望：有强烈的成功欲望。

信赖：相信他人和集体的素质、价值和可靠性。

## 二、主动心态

主动就是"没有人告诉你而你正做着恰当的事情"。在竞争异常激烈的时代，被动就会落后，主动就可以占据优势地位。事业、人生不是上天安排的，是需要主动地去争取的。在企业里，有很多事情也许没有人安排你去做，有很多的职位空缺。如果你主动地行动起来，不但会锻炼了自己，同时也为自己争取这样的职位积蓄了力量。但如果什么事情都需要别人来告诉你，你就已经很落后了。

## 三、空杯心态

一个小有成就但心气颇高的年轻人去大师那里求道，大师要他倒水，并且不要停下来，结果自然是水倒了一地。大师由此说出禅机："既然你知道杯子是满的，水怎么还能倒得进去呢？"年轻人于是大悟，深刻认识到，做事还需要"空杯心态"。这个故事还有一个版本：如果一个杯子有些浑水，不管加多少纯净水，杯子里的水仍然浑浊；若是一个空杯，不论倒入多少清水，它始终清澈如一。学习也是如此。

任何人都有自己的缺陷，自己相对较弱的地方。也许你在某个行业已经满腹经纶，也许你已经具备了丰富的技能，但是对于新的领域，你仍然没有任何特别。你需要用空杯的心态去重新整理自己的智慧，去吸收现在的、别人的、正确的、优秀的东西。企业有企业的文化，有企业的发展思路，有企业自身的管理方法，只要是正确的、合理的，就去领悟，去感受，把自己融入企业之中，融入团队之中。否则，你就永远是企业的局外人。

## 四、双赢心态

亏本的买卖没人做，这是商业规则。必须站在双赢的立场上去处理个人与企业之间的、企业与商家之间的、企业和消费者之间的关系。不能为了自身的利益去损害企业的利益。没有大家哪有小家？企业首先是一个利润中心，企业都没有利益了，个人肯定也没有利益。同样，个人也不能破坏企业与商家之间的双赢规则，只要某一方失去了利益，必定就会放弃这样的合作。消费者满足自己的需求，而企业实现自己的产品价值，这同样也是一种双赢，损害任何一方的利益都会付出代价。

**【案例分析】**

### B 先生的烦恼

**案例**：B 先生最近有点烦。公司给他所在的团队布置了一个很大的项目，B 先生看了很多资料，收集了很多数据，写出了一个自认为很好的方案。在开会的时候，他向组里的成员说了自己的想法，可是大家似乎都有一些大大小小的反对意见。为此，B 先生据理力争，结果那次会议不欢而散。在之后的几次会议中，B 先生又觉得别人提出的想法根本没有自己的好，他"大胆"提出自己的不同意见，结果又是不欢而散。现在组里的人好像在刻意疏远 B 先生，有事也不和他商量。这使他很苦恼，他很想对他的组员说，其实他说的话都是对事不对人的，他只是想把工作做得更好。

分析：B 先生遇到的问题，其实就是团队差异与沟通的问题。尊重差异，不挑剔、不嫌弃；人与人的相处，贵在包容；肯定自己的选择，接受和对方之间的差异。这些说起来简单，但做起来不容易。

## 五、包容心态

作为现代人，在工作中会接触到各种各样的人，他们的性格、爱好、习惯、心态都各不相同，这就要求你学会包容，包容他人的不同喜好，包容别人的挑剔。你的同事也许与你有不同的喜好，有不同的做事风格，你也应该去包容。水至清则无鱼，海纳百川有容乃大。人们需要锻炼同理心，需要去接纳差异，需要包容差异。

## 六、自信心态

自信是一切行动的源动力，没有自信就没有行动。我们要对自己服务的企业充满自信，对我们的产品充满自信，对自己的能力充满自信，对同事充满自信，对未来充满自信。要相信自己是将优良的产品推荐给消费者去满足他们的需求，要相信自己的一切活动都是有价值的。很多销售人员自己都不相信自己的产品，又怎么能说服别人相信自己的产品？很多销售人员不相信自己的能力，不相信自己的产品，所以在客户的门外犹豫了很久都不敢敲开客户的门。

如果你充满自信，你就会充满干劲，你就会感觉到这些事情是自己可以完成的，也是自己应该完成的。

## 七、行动心态

行动是最有说服力的。千百句美丽的雄辩胜不过真实的行动。我们需要用行动去证明自己的存在，证明自己的价值；我们需要用行动去实实在在地关怀我们的客户；我们需要用行动去完成我们的目标。如果一切计划、一切目标、一切愿景都只是停留在纸上，不去付诸行动，那计划就不能执行，目标就不能实现，愿景就是肥皂泡。

## 八、给予心态

要索取，首先学会给予。没有给予，你就不可能索取。我们要给予我们的同事以关怀；我们要给予我们的经销商以服务；我们要给予消费者满足其需求的产品。给予，给予，还是给予。唯有给予是永恒的，因为给予不会受到别人的拒绝，反而会得到别人的感激。

## 九、学习心态

干到老，学到老。竞争在加剧，实力和能力的打拼将愈加激烈。谁不去学习，谁就不可能提高，谁就不会去创新，谁的武器就会落后。同事是老师，上级是老师，客户是老师，竞争对手也是老师。学习不仅是一种心态，更应该是一种生活方式。21世纪，谁会学习，谁就会成功。学习成为了自己的竞争力，也就成为了企业的竞争力。

职业心态调整是每个职业人的必修之课，科学的职业生涯规划能使我们更快更准的走向成功，实现我们职业发展的大提速，同时也增加了我们的成功机会，最现实的能让我们少走弯路；职业心态调整能使我们的选择更科学，工作更有效率，生活更有品位，在激烈竞争的知识经济时代，我们每一个现代职业人都必须有良好的职业心态来适应这个社会，在平凡的工作岗位上做出不平凡的业绩，实现人生价值的最大体现，努力成为当代最受欢迎和最受尊敬的现代职业人。

总之，大学生要拥有积极的阳光心态，活在当下，面向未来。记住：你以往的一切成绩、错误都只能属于过去的你。你目前是活在当下、当前、现在。你发展的时间和空间在现在、在未来。如果发现使你快乐的时光，尽量增加它、延长它；而发现使你不快乐的时光，尽量减少它、缩短它。

## 【延伸阅读】

### 如何塑造空杯心态

1. 学习三境界

自古以来，人们把求学成才的经历划分为三个过程来激励自己或他人。其中最有影响的当推清代王国维引用三句古词来形容成大学问人的三种境界。第一种境界是"昨夜西风凋碧树，独上高楼，望尽天涯路"；第二种境界是"衣带渐宽终不悔，为伊消得人憔悴"；第三种境界是"众里寻他千百度，蓦然回首，那人却在灯火阑珊处"。

2. 永不自满

世界球王贝利在20多年的足球生涯里，参加过1364场比赛，共踢进1282个球。并创造了一个队员在一场比赛中射进8个球的纪录。他超凡的技艺不仅令万千观众心醉，而且常使球场上的对手拍手称绝。他不仅球艺高超，而且谈吐不凡。当他个人进球记录满1000个时，有人问他："您哪个球踢得最好？"贝利笑了，意味深长地说："下一个。"他的回答含蓄幽默，耐人寻味，像他的球技一样精彩。

在迈向成功的道路上，每当实现了一个近期目标，绝不应自满，而应迎接新的成功，应把原来的成功当成是新的成功的起点，应有一种归零的心态，才永远有新的目标，才能攀登新的高峰，才能获得成功者的无穷无尽的乐趣。

3. 尝试归零的感受

哈佛大学校长来北京大学访问时，讲了一段自己的亲身经历。有一年，校长向学校请了三个月的假，然后告诉自己家人，不要问我去什么地方，我每个星期都会给家里打个电话，报个平安。

校长只身一人，去了美国南部的农村，尝试着过另一种全新的生活。在农村，他到农场去打工，去饭店刷盘子。在田地做工时，背着老板吸支烟，或和自己的工友偷偷说几句话，都让他有一种前所未有的愉悦。最有趣的是最后他在一家餐厅找到一份刷盘子的工作，干了四个小时后，老板把他叫来，跟他结账。老板对他说："可怜的老头，你刷盘子太慢了，你被解雇了。""可怜的老头"重新回到哈佛，回到自己熟悉的工作环境后，却觉着以往再熟悉不过的东西都变得新鲜有趣起来。以往的工作有了一种全新的感受。

校长的这三个月，像一个淘气的孩子搞了一次恶作剧一样，新鲜而有趣。更重要的是，回到"原地"以后，如同儿童眼中的世界，一切都那么有趣，也不自觉地清理了原来心中积攒多年的"垃圾"。

这个故事告诉我们，如果我们能够定期给自己复位归零，清除心灵的污染，才能更好地享受工作与生活。

### 4. 成功是失败之母

从小时候起，我们就受到"失败是成功之母"的教育。典型的例子是孙中山领导推翻清封建王朝的革命，六次武装起义失败而不气馁，最后夺取了辛亥革命的胜利；科技发展方面的榜样则是爱迪生，为了寻找合适的灯丝，试验并失败了 1000 多次，锲而不舍终于发明了钨丝灯泡。在探索科学原理和从事重大技术突破过程中始终是充满风险的，"失败是成功之母"这一至理名言可以激励我们百折不回、排除万难去争取最后的胜利。但是，在全球化、网络化、竞争白热化的"十倍速变化"的时代，任何陶醉于成功的鲜花与掌声之中、企图复制过去成功经验的人和企业，都不可避免地遭到失败。

福特汽车公司的创始人福特一世是"成功是失败之母"的一个典型例子，他 16 岁闯社会，依靠杰出的管理专家和机械专家，使福特公司成为世界上最大的汽车公司。但老福特面对成功后的荣誉忘乎所以，以为一切都是自己的功劳，逐渐听不进别人意见，一批英才纷纷离去，使公司每况愈下，濒临破产。1945 年福特二世上任，接过老福特的烂摊子，礼贤下士，励精图治，聘请了一批管理精英，重整旗鼓，企业起死回生，达到了新的高峰。但小福特又重蹈覆辙，独断专行，把自己看作公司内至高无上的管理者，搞得公司内人人自危。最后不得不交出大权，并被公司除名。

一个探险家出发去北极，最后却到了南极。当别人问他为什么时，他说："我带的是指南针，找不到北极。"问者说："怎么可能呢？南极的对面不就是北极吗？转过身就可以了。"微软公司总裁比尔·盖茨说过："对于成功的企业和企业家来说，其事业最大的威胁不是来自竞争对手，而是来自于他们自身"。方正（香港）公司董事局主席王选也告诫、警惕成功是失败之母。许多失利者，并不是被对手挤垮的，而是被自己的成功冲昏头脑，以致败下阵来的。此语非常值得大家深思。人生没有永久辉煌，"月盈则亏，水满则溢"。成功者首要做到的是头脑清醒，眼光明亮，像孔子一样不断"三省吾身"；像唐太宗一样不断"三镜自照"，不断地矫正人生的航标，从新的角度和立场去思考做事和做人；像计算器一样不断"键盘归零"，展开新的程序，去设计、运算最新最美的图画。甩掉成功的包袱，才能获得更大的成功。

### 5. 不断挑战自我

有两位年届 70 岁的老太太，一位认为到了这个年纪可算是人生的尽头，于是便开始料理后事；另一位却认为一个人能做什么事不在于年龄的大小，而在于自己的想法。于是，她在 70 岁高龄之际开始学习登山，其中几座还是世界上有名的。就在最近还以 95 岁高龄登上了日本的富士山，打破攀登此山年龄最高的纪录。她就是著名的胡达·克鲁斯老太太。

70 岁开始学习登山，这乃是一大奇迹。但奇迹是人创造出来的。成功人士的首要标志，是他思考问题的方法和不断挑战自我的精神。胡达·克鲁斯老太太的壮举正验证了这一点。

### 6. 创造充满钻石的未来

尽量收集使你成功的知识、技能"鹅卵石"，你就可以期待一个充满钻石的未来。

那么，职业经理人应该怎样准备自己的"鹅卵石"呢？以下是一些简单的方法和技巧：

（1）学习自己和别人的成功经验，学习自己和别人的失败经验。读书，读人，读事。

（2）每天坚持半小时的学习时间，每天坚持半小时的静坐和思考时间。

（3）浏览三个网站，阅读三份杂志，翻看三种报纸，每月尽可能翻阅三本书。

（4）重视学习交流。利用演讲会、与朋友聊天等机会，分享你的学习体会和思想。

（5）交几个学习上的朋友或网友。参加经理人俱乐部或管理者沙龙。

（6）注意借脑学习。交几个高层次的朋友，如：成功人士、行业专家、教授学者等。

（7）有条件的话，每年尽可能出国一次，到发达的地区参观一次，参加一次以上高层领导或管理论坛，参加一次行业峰会或年会，参加一次专题充电学习培训班。

（8）有兴趣的话，尽量写一些文章发表，或争取成为演讲嘉宾。

人最大的悲哀在于总是活在过去，在回忆中生活的人面对现状只能选择无休止的抱怨与牢骚。其实有一个最佳选择——将过去全部释放，以空杯心态面对现实挑战与机遇。忘记过去，留个"空杯"给明天。

**【延伸阅读】**

公元前450年，古希腊历史学家希罗多德来到埃及。在奥博斯城的鳄鱼神庙，他发现大理石水池中的鳄鱼，在饱食后常张着大嘴，听凭一种灰色的小鸟在那里啄食剔牙。这位历史学家非常惊讶，他在著作中写道："所有的鸟兽都避开凶残的鳄鱼，只有这种小鸟却能同鳄鱼友好相处，鳄鱼从不伤害这种小鸟，因为它需要小鸟的帮助。鳄鱼离水上岸后，张开大嘴，让这种小鸟飞到它的嘴里去吃水蛭等小动物，这使鳄鱼感到很舒服。"

精神上的双赢——孔子的"己所不欲，勿施于人"，抹去了勉强别人所带来的压力，也减少了被别人勉强所带来的痛苦；

行动上的双赢——姜太公钓鱼，避免了垂钓人枯坐求鱼的心焦，也减少了池中鱼儿嬉闹时的忐忑，两不伤害。

# 第三节　求职中的心态问题

## 一、大学生求职择业中存在的问题

大学生群体处于第二次心理断乳期，面临人生观、价值观等的再构，同时，又面临就业的压力和影响，使得这一时期的大学生心理健康状态有波动，且相对要低。大学生就业期的心理问题主要有挫折心理、自负心理、嫉妒心理、从众心理、自卑心理、依赖心理等。接下来了解这些求职中存在的问题。

### （一）认知偏差

认知偏差表现为两方面，对自我的认知以及对社会环境的认知。认知偏差会导致自负心理以及自卑心理。

有些大学生在择业期期望值过高，对于职业的期望已经超过了自己的能力范围，往往只想找到薪酬丰厚、交通便利、环境优越等条件的工作，而不愿意去条件艰苦、基层的岗位工作，产生了如本章第一节中小兰那样"高不成低不就"的状况。与之相反，有些大学生对自身的素质和就业竞争力评估过低，不敢主动推销自己，不敢主动参与就业竞争，陷入不战自败的境地。

**（二）情绪问题**

在就业的过程中，在校大学生会有各种各样的负性情绪。比如，一些受过处分的学生往往很悲观，认为自己不会有好的就业机会。不满的情绪会集中体现在对于学校或是地区的不满，对于学校的推荐有怨言，对于一些发达地区的户籍限制有不满，甚至对来自家庭对自己就业的限制、家庭无法满足自己的就业意向也会产生不满情绪。另外，面对就业形势的严峻，面对激烈的就业竞争，对于没有工作经验、缺乏社会经历的大学生会产生焦虑，自己的毕业之路究竟何去何从？

**（三）社会认识问题**

大学生容易忽视自身的特点和自我的创造性，而盲目跟从于大众就业，不能对自己进行正确的分析，甚至相互攀比。

## 二、大学生求职择业中的不良心态

**（一）自负**

自负是对主体和客体的分析脱离实际而做出的一种错误的判断，对自我评估过高。自负是自以为是和自命不凡的个体情感体验和情绪表现。自负在心理学上指过高地估计个人的能力，从而失去自知之明。大学生的自负主要表现为，过高地估计自我的能力，瞧不起非名校或非热门专业的同龄人，认为自己最优秀，在求职时一味讲求高薪、高位，自命不凡，骄傲自大，从不相信自己会找不到工作。所以在面试中往往夸夸其谈，任意吹嘘，给用人单位留下浮躁、不踏实的坏印象，从而不能被用人单位所接受，到头来往往会由于对自己优势估计过高，对自己的劣势估计不足而在择业中受挫，心情一落千丈。

**【案例分析】**

**案例：** 李姗是本科生，口才不错，在与用人单位代表面谈时自我感觉良好。一番高谈阔论以后，当对方问他的个人爱好是什么时，他竟得意洋洋地宣称是"游山玩水"，结果被用人单位毫不犹豫地拒之门外。

**分析：** 李姗的失败是典型的自负心理造成的。在这种心理的支配下，不少毕业生在求职择业过程中，总是自以为是；自负自傲，自以为自己什么都懂，什么都会，夸夸其谈，胡吹海侃，结果留给用人单位的是浮躁、不踏实的印象。试想，有哪家单位肯要一个不知天高地厚、自命不凡、眼高手低的毕业生呢？

**（二）自卑**

自卑是指自我轻视和自我否定的个体情感体验和情绪表现。自卑产生的原因很多，有生理的、环境的、家庭的或社会的原因，但主要还是心理因素造成的居多。自卑与自负相反，是自我评价偏低，自愧无能而丧失信心。自卑是由于受到暂时性的挫折而产生的心理障碍。

大学生在就业前，往往信心十足，一旦受到挫折就容易产生自卑心理，自尊心受损伤，对自我全盘否定，加之在强大的就业压力面前，越来越多的大学生不是抱怨自己"怀才不遇"，就是感慨自己"能力太差"，其实，大学生就业真的就惨到了如此境地吗？因缺乏自信和勇气，不敢面对竞争，这在性格内向或是存在一定不足的学生身上表现尤为明显。过度的自卑甚至会产生心灵扭曲、丧失生活信心等现象。

**【案例分析】**

### 自卑让人退缩不前

**案例：** 性格腼腆的小王，每次去应聘，都是输在面试上，每次回来都懊恼不已，自惭形秽。"见了面试官，如履薄冰，手脚不知往哪儿放，头不敢抬，眼睛也不看人，低着头在那儿等过关，本来平时都能回答的问题，脑子一片空白，还出现答非所问的现象。"越是这样，就越是影响到她下一次面试的心态，随着面试失败次数的增多，小王不知不觉就产生了自卑心理，慢慢失去了信心，甚至不敢再投简历，不敢面对面试了。

**分析：** 自卑心理是面试大敌。小王的问题是心理问题，属于自卑畏怯、信心不足。所以第一步要解决她的心态问题，要让她充满信心地去参加面试。有的求职者也具备了一定的实力和优势，但面对激烈的竞争，梦寐以求的企业对自己一点回音都没有，或发了很多简历都没下文时，便开始怀疑自己的能力，觉得自己不如别人。

在激烈的竞争中，自卑心理是成功的大敌，必须认真加以克服。一些大学生不敢迎接挑战，自卑心理使得他们缺乏竞争勇气，缺乏自信，走进招聘会就心里发怵。求职者一旦中途受到挫折，更缺乏心理上的承受能力，甚至觉得自己确实不行。

对于缺乏自信的求职者来说，需要发现并看到自己的优势，即任何能运用的才干、能力、技艺与人格特质，这些都是求职大学生能有所贡献、继续成长的要素，也是他们竞争的法宝。

### （三）从众

在群体的影响和压力下，个体放弃自己的意见和想法而采取与大多数人一致的行为就是从众，即我们通常所说的"随大流"。在大学毕业生择业的过程中，易受社会上某些舆论的影响和左右，盲目从众，追逐热门职业，不考虑自身的条件，结果可能既影响了就业也埋没了自己的优势。大学生的虚荣心或侥幸心理往往会使他们改变原有的自我期望而从众，求一时之平衡，而放弃自身的长远发展。

**【案例分析】**

**案例：** 小凤，大专学历，相貌普通，从学校餐饮专业毕业后开始求职。她先后在肯德基、麦当劳等快餐店内从事服务员岗位，又在服饰营业员及前台销售的岗位上工作了一段时间。小凤有位亲戚在某公司做文秘，工资收入不错，工作环境也较好，让小凤很是羡慕，于是，她现在就想以应聘文秘为目标。但是应聘至今，小凤都没有成功过。

**分析：** 别人说什么工作好，就把这些职位作为自己的职业选择，随波逐流地附和着大众的职业审美，这是小凤面临的问题，太过天真就容易遭遇更多面试失败。因此，相貌普通、学历不高、专业技能不突出的小凤应聘文秘岗位，就好比是在和千军万马挤独木桥。她需要清晰的职业发展、自我认识。对于文职类岗位需要能适应琐碎工作的特性全然不知，只是因为自己喜欢，有人介绍就来应试，试问哪个老板会选择这样一个员工呢？

对于大部分盲目从众，选择职业的大学生来说，首先要自我审视，客观评价。试着思考一下，自己的优劣势是哪些，自己的职业兴趣是什么。对于像小风那样的就业者，一是要看到显性的就业条件上自己没有明显优势，二是要努力剖析自己潜藏的职业技能。再次，学会避重就轻，扬长避短。根据自身能力，然后结合对应聘岗位的分析，这样的应聘成功率才会更高。另外，在明确职业方向后，还要积极提升自身能力。大专学历可能是目前择业的一个瓶颈，要提升就业竞争力，提高学历很有必要，或以企业需求为导向强化这方面职业技能也是非常不错的选择。

每个新的求职者也许都是未开发的璞玉，不必随波逐流，大胆放手雕琢，看似不出众的自己也会找到属于自己的职业天空。

# 第四节　就业心态的调适

就业本身就是我们认识和适应社会的一个过程，在求职过程中遇到困难，甚至经过几次挫折才成功是正常的；在就业中遇到许多心理冲突、困惑，产生一些不良情绪也是正常的。遇到就业问题时，要学会调节自己的心态，使自己能从容、冷静地面对就业这一人生重大课题，并做出正确、理智的选择。如果你遇到了就业心理困扰，可以试着从以下几个方面来调节。

## 一、角色转变

大学时期是从"自然人"向"社会人"的重要过渡阶段，面对就业，大学生会产生各种心理矛盾和心理冲突。"大学生就业心理问题"正是处于人的社会化过程中的大学生在面临就业、面对社会现实，当内心想法与外在实际发生冲突时所表现出来的各种心理现象。

首先，客观认识自己。毕业生要正确认识和评价自我，明确自己今后的职业发展方向，从职业发展的角度分析最适合自己的岗位特征和地域范围。认清当前就业形势，对未来工作期望适度。消除择业功利心理和急躁心理。

其次，主动适应社会。毕业生就业过程就是毕业生处理个人与社会之间关系的社会化过程，是迈向社会的第一步。毕业生能否顺利就业，取决于就业观念能否随着社会的不断发展变化，主动做出适应性调整。

作为即将进入社会的大学毕业生，要将自己的角色进行转变，转变为一名现实的求职者，抛开幻想，认识自己所处的真实客观环境，不再依赖学校、家庭、同学和朋友，摆正位置，通过自身的努力获得自尊和社会的认可，迈出人生的关键一步。

## 二、积极心态面对就业

### （一）正确看待社会就业现象

毕业后自主择业给大学生带来了机遇与实惠，但许多大学生对就业市场残酷的一面认识不足，甚至不敢面对。经过对就业市场、就业形势的客观了解与深刻体验后，我们必须明白现实情况就是如此，如果一旦就业遇到困难，不从主客观两方面找原因，一味抱怨或是气愤都没有用，这种就业情况不可能是一时半会儿就能改变的。与其整天怨天尤人，浪费了时间、影响了自己情绪，还不如勇敢地承认和接受当前所面临的现实，彻底打破以往的美好想象，脚踏实地地寻求解决问题的好办法。

另外，当代部分大学生受不良社会风气的影响，认为就业的竞争不是能力的竞争，而是社会关系的竞争。他们"等、靠、要"的依赖思想严重，他们希望找到称心的工作，却又不愿意到处奔波，寄希望于父母、亲朋好友和社会关系。当被现实社会击溃时，他们大多怨恨、痛苦、亢奋或抑郁。

毕业生要学会积极评价一些事情，要善于寻找自己的优点，相信自己的能力。比如，很多单位认为现在的大学生无一技之长，动手能力差，又缺乏工作经验，希望毕业生一定要正确对待。一方面要意识到这可能是单位对大学生的苛求，毕竟大学只是掌握某一个领域最基础知识的阶段，一技之长更需要的是工作经验；另一方面要抓住一切实习机会，多多积累经验，提高动手能力。

### （二）调整就业期望，重组职业规划

大学生中就业"错位"现象普遍存在。一方面大量的用人单位感到招聘不到合适的员工，另一方面大量毕业生找不到工作。这是因为大学生的就业期望普遍较高，与现实就业情况有落差的缘故。因此，要顺利就业就必须首先根据自己的实际情况和就业形势，调整自己的就业期望值。树立长远的职业发展观念，放弃过去那种择业就是"一次到位"，要求绝对安稳的观念。要知道现在再好的单位，将来也有下岗的可能，因此，在择业时要看得长远一些，学会规划自己整个人生的职业生涯。在当前获得一个理想职业的时机还不成熟时，应采取"先就业，后择业，再创业"的办法。也就是说，在择业时不要期望太高，可以先选择一个职业，不断提高自己的社会生存能力、增加工作经验，然后再凭借自己的努力，通过正当的职业流动，来逐步实现自我价值。许多大学生不愿意去经济落后的地区工作，可是随着西部大开发的进行，西部地区将成为经济发展的热点，也将给大学生们提供更多的发展机会，因此抢先到这样的地区去工作可能会更有利于自己的职业发展，取得事业的成功。

### （三）树立合理的职业价值观

职业的价值是丰富的，我们要充分认识到职业对个体发展、社会进步所起到的重要作用。

在择业时不能只考虑工作的经济收入、工作条件、地点等因素，更要考虑职业对自我一生发展的影响与作用，应看重职业能否帮助实现自我价值。因此，要在考察社会需要的基础上，树立重自我职业发展、才能发挥、事业成功的职业价值观。对于那些虽然现在工作条件不怎么样，但发展空间大，能让自己充分发挥作用的单位要优先考虑；对于那些现在经济发展水平不太高，但发展潜力大，创业机会多的工作地点也要重视。与其将来后悔，不如现在就改变自己，建立适应国家当前市场经济发展、人才需求规律的合理的职业价值观，以指导自己正确择业。

### （四）勇敢面对就业挫折

面对市场竞争、就业压力，大学生的求职总会遇到许多困难、挫折甚至是委屈，如"冷门"专业，女大学生找工作容易受到歧视等。面对这些问题仅抱怨是没有用的，更重要的是调整自我心态，提高自己对各种突发事件的心理承受能力。其实，就业的过程也是大学生重新认识自我、认识社会，并主动调整自我适应社会的过程。如果能通过求职而增强自我心理

调节与承受能力，对大学生今后的职业生活都是非常有用的。

在求职中遇到挫折时，要用冷静和坦然的态度待之，客观地分析自己失败的原因，进行正确的归因。首先，认识到求职失败是在所难免的，不能期望自己每次求职都能成功。要对可能出现的求职挫折有充分的心理准备。同时，应把就业看作一个很好的认识社会、认识职业生活、适应社会的机会，应通过求职活动来发展自己，促进自我成熟，因此"不以成败论英雄"。其次，自己求职失败并不一定就是因为自己的能力不行。出现求职失败有许多原因，可能是因为你选择求职单位的方向不对，也可能是因为你的价值观与单位的企业文化不符合，还有可能是其他一些偶然因素。总之，要正确分析自己失败的原因，调整自己的求职策略，学会安慰自己，以便在下次的求职中获得成功。

**（五）避免消极人生态度**

不要因为社会纷繁复杂就逃避，进而不去认识社会、关心社会。个人与社会是密不可分的，当今社会是催人奋进的社会，我们应当关心时事，关注社会发展，确立正确的人生观。

因此大学生在认识自我特点、了解社会后还要接受自我，对自我当前存在的问题不能一味抱怨，也没有必要自卑，因为自己当前的特点是客观现实，在毕业期间要有大的改变是不可能的，因此要承认自己的现状，学会扬长避短。要用发展的观点来看待自己，现在存在的缺点，只要自己认识到就在工作岗位上不断完善和发展自己。

**（六）合理释放就业压力**

面对巨大的就业压力，在求职时，自己或身边的同学出现一些不健康的心态是正常的，没有必要过度担心、害怕。毕业生要积极对待，有压力是正常的，出现心理问题也不要紧张。要敢于承认和接受，用一颗平常心对待。

毕业生释放就业压力，可以学会积极分享，敢于把找工作过程当中的酸甜苦辣与同学、老师和父母分享。这样可以减少压力，释放痛苦，转变心情，甚至还能得到关键的帮助。宿舍的同学要相互安慰、互相支持，努力做到资源共享。毕业生也可以选择求助于班主任、辅导员和心理健康教育中心的老师，必要时还可以寻求有关心理专家的帮助。

自我心理调适的方法也有很多，首先，可以进行积极的自我心理暗示，鼓励自己、相信自己，帮助自己渡过难关。其次，通过体育锻炼、听音乐、郊游等方式转移自己的注意力，排解心中的烦闷，放松自己的心情。第三，可以将自己的苦恼或是"委屈"找信任的朋友诉说，释放自己的心理压力。

**（七）接受自我**

大学生就业中的许多心理困扰都与大学生不能正确认识和接受职业自我有关，因此正确地认识自我的职业心理特点并接受自我，是调节就业心理的重要途径，并可以帮助自己找到合适自己的职业方向。要知道自己喜欢什么样的职业、需要什么样的职业、自己的择业标准以及依自己目前的能力能干什么样的工作，这样才能知道什么样的工作更适合自己。注意积极调节，特别是当期望与现实存在差距时，要结合自己的情况，权衡利弊，寻找到二者的平衡。选择什么样的工作、接受还是拒绝都是自己的选择，要相信自己的选择是适合自己的，不要过分依赖周围人的态度。

**（八）做好面试准备**

在面试前先了解单位的信息，从而使自己的简历与其相符，更加具有针对性。平时多注意加强语言表达能力，培养自身气质。另外，要克服紧张的心情，放下思想包袱，轻松上阵，做好被拒绝的准备。面试时要有良好的心理素质，语言表达准确，精神面貌要好，仪表端正，着装整洁，要有目光交流，多注意细节。

## 三、大学生就业心理调试

### （一）高校需加强就业心理指导和教育

高校要教育大学生树立正确的择业观念，根据社会的需要调整自己的期望值；使他们树立正确的职业观，教育在校大学生要以发展的眼光看待未来，在就业过程中积极参与竞争和适时做好角色转变。

部分高校对毕业生的就业指导工作并不完善，还远远不能满足大学生的需要。因此高校积极开展就业心理辅导，帮助学生纠正认知偏差，从而形成正确的自我评价。提高大学生的心理适应能力和心理承受能力，在面对社会现实时，能适时调整自己的心态和就业期望值，以顺利就业。

高校可以通过模拟面试、模拟招聘等模拟演练，通过采用多重感官学习法，即要包括情景活动、角色扮演、深度会谈，还要包括作业练习、小组讨论等，让毕业生亲身体验，熟悉就业过程，指导学生对职业生涯的基本概念和理论有所认识，学会用职业生涯的理论来指导自身的就业，从而提高心理承受能力和应变能力。

### （二）增强心理承受力，坦然面对就业挫折

面对激烈的竞争，良好的心态是必不可少的。在就业求职中遇到挫折是正常的，面对求职失败，正确的态度是应该认真反思，吸取经验教训，努力争取新的机会。强大心理承受力在激烈的就业竞争中是不可缺少的，它是人们战胜挫折保持前进的动力。

### （三）建立良好的人际关系，维护和增强心理健康

良好的人际关系是心理健康的保证。大学生在就业中遇到挫折和失败而产生焦虑、抑郁时，应进行适当的宣泄，可向朋友、同学、老师倾诉，也可通过其他方式调节情绪。所以，对于自己的人际关系网络，需要充分"利用"，重视自我的人际关系网络。

### （四）学会转化不良情绪

当不良情绪产生时，可以适当进行情绪转换。按照心理学上的条件反射学说，人在产生焦虑、愤怒等不良情绪时，大脑皮层就会出现一个强烈的兴奋中心，这时只要用新的兴奋中心来抵消或冲淡原来的兴奋中心。不良情绪就可以消除。因此，可以把注意力和情感转移到其他方面，这样不良情绪产生的影响就会减少或被消除。

大学生拥有良好的就业心态可以帮助他们学会抓住属于自己的机遇，保证求职的顺利。毕业生学会树立良好的职业心态，积极就业，为就业做好充分的准备，面对就业的困难和压力是每位准备就业的大学生都应该做好的思想准备。要时时记住，只有合适自己的才是最好的。发现就业机会主动出击，不犹豫，不害怕失败，用敢试敢闯的精神走出自己人生的关键一步。

**【思考与练习】**

1. 大学生应怎样看待就业问题？

2. 现阶段应为就业做哪些心理准备？

3. 写出你目前遇到的就业困惑。

4. 请与学校高年级的同学交流、访谈、分享，了解一下他们面临的困境以及是如何去克服面临的困境的。

# 第七章　大学生职业沟通

【导读】

大学毕业生在求职择业工作和过程中，恰当运用人际沟通能力，及时、准确地向用人单位传递自己的信息，在职场中建立良好的人际关系，无疑会达到良好的效果。

沟通是一门学问，更是一门艺术。

## 第一节　沟通概述

### 一、沟通

人际沟通是指人与人之间建立联络、传递与交流思想、情感和信息，达到相互了解与理解的过程。大学生与同事、领导和单位的沟通是双方通过语言、文字等方式进行信息、思想交流的，实现双向交流的目的。

美国著名学府普林斯顿大学对一万份人事档案进行分析，结果发现：智慧、专业技术和经验只占成功因素的 25%，其余 75% 决定于良好的人际沟通。

哈佛大学就业指导小组 1995 年调查结果显示，在 500 名被解职的男女中，因人际沟通不良而导致工作不称职者占 82%，沟通能力的重要性越来越受到重视。

### 二、沟通种类

人际沟通必须借助于一定的符号系统作为载体，根据使用的符号系统的不同，将人际沟通分为言语沟通与非言语沟通。

言语沟通包括口头语言沟通和书面语言沟通。

非言语沟通的载体是人的表情、动作、眼神、手势等肢体语言，可分为体语沟通、目光沟通、副语言沟通。其他的都较好理解，副语言沟通是指通过语言使用的音调、强调词、声音的高低和说话的快慢等为载体的沟通。

### 三、沟通的内涵和实质

沟通的特点：

（1）沟通是一种具有反馈功能的程序；

（2）被传送的不仅是语言文字，还包括动作、行为，以及思想、观点、态度和其他各种情报；

（3）目的是在于增进彼此双方的了解，增进群体和谐；

（4）沟通形式：对话、书信、肢体语。

## 四、沟通的基本原则

1. 准确性原则——对
表达的意思要准确无误。

2. 完整性原则——全
表达的内容要全面完整。

3. 及时性原则——快
沟通要及时、迅速、快捷。

4. 策略性原则——好
要注意表达的态度、技巧和效果。

## 五、有效沟通的条件

（1）情商决定沟通：要提高沟通能力首先要提高自己的情商。

（2）良好的文化素养是前提：人格魅力源于良好的文化素养，良好的沟通者往往具有人格魅力，而人格魅力实际上就是内在涵养的表现。

（3）语言表达能力是基础：沟通主要是通过语言来完成，因此想拥有良好的沟通能力，必须具备良好的语言表达能力。

【延伸阅读】
### 自我沟通技能诊断

（1）我经常与他人交流以获取关于自己优缺点的信息，以促使自我提高。

（2）当别人给我提反面意见时，我不会感到生气或沮丧。

（3）我非常乐意向他人开放自我，与他人共享我的感受。

（4）我很清楚自己在收集信息和做决定时的个人风格。

（5）在与他人建立人际关系时，我很清楚自己的人际需要。

（6）在处理不明确或不确定的问题时，我有较好的直觉。

（7）我有一套指导和约束自己行为的个人准则和原则。

（8）无论遇到好事还是坏事，我总能很好地对这些事负责。

（9）在没有弄清楚原因之前，我极少会感到生气、沮丧或是焦虑。

（10）我清楚自己与他人交往时最可能出现的冲突和摩擦的原因。

（11）我至少有一个以上能够与我共享信息、分享情感的亲密朋友。

（12）只有当我自己认为做某件事是有价值的，我才会要求别人这样去做。

（13）我在较全面地分析做某件事可能给自己和他人带来的结果后再做决定。

（14）我坚持一周有一个只属于自己的时间和空间去思考问题。

（15）我定期或不定期地与知心朋友随意就一些问题交流看法。

（16）在每次沟通时，我总是听主要的看法和事实。

（17）我总是把注意力集中在主题上并领悟讲话者所表达的思想。

（18）在听的同时，我努力深入地思考讲话者所说内容的逻辑和理性。

（19）即使我认为所听到的内容有错误，仍能克制自己继续听下去。

（20）当我在评论、回答或不同意他人观点之前，总是尽量做到用心思考。

1. 非常不同意/非常不符合（1分）

2. 不同意/不符合（2分）

3. 比较不同意/比较不符合（3分）

4. 比较同意/比较符合（4分）

5. 同意/符合（5分）

关于得分，比较你的得分与由500名管理学院和商学院学生组成的标准群体的得分。

在与标准群体比较时，如果你的得分是：100 或更高，表示你位于最高的四分之一群体中，你具有优秀的沟通技能；

如果是92～99，表示你位于次高的四分之一群体中，具有良好的自我沟通技能；

如果是85～91，表示你的自我沟通技能较好，但有较多地方需要提高；

如果是84或更少，则表示你需要严格地训练自己以提升沟通技能。


## 【延伸阅读】

### 沟通能力训练题

1. 你的上司的上司邀请你共进午餐，回到办公室，你发现你的上司颇为好奇，此时你会（　　）。

A. 告诉他详细内容

B. 不透露蛛丝马迹

C. 粗略描述，淡化内容的重要性

2. 当你主持会议时，有一位下属一直以不相干的问题干扰会议，此时你会（　　）。

A. 要求所有的下属先别提出问题，直到你把正题讲完

B. 纵容下去

C. 告诉该下属在预定的议程之前先别提出其他问题

3. 当你跟上司正在讨论事情，有人打长途来找你，此时你会（　　）。

A. 告诉上司的秘书说不在

B. 接电话，而且该说多久就说多久

C. 告诉对方你在开会，待会再回电话

4. 有位员工连续四次在周末向你要求他想提早下班，此时你会说（　　）。

A. 我不能再容许你早退了，你要顾及他人的想法

B. 今天不行，下午四点我要开个会

C. 你对我们相当重要，我需要你的帮助，特别是在周末

5. 你刚好被聘为某部门主管，你知道还有几个人关注着这个职位，上班的第一天，你会（　）。

A. 个别找人谈话以确认哪几个人有意竞争职位

B. 忽略这个问题，并认为情绪的波动很快会过去

C. 把问题记在心上，但立即投入工作，并开始认识每一个人

6. 我有位下属对你说，"有件事我本不应该告诉你的，但你有没有听到……"你会说（　）。

A. 我不想听办公室的流言

B. 跟公司有关的事我才有兴趣听

C. 谢谢你告诉我怎么回事，让我知道详情

测试说明：良好的沟通能力是处理好人际关系的关键。具有良好的沟通能力可以使你很好地表达自己的思想和情感，获得别人的理解和支持，从而和上级、同事、下级保持良好的关系。沟通技巧较差的个体常常会被别人误解，给别人留下不好的印象，甚至无意中对别人造成伤害。

本测验选择了一些在工作中经常会遇到的，比较尴尬的，难于应付的情境，测查你是否能正确地处理这些问题。

【延伸阅读】

### 人际沟通风格测试

独立完成下面问题并选择你认为最合适的陈述，选出你的实际反应，而不是你认为你应该的反应。这里没有对错之分。如果你很难确定唯一的选择，那么选一个你自己工作时最自然或最可能做出的那一个回答。

1. 当我和别人说话时……

A. 始终都和对方保持目光接触

B. 一会儿看着对方，一会儿向下看

C. 谈话过程中大部分时间都在环顾四周

D. 尽力想保持目光接触但又不时地把目光移开

2. 如果我需要做一个重要的决定……

A. 在做决定前反复考虑

B. 靠直觉来决定

C. 在做决定前考虑这个决定对他人的影响

D. 在决定前征求一个我所尊敬的人的意见

3. 我的办公室里或工作场所一般有……

A. 家人照片和有感情色彩的东西

B. 能够鼓励自己的艺术品、奖品和广告

C. 图片和图表

D. 日历和工作大纲

4. 如果我正在和别人发生争执……

A. 尽力把注意力放到积极因素上，从而使形势有所缓和

B. 尽力保持冷静并且尽量理解争执的原因

C. 尽量避免谈论引起争执的话题

D. 马上正视争执以便于争执能尽快得到解决

5. 当我在工作时间打电话时……

    A. 一直都在谈论正题

    B. 在进入正题前先聊一会

    C. 不急于挂电话

    D. 谈话尽量简短

6. 如果我的同事不高兴……

    A. 问他是否需要我帮助

    B. 让他单独待一会儿，因为我不想干扰他的私事

    C. 尽量使他振奋起来并帮助他看到光明的一面

    D. 感到不舒服，并希望他尽快好起来

7. 当我参加工作会议时……

    A. 坐在后面，并在提出我的观点之前考虑一下我要说的内容

    B. 全盘托出我的计划，让大家都知道

    C. 热情洋溢地发表自己的观点，但同时也听取别人的意见

    D. 尽量支持会上他人的意见

8. 当我在众人面前发表意见时……

    A. 我很有趣且很幽默

    B. 条理清楚，言简意赅

    C. 相对而言，我的声音小

    D. 直接、具体、有时声音洪亮

9. 当客户正在向我解释一个问题时……

    A. 我会尽量去理解并同情他的感受

    B. 查询有关这一问题的具体事实

    C. 认真听取主要内容以便找出解决办法

    D. 运用身体语言和语音语调向他表示我听懂了

10. 当我参加培训课程或听他人演讲时……

    A. 如果进行得太慢，我会感到厌烦

    B. 尽量支持别人的观点，了解工作是多么困难

    C. 我希望他们能够引人入胜

    D. 琢磨发言人所说的道理

11. 当我想使别人接受我的观点时

    A. 我先听他们的观点然后很有礼貌地阐述自己的观点

    B. 我强烈地表达我的观点，以便使他们都能明白我的立场

    C. 我尽量说服他们，而不是把我的观点强加给他们

    D. 阐明观点时，会解释我的想法和理由

12. 要参加一个会议或面谈，我却迟到了……

    A. 我不会惊慌，但我要先打电话说明我要晚几分钟

    B. 让其他人等我，我会觉得很羞愧

    C. 我非常不安，尽快赶到那儿

    D. 我一到就深表歉意

13. 我会设定这样的工作目标……

    A. 我认为实际可行能够达到的

    B. 我认为富有挑战性的，而且一旦成功会令人兴奋不已

    C. 作为长远目标的一部分，我需要完成的

    D. 一旦实现后，能让我感觉良好的

14. 当我有求于同事，向他解释自己遇到的难题时……

    A. 我尽可能地告诉他问题的每一个细节

    B. 为了表明我的困境，我有时会把问题夸大

    C. 我尽可能说明问题给我带来的感受

    D. 我说明我多么希望问题能够得到解决

15. 如果我在办公室等别人来开会，可是他们迟到了……

    A. 我使自己一直忙于给他们打电话或工作，直到他们来了为止

    B. 我猜出他们可能会晚一会儿，不会感到不高兴。

    C. 我会打电话给他们，以证实我没有记错时间

    D. 我觉得很恼火，因为他们浪费了我的时间

16. 当我未完成一个计划，而且感到完成它有一定的压力时……

    A. 以一定顺序到一定时间为止，列出我需要做的每一件事

    B. 抛开所有的杂念，集中精力做我应该做的事

    C. 我开始着急，难以集中精力做任何事情

    D. 我制定完成任务的日期，并努力按时做到

17. 当我被别人言语攻击时……

    A. 我告诉他停止对我的攻击

    B. 我感到受了伤害，却什么都不对他说

    C. 我不理会他的怒气，尽力把注意力集中在发生的事实上

    D. 我言辞激烈地告诉他我不喜欢他的行为

18. 当我遇见一个我很喜欢最近却没有遇到的客户或同事时……

    A. 我友好地和他拥抱

    B. 我和他打招呼，但并没有和他握手

    C. 我紧紧地但很快地握一下他的手

    D. 我热烈地长时间地和他握手

注：当你做完题目后，请对照下面的记分卡进行打分

记分卡

| | A | B | C | D |
|---|---|---|---|---|
| 1. | 支配型 | 和蔼型 | 分析型 | 表达型 |
| 2. | 分析型 | 支配型 | 和蔼型 | 表达型 |
| 3. | 和蔼型 | 表达型 | 分析型 | 支配型 |

| 4. 表达型 | 和蔼型 | 分析型 | 支配型 |
|---|---|---|---|
| 5. 支配型 | 表达型 | 和蔼型 | 分析型 |
| 6. 和蔼型 | 分析型 | 表达型 | 支配型 |
| 7. 分析型 | 支配型 | 表达型 | 和蔼型 |
| 8. 表达型 | 分析型 | 和蔼型 | 支配型 |
| 9. 和蔼型 | 分析型 | 支配型 | 表达型 |
| 10. 支配型 | 和蔼型 | 表达型 | 分析型 |
| 11. 和蔼型 | 支配型 | 表达型 | 分析型 |
| 12. 分析型 | 和蔼型 | 支配型 | 表达型 |
| 13. 分析型 | 表达型 | 支配型 | 和蔼型 |
| 14. 分析型 | 表达型 | 和蔼型 | 支配型 |
| 15. 表达型 | 和蔼型 | 分析型 | 支配型 |
| 16. 分析型 | 支配型 | 和蔼型 | 表达型 |
| 17. 支配型 | 和蔼型 | 分析型 | 表达型 |
| 18. 和蔼型 | 分析型 | 支配型 | 表达型 |

合计得分：

表达型（孔雀）

支配型（老虎）

和蔼型（考拉）

分析型（猫头鹰）

如果你的选择结果中某一种类型等于或大于 7，那你就有这种类型的倾向。如果你的选择结果中某一种类型等于或大于 9，那你就十分明显的属于这种类型。如果你的选择中某一种类型小于 5，那你肯定不属于这种类型。

# 第二节　沟通技巧

## 一、与上级沟通的技巧

现代企业都非常注重沟通，既重视外部的沟通，更重视与内部员工的沟通。沟通才有凝聚力，团队要在沟通中获得成长。

### （一）主动沟通、学会汇报

作为即将就业的大学生或是职场新人，要有向上级汇报的意识。在沟通中要讲究技巧，注意沟通中把握分寸，注意用词。另外，不是任何时候都是值得沟通的好时机的，要选择好时机，把握机会，让上级及时了解自己的思想和动态。

### （二）学会提建议、表达想法

当向上级表达自己的想法时，首先应做到多从正面阐发自己的观点，让别人对于自己的观念能够正确接收，避免不必要的误会或错误。其次，若要提工作建议，一定要注意维护上级的尊严。因为也许你所提出对现有的状况的一些建议正是你的上级的意思，不要一味批评指责，注意客观认识。再次，懂得说话沟通的艺术，要让自己的想法在不经意间变成上级的想法，让上级无形中接收自己的观念。同时，要多给出备选方案，让上级在多项建议中做出选择，不要让对方有不舒服、咄咄逼人或没有退路的感觉。

### （三）懂得对领导说"不"

领导委托你做某事时，你要善加考虑，这件事自己是否能胜任，是否违背自己的良心和原则，然后再做决定。

### （四）防止和克服"越位"

"越位"主要表现有：决策越位、表态越位、做工作越位、答复问题越位、某些场合越位等，做到对自己的职业岗位有清晰的认识。

## 二、与下级沟通的艺术

在与比自己层级低的同事进行沟通时，仍然需要注意一些沟通技巧，建立威信基础，可以帮助你获得下属的钦佩和认同。在建立威信时应注意以诚信取威、以才学取威、以情感取威。

### （一）关心下属

作为一个称职的上级，要关心自己团队的成员，用真心对待成员，并且让他们知道你对他们的关心，这样有利于整个团队凝聚力的形成，而自己自然而然成为团队的向心力。整个团队的成绩的取得不是仅仅靠一个领导或某几个领导就可以了的，所有成员都是你可以依靠的财富，每个人在团队中发挥着独特的作用，所以切记不要对层级比自己低的人报以轻视的态度。

### （二）宽容大度，虚怀若谷

其实不管自己处于职场中的怎样的层级，或是扮演着怎样的角色，宽宏大度是一种做人的态度，人生的态度。不要对人严格，对己宽容，这样是不可能获得别人尊重的。每人都应抱有一颗宽宏大量的心，善于理解和原谅别人。实际上，只要想想共同的理想，共同的组织目标，以及那些等着去完成的伟大事业，再想想生命的短暂，就无暇为小事而争执和烦恼了。

### （三）切忌命令

忽视沟通，怠慢同事和部下，用不耐烦的甚至命令的口气说话。在与比自己层级低的同事交流工作时，不要认为自己高高在上，说话底气十足，对别人下各种命令，不考虑对方的感受。在马斯洛的需要层次理论中，每个人都有获得尊重的需要，不论别人是谁，以谦虚的态度待人，别人不会把你认为是没有威信的人，反而会为你的人际关系增分。

### （四）学会调节下属之间的矛盾

作为上级，其实很重要的一点就是要在团队中调节各方的不满，使整个团队处于平衡，这是门沟通的艺术。在沟通中需要保持的态度是：不偏不倚和折中调和。

## 三、与同级之间沟通的技巧

### （一）遇事要协商

当在工作中遇到棘手的事情时，要懂得与同事商量。一个集体的成绩是需要成员间的相互协助与调整的，要记住，你不是孤立的。另外，若自己一个人处理，要注意共事不越界的原则，不属于自己领域的部分一定与同事沟通商量，否则很容易给人留下急功近利或是不易沟通的印象。

### （二）态度要谦虚坦诚

与同事相处，要谦虚坦诚。三人行必有我师，同事身上总有自己学习的地方，不要认为自己的学历高或是自己的专业好，就目中无人、狂傲自大。切忌由于重任在肩，感到自己不可或缺，不再注意细微小事，常常带着刻板的神情进出办公室。在团队中讨论时，虚心听取别人的观点，自己有好的想法也要在尊重别人的基础上表达出来。

### （三）联络感情，不要说闲话

同事之间人际程度往往可以通过下班后的感情联络获得提升。在单位，多参加同事间的聚会，彼此联络感情，增进了解，也可以消除以后可能在工作中因为彼此的不了解而造成的误会。在同事聚会中，切忌说闲话。"身在是非中必是是非人"，只有自己不说闲话，才可能不会被别人说闲话，同时，对于同事谈论时，也要摆正姿态，知道事实真相应帮忙澄清。

## 四、团队沟通中应注意的事项

为了维持团队的正常运作，或者说良性运作，领导者和员工应共同努力做到以下三点：

### （一）领导者的心态

作为领导者，应了解和理解团队成员的心理，尊重他们的要求，用一种"服务管理心态"，通过自己的组织协调能力以及令人拥戴的领袖魅力去影响和引导团队成员按照既定的方向完成组织目标，而不是监管、控制的心态。

### （二）团队成员的心态

作为其他团队成员来说，要求理解领导者，积极主动地与领导者沟通，配合领导者做好公司的日常管理工作。这里所指的领导者是从日常的业务工作中分离出来，从事团队内部计划、组织、协调、指导工作的专业人员。

对于所有团队成员而言，一个团结的团队才会有战斗力，团队成员才能有愉悦快慰的心情去为达到组织目标而奋斗。

### （三）每个人都要学会积极沟通

多了解和理解你的沟通对象。因为良好的沟通是建立在沟通双方相互了解和理解的基础之上的。

要用"双赢"的沟通方式去求同存异，达到良好的沟通目的。提倡"高驱力，高同感"。"高驱力"指的是能积极地向别人推销自己的主张，意味着在谈判中绝不轻易地屈从和迁就；"高同感"意味着能认真地倾听别人所提出的与自己不同的意见和主张。既有"高驱力"又有"高同感"，这意味着既能维护自己的尊严和利益，又不忽视对方的利益和尊严，而这正是取得"双赢"结果的保证。

学会从多个角度考虑问题，树立"否定之否定"的思想，营造和维护良好的合作环境。我们应尝试从多个角度去思考问题，这样才能辩证地理解他人的行为和思维。例如，一个高度凝聚力、高度一致的团队也有它的不足，不足在于缺乏创造力。因为许多精彩的创意就是在碰撞中产生的，而且，经过碰撞的思想才更加经得起推敲。

心理学中的相互作用分析指出，人们在交往中会表现出四种人生态度，分别是："我不行（好），你行（好）""我不行（好），你也不行（好）""我行（好），你不行（好）""我行（好），你也行（好）"。对于一个成年人来说，只有"我行（好），你也行（好）"的人生态度，才是健康的人生态度。

加强团队沟通，利用集体智慧，促进团队精神的形成。

## 五、办公室里的沟通技巧

### （一）讲出来

坦白地讲出你内心的感受、感情、痛苦、想法和期望，绝对不是批评、责备、抱怨、攻击。

### （二）不批评、不责备、不抱怨、不攻击

批评、责备、抱怨、攻击这些都是沟通的刽子手，只会使事情恶化。

### （三）互相尊重

只有给予对方尊重才有沟通，若对方不尊重你时，你也要适当地请求对方的尊重，否则很难沟通。

### （四）绝不口出恶言

恶言伤人，就是所谓的"祸从口出"。

### （五）不说不该说的话

如果说了不该说的话，往往要花费极大的代价来弥补，正是所谓的"一言既出，驷马难追"，到处传流言蜚语，老板会对你去信任，再将你调离到无关紧要的部门。所以沟通不能够信口雌黄、口无遮拦，但是完全不说话，也不好。

### （六）避免情绪中沟通

情绪中的沟通常常无好话，既理不清，也讲不明，尤其在情绪中，很容易冲动而失去理性，如：吵得不可开交的夫妻、反目成仇的父母子女、对峙已久的上司和下属……尤其是不能够做出情绪性、冲动性的决定，这很容易让事情不可挽回，令人后悔。

### （七）理性沟通

不理性只有争执，不会有结果，更不可能有好结果，所以这种沟通无济于事。

### （八）承认自己的过错

首先要有觉知。不只是沟通才需要觉知，一切都需要。如果自己说错了话、做错了事，如不想造成无法弥补的伤害时，最好的办法是什么？思想意识中意识到："我错了。"这就是一种觉知。

承认错误是沟通的消毒剂，可解冻、改善与转化沟通的问题，一句"我错了"，不代表你真的犯了什么天大的错误或伤天害理的事，而是一种软化剂，使事情终有回转的余地，甚

至还可以创造"奇迹"。人最在意的就是自己，如果有人不尊重、打压、欺负或侮辱自己时，即使是亲如父子，都可能反目成仇。所以，要有勇气面对过错。

## （九）等待转机

如果没有转机，就要等待，时间就是最好的良药，当然，不要以为空等待结果就会从天下掉下来，还是要你自己去努力，但是努力并不一定就会有结果，但若不努力，你将什么都没有。等待唯一不可少的是耐心，有志者事竟成。

总之，职业沟通有技巧，要做到站在别人的角度设身处地为他人着想，在接纳和体谅的基础上适应他人。在承认、理解、接纳和尊重他人的基础上，才能赢得他人的承认、理解、接纳和尊重。将心比心、真诚待人才能有心灵的交流和情感的共鸣。

【延伸阅读】

### 职场沟通五要点

据一项心理调查研究结果表明，身处在职场当中的大部分人，每天要分出一部分精力与时间来处理自己的人际关系。不过，职场上总是有一些人不会沟通或者不善于沟通，没关系，今天就来教大家几个沟通的要点，对自己的职场发展肯定会有帮助。

1. 微笑

在同他人对话的时候，我们需要学会管理好自己的面部表情。在著名的《读心术》中也说明，很多信息是从说话者的面部表情中透露。很多时候我们在同他人的对话中不懂得如何去控制自己的表情，从而产生误会。如果传达给对方你非常乐于同他对话，微笑是最简单的表达。

2. 注意聆听的姿态

随时处于聆听的姿态能够暗示对方你在意他的每一个观点与想法，给对方信任感，缓解说话者的窘迫。想暗示对方你已经准备好了听他讲话，可以面对讲话人站直或者端坐。要注意的是，不要交叉双臂抱在胸前，很多时候这个动作表示抗拒；也不要频繁地看手机或者视线飘忽，容易让他人误会你已经厌烦。

3. 身体前倾

身体前倾是一个典型的专心听对方说话的姿态。在交流的过程中，不时地将身体向前倾斜，可以让对方满意，认为他/她的发言真的已经吸引住了你，并且让对方相信自己的言语是有价值的，对你而言是有用的。

4. 音调

与他人沟通时，声音的高低、语速、音量、声调等，都会对谈话的效果产生重要影响。例如当说到激动时，会不自觉将声调提高，语速加快，音量放大，让对方感受到你此刻的情绪波动。有时，传递声音、音调给对方造成的影响其实高于内容本身，尤其是在谈判的时候。学会控制自己的音调，适时地传递给对方你此刻的心情，也能避免情绪失控带来的恶性影响。

5. 目光交流

对商务人士来讲，目光的交流会影响他人对你的信任评价。与对话者不时有目光交流，可以让对方感受到你的诚意，并且相信你是在用心听其讲话；反之，尽可能避开他人的目光，会让别人怀疑你有所隐瞒，也透露了你的不安与紧张。

如果与他人沟通的时候，真的不知道说什么合适，那么就可以让自己成为一名倾听者。

在听他人讲话的时候，一定要学会配合他人，例如偶尔向对方点点头，给对方一个暗示，证明你很同意他的观点或者是对他所说的话表示赞许。只要学会这一招，一定会增加他人对自己的好感度。

【延伸阅读】

### 企业沟通技巧的小故事

1. 讲故事

波音公司在 1994 年以前遇到一些困难，总裁康迪上任后，经常邀请高级经理们到自己的家中共进晚餐，然后在屋外围着个大火坑讲述有关波音的故事。康迪请这些经理们把不好的故事写下来扔到火里烧掉，以此埋葬波音历史上的"阴暗"面。只保留那些振奋人心的故事，以此鼓舞士气。

2. 聊天

奥田是丰田公司第一位非丰田家族成员的总裁，在长期的职业生涯中，奥田赢得了公司内部许多人士的深深爱戴。他有 1/3 的时间在丰田城里度过，常常和公司里的 1 万多名工程师聊天，聊最近的工作，聊生活上的困难。另有 1/3 的时间用来走访 5000 名经销商，和他们聊业务，听取他们的意见。

3. 解除后顾之忧

美国西南航空公司总裁凯勒尔了解到员工最大的担心是失业，因为很多航空公司都是旺季时大量招人，在淡季时则辞退员工。凯勒尔上任后宣布，永不裁员，他认为不解除员工后顾之忧，员工就没有安全感和忠诚心。从此，该公司以淡季为标准配备人员，当旺季到来时，所有员工都会毫无怨言地加班加点。

4. 为员工制定发展计划

爱立信是一个"百年老店"，每年公司的员工都会有一次与人力资源经理或主管经理的个人面谈时间，在上级的帮助下制定个人发展计划，以跟上公司业务发展，甚至超越公司发展步伐。该公司认为，一个企业要保持领先的地位，最重要的一点是员工的整体素质能够保持领先。

5. 鼓励越级报告

在惠普公司，总裁的办公室从来没有门，员工受到顶头上司的不公正待遇或看到公司发生问题时，可以直接提出，还可越级反映。这种企业文化使得人与人之间相处时，彼此之间都能做到互相尊重，消除了对抗和内讧。

6. 动员员工参与决策

福特公司每年都要制订一个全年的"员工参与计划"，动员员工参与企业管理。此举引发了职工对企业的"知遇之恩"，员工投入感、合作性不断提高，合理化建议越来越多，生产成本大大减少。

7. 返聘被辞退的员工

日本三洋公司，曾经购买美国弗里斯特市电视机厂，日本管理人员到达弗里斯特市后，不去社会上公开招聘年轻力壮的工人，而是聘用那些以前曾在本厂工作过眼下失业的工人。只要工作态度好，技术上没问题，厂方都欢迎他们回来应聘。被返聘的员工深受感动。

8. 培养自豪感

美国西思公司创业时，工资并不高，但员工都很自豪。该公司经常购进一些小物品如帽子，给参与某些项目的员工每人发一顶，使他们觉得工作有附加值。当外人问该公司的员工："你在西思公司的工作怎么样？"员工都会自豪地说："工资很低，但经常会发些东西。"

9. 口头表扬

表扬被认为是当今企业中最有效的激励办法。日本松下集团，很注意表扬人，创始人松下幸之助如果当面碰上进步快或表现好的员工，他会立即给予口头表扬，如果不在现场，松下还会亲自打电话表扬下属。

**【思考与练习】**

1. 与大家分享你的沟通经验与技巧。

2. 对于你在实际职业沟通中出现的问题，你是如何解决的？从中获得的启示是什么？

3. 你是公司办公室人员，公司向某饭店租用大厅，每一季用 20 个晚上，举办员工培训的一系列讲座。可是即将开始的时候，公司突然接到通知说租金要涨三倍。当你得到这个通知的时候，所有的准备工作已经就绪，通知都已发出去了，单位领导派你去说服对方不要违约，你怎么办？请模拟情景，扮角色表演。

4. 拓展游戏游戏背景：私人飞机坠落在荒岛上，只有六人存活。

① 怀胎 8 月的孕妇；

② 正在研究新能源汽车的发明家；

③ 多年研究艾滋病治疗方案，已取得突破性进展的医学家；

④ 即将远征火星，寻找适合人类居住的新星球的宇航员；

⑤ 负责热带雨林抢救工作组的生态学家；

⑥ 经历人生艰辛，生存能力较强的流浪汉。

这时逃生工具只有一个只能容纳一个人的橡皮球吊篮，没有水和食物。

游戏方法：针对由谁乘坐气球先行离岛的问题，各自陈述理由。每人复述前一人的理由再陈述自己的理由。根据复述别人逃生理由的完整性与陈述自己理由的充分性，决定人选。

讨论：

1. 游戏的启示是什么？

2. 你是怎样根据你所扮演的角色说服评委让你先走的？

3. 如果说服不了别人，感觉如何？分析过原因吗？

# 第八章 大学生团队合作能力

**【导读】**

通过本章学习，可以了解大学生团队合作能力的现状，了解强调团队合作的原因，领会培养大学生合作能力的重要性，掌握合作能力培养的技巧和方法。

## 第一节 团队合作概述

### 一、团队的含义

是否一群人就是团队？答案是否定的，团队与群体的区别，如表 8-1 所示。

表 8-1 团队与群体的区别

| 团队 | 群体 |
| --- | --- |
| 团队以任务为导向 | 群体不存在协同作用 |
| 团队是有机的整体（明确的分工、共同的愿望） | 群体的价值是 1+1<2 |

真正意义上的"团队"，是指为达到共同的目标而能够自愿合作并协同努力的一群人。而"团队合作"，指"团队"为完成某既定目标而需要实现的思想和行为方式。

### 二、团队合作精神的内容

**（一）强烈的团队归属感与一体感**

团队成员强烈地感受到自己是团队的一员，愿意为团队的目标和利益尽心尽力，共命运，共发展，有强烈的团队荣誉感，对团队无限忠诚，当团队与个人利益发生冲突的时候，个人义无反顾地服从团队，维持公利与大利，即使牺牲自己的生命，也在所不惜。

**（二）团队成员之间相互依存，同舟共济，肝胆相照，荣辱与共**

团队成员把对方都当作"一家人"，为了追求团队的整体绩效与和谐，相互激励，和谐相处，互相帮助，共同提高，形成强有力的凝聚力。

**（三）对团队事务尽心尽力，以积极的心态，全方位的投入**

总之，一个优秀的团队要有共同愿望，共同目标和有效的策略，要有健全合理的考核制度与升迁制度；要有民主的、和谐的与善于沟通的文化环境，要重视人才，要有有效的激励机制，要提倡学习和创新等。

### 三、团队合作精神的四个要素

**（一）目标一致是团队合作的基石**

建立团队共同的愿景与目标，是建立团队的首要要素，目标一致是团队建立的基础。

**（二）相互协作是团队合作的关键**

团队是有机整体，成员关系决定团队整体效能。

发挥优势，取长补短：$1+1>2$；

相安无事，彬彬有礼：$1+1=2$；

貌合神离，问题成堆：$0<1+1<2$；

双方斗气，躺倒不干：$1+1=0$；

矛盾激化，互相拆台：$1+1<0$。

**（三）准确的自身角色定位是团队合作重要砝码**

角色错位是目前团队建设的最大难题，谁都只想当"主角"而不愿当"配角"。

**（四）相互间的激励是团队合作的精髓**

大雁南飞中，队形后边的大雁不断发出鸣叫，目的是为了给前方的伙伴加油鼓劲，互为激励，使全体大雁在飞行过程中始终保持着高昂的斗志。雁群间的友爱和激励，可以大大提高种群的生存空间与几率。

# 第二节　大学生团队合作能力现状

### 一、当前大学生团队精神普遍存在着不同程度的缺失

**（一）集体观念淡薄**

一是看问题只从自我出发，强调实现个人价值的最大化，对集体的共同目标缺少深刻认识。

二是在处理事情时，忽视他人、集体的利益，不愿为集体的事情操心出力，对集体荣誉漠不关心，致使班级和宿舍的凝聚力不强。

**（二）同学之间不能做到团结友爱，互相包容**

一是过分强调竞争，把金钱物质利益看得过重，不注重同学之间、师生之间感情的培养。

二是人际交往中功利性较强，忽视合作，缺少互帮互助的热情。

三是人情关系过于淡漠，有时甚至造成人际关系紧张。

**（三）参加集体活动（包括课内外活动）表现不积极**

一是参加学校（班集体）组织的集体活动不积极，想方设法"溜号"。

二是课堂小组讨论不踊跃。

三是在体育比赛、歌咏比赛、社会实践等集体活动中不活跃等。

**（四）遵守集体规范的意识欠缺**

在集体中，较多学生做不到令行禁止，不能遵守集体的组织原则、纪律原则及各种规章制度。

**（五）重个人发展轻社会合作倾向蔓延**

大多学生比较注意自主性，张扬个性，喜欢我行我素，习惯于自己奋斗，缺乏与社会、与他人的合作意识，对自己应该承担的社会义务缺乏应有的负责态度。

## 二、大学生团队合作精神缺失的原因

**（一）学校教育不重视**

当前学校教育体系对"团队合作"的教育力度不够。在传统的课程设置中，"团队合作"从来就不是一门"必修课"。从中小学教育开始，课程成绩完全是对个人学习成绩的考察，而高等教育学分制下的绝大部分课程的考核，甚至是强调动手能力的实践和实验课程也主要针对个人。

**（二）只求竞争**

由于我国中小学教育片面追求升学率，当代大学生一直成长在应试教育的环境中，学生从小学到大学，生活和学习中充满了竞争，而缺乏同学之间友好相处以及与他人交流与合作等团队精神的培养。

**（三）个人主义思想**

我国社会经济体制改革，引起上层建筑的深刻变化，对当代大学生的思想产生了积极和消极的双重影响。以个人主义、个人奋斗及自我实现为主要表现形式的西方思潮和一些社会不良风气，使部分大学生受到影响甚至腐蚀，他们的思想和观念中融入了不少极端个人主义的价值观：凡事必须对自己有利才做，缺乏团结协作精神和社会责任感，甚至有部分学生做出损害社会、集体利益的行为。

**（四）情感独立**

感情冷漠。大学生多为独生子女，或者从小生长在特殊的家庭环境中，使很多人从小娇生惯养，强调以自我为中心，集体观念淡薄，甚而自私自利，只要求社会及他人对自己关心，缺少互相帮助及协作精神。

**（五）就业压力**

大学生就业难问题的日益突出，导致学生在学习上和生活上充满了竞争。学生在功利主义的导向下，在对待竞争与合作的问题上，往往过多强调和倚重竞争，轻视合作，忽视了合作中竞争优势的形成和竞争中的双赢等。

**【延伸阅读】**

### 团队合作精神测试题

1. 如果某位中学校长请你为即将毕业的学生举办一次介绍公司情况的晚间讲座，而那天晚上恰好播放你最喜欢看的电视剧的大结局，你如何选择：

A. 立即接受邀请

B. 同意去，但要求改期

C. 以有约在先为由拒绝邀请

2. 如果某位重要客户在周末下午 5：30 打来电话，说他们购买的设备出了故障，要求紧急更换零部件，而主管人员与维修师已经下班，你该如何处理：

A. 亲自驾车去 30 公里以外……

B. 打电话给维修师，要求他立即处理此事

C. 告诉客户下周才能解决

3. 如果某位与你竞争最激烈的同事向你借一本经营管理方面的畅销书，你如何处理：

A. 立即借给他

B. 同意借给他，但声明此书的价值并没有那么好

C. 欺骗他书被别人借走了

4. 如果某位同事为方便自己出去旅游而要求和你调换休息时间，在你还未决定如何度假的情况下，你如何处理：

A. 马上应允

B. 告诉他你要回家请示妻子

C. 拒绝调换，推说自己已经参加旅游团了

5. 在你急匆匆地驾车去赴约途中看到一位同事的车出了故障，停在路边，你如何处理：

A. 毫不犹豫地下车帮忙修理

B. 告诉他你有急事，不能停下来帮他修车，但一定帮他找修理工

C. 装作没看见

6. 如果某位同事在你准备下班回家时，请求你留下来听他倾诉内心的苦闷，你如何处理：

A. 立即同意留下来

B. 劝他等第二天再说

C. 以妻子生病为由拒绝其请求

7. 如果某位同事因要去医院探望妻子，要求你替他去接一位乘夜班机来的大人物，你如何处理：

A. 马上同意替他去接

B. 找借口劝他另找别人帮忙

C. 以汽车坏了为由拒绝

8. 如果某位同事的儿子想选择与你同样的专业，请你为他做些求职指导，你如何处理：

A. 马上同意

B. 答应他的请求，但同时声明你的意见可能已经过时，他最好再找些最新资料做参考

C. 只答应谈几分钟

9. 你在某次会议上发表的演讲很精彩，会后几位同事都向你索取讲话提纲，你如何处理：

A. 同意，并立即复印

B. 同意，但并不重视

C. 不同意，或虽同意，但转眼就给忘记

10. 如果你参加了一个新技术培训班，学到了一些对许多同事都有益的知识，你会怎么处理：

A. 返回后立即向大家宣布并分发参考资料

B. 只泛泛地介绍一下情况

C. 把这个课题贬得一钱不值，不泄露任何信息

分析：

全部回答为 A，表示你是一位极善良、极有爱心的人，但你要当心，千万别被低效率的人拖后腿；

大部分回答为 A，表示你很善于合作，但并非失去个性。认为礼尚往来是一种美德，在商业生活中亦不可或缺；

大部分回答 B，表示以自我为中心，不愿意为自己找麻烦，不想让自己的生活规律、工作秩序受到任何干扰；

大部分回答 C，表示是一个名副其实的孤家寡人，团队配合精神比较差。

# 第三节　为什么对大学生强调团队合作

我国是一个崇尚英雄的民族，"宁做鸡头，不做凤尾"一直是我们中国人在社会生存中坚持的人生哲学。许多国外学者甚至曾评价说由于受"鸡头"文化的影响，使中国人无法组织起来，从而缺乏合作意识和团队精神，是一个没有团队精神的民族。

## 一、团队中的合作与竞争

激烈的社会竞争强化着竞争意识，但对社会竞争的片面理解也令众多大学生形成单一的"0 和 1"的博弈思维方式，无法认识竞争与合作之间深刻而复杂的联系，将团队合作误解为对个人利益的损害。事实上，竞争与合作并非简单的对立。在现实生活中，大量存在的是二者的彼此交错。团队中缺失角色的影响如表 8-2 所示。

表 8-2　团队中缺失角色的影响

| 缺失 | 实干者 | 会怎么样 | 会乱 |
| --- | --- | --- | --- |
| | 协调者 | | 领导力弱 |
| | 信息者 | | 封闭 |
| | 监督者 | | 大起大落 |
| | 凝聚者 | | 人际关系紧张 |
| | 完美者 | | 不细致 |
| | 推进者 | | 效率不高 |
| | 创新者 | | 思维会受局限 |

作为一个团队，应该有各种角色，不要畏惧竞争，你总会找到自己的位置。所以，聪明的你，选择合作还是竞争？

## 二、团队合作的必要性

### （一）社会的需要

当前的社会是一个经济全球化、交流国际化的社会，个人作坊式的社会工作是越来越少，更多强调的是分工合作。许多工作需要一个团体的通力合作才能完成。

### （二）企业的要求

有才华的人实在太多了，而懂得如何与人相处的人则相对较少。作为一个团队，为了寻求整体利益的最大化，就需要这个团队中每一个成员与其他成员通力合作。因此，单位在招聘员工时，都会把是否具有团队合作精神作为一个重要的因素来考察。

被评为"2001 年度中国经济人物"的用友软件股份有限公司董事长王文京，他提出的用人标准有三条：第一是品德；第二是对事业的态度；第三是与人相处、沟通、团队精神。

国际商业机器公司（IBM）对员工的考核系统有三个部分：第一是 win，即必胜的信心，第二是 execution，即又快又好的执行能力，第三是 team，即团队合作精神，具备这三者的人就是 IBM 公司认同的高绩效。

### （三）团队合作精神的培养对大学生人格完善起着积极作用

充分理解团队合作精神的人，具有理解、辨别和感受不同情境的能力，他们在生活中更能理解他人，尊重他人。处理问题时更善于与人沟通，更能充分考虑各方情况，提出更好的解决方案。行动中也更乐于帮助别人，遇到困难时更善于寻求别人的帮助，同时也更容易得到别人的帮助。他们更懂得社会和时代需要什么，自己缺少什么，进而激发社会责任感和成才欲，摆正个人与国家，个人与集体，个人与社会，个人与群众的关系，从而把自己的命运同祖国的富强、民族的兴旺、社会的稳定、人民的富裕紧密联系起来，不断修改、补充、深化自己的认识，不断提升自己的能力，在社会和时代的总要求下塑造自己，使主观努力符合客观实际，个人发展适应于社会和时代的需求，在实现社会理想的同时实现人生的自我价值。培养这种人格健全的、高素质的人才是我国高等教育的根本目的。

【延伸阅读】

#### 日本汽车在美国的成功

20 世纪 30 年代，全球最大、最强的汽车制造企业是美国的通用汽车公司。到 19 世纪 80 年代，日本的汽车已经成功地打入美国市场。

企业生产的产品一般经过市场营销、产品设计、成本核算、生产制造、销售、售后服务等环节。美国的汽车制造企业是按照流程从市场营销开始，一直到售后服务来开展业务，一般需要 5 年时间形成一个周期。而日本企业通过团队合作，从市场营销开始，各个部门共同参与，一般只需要 18 个月就形成一个周期。日本企业在 19 世纪 80 年代利用能源危机这一契机，成功占领了美国汽车市场。日本汽车的成功靠的是团队合作。直到现在，日本的汽车占据了我国极大的汽车市场。

**【延伸阅读】**

### 古代优秀的团队——西游团队

唐僧——其领导能力有限，业务能力（降妖擒魔）更是等于零，但他一心向佛，目标最坚定，任尔千般说万般阻，向西天取经的决心始终不动摇。

孙悟空——业务能力最强，也就是最有本事的人（如果想做成事业，团队中必须有有本事的人），但不能有效控制自己。

八戒——工作能力一般，能胜任一般工作；好吃懒做，还有点色，但他会说话，颇能讨师傅喜欢。知大师哥本领高强，心有妒忌，在合适的时候和恰当的地点，便会审掇师傅惩罚悟空，是个见风使舵的人，在团队里也是个能吃得开的人。

沙僧——业务能力与八戒不相上下，忠厚老实，有自知之明，在团队里能够知道自己的位置，老老实实做事，不上窜下跳，不做小动作。

他们身上的优缺点如此鲜明，却如何能取得真经，终成正果呢？因为他们具有优秀团队必须具有的优点，成就了西游团队的成功。

优秀团队必须具有的特点：

一是有共同的目标。

二是有优秀的成员。

三是成员之间相互信任、互相协作。

四是成员之间各尽其能、取长补短。

五是成员之间互相激励。

# 第四节　如何提升团队合作能力

## 一、团队合作能力等级的具体行为表现

团队合作能力等级的具体行为表现见表 8-3。

表 8-3　团队合作能力等级具体行为表现

| | |
|---|---|
| 团队合作能力<br>等级（一） | 1. 尊重团队其他成员，努力使自己融入团队之中。<br>2. 将个人努力与实现团队目标结合起来，完成自己在团队中的任务，以实际工作支持团队的决定，成为可靠的团队成员。<br>3. 为完成工作和团队成员进行非正式的讨论，在团队决策时提出自己的建议及理由，尊重、认同上级认为是重要的事情并执行其相关决策。<br>4. 作为团队一员，随时告知其他成员有关团队活动、个人行动和重要的事件，共享有关的信息。<br>5. 认识到团队成员的不同特点，并且把它作为可以接触、学习知识与获取信息的机会。 |

续表

| | |
|---|---|
| 团队合作能力等级（二） | 1．根据工作需要组建小型团队，营造开放、包容和互相支持的气氛，加强集体向心力。<br>2．为团队成员示范所期望的行为，并采用各种方式来提高团队的士气和改进团队的工作效率。确保团队任务的及时完成。<br>3．明确有碍于达成团队目标的因素，并试图排除这些障碍。<br>4．鼓励团队成员参加团队讨论与团队决定，倡导团队内部的沟通和合作，以推进团队目标设定与问题的解决。<br>5．指导其他成员的工作，对其他团队成员的能力和贡献抱着积极的态度，用积极的口吻评价团队成员。<br>6．能够利用正式或非正式的沟通渠道及现有的信息系统在团队内部进行知识和信息的交流与共享。 |
| 团队合作能力等级（三） | 1．根据组织的战略目标来确定团队建设的目标、规模及责任，在全体团队成员中促成理解，达成共识，并得以贯彻实施。<br>2．确保团队的需要得到满足，为团队争取所需要的各种资源，如人力、物力、财力或有关信息等。<br>3．确保团队成员之间能力和知识的互补，在分配团队任务的时候，既照顾到员工的发展，又能实现团队的目标。<br>4．化解团队中的冲突，维护和加强团队的名誉。<br>5．通过团队内有效合作及适当的竞争提高团队的整体绩效。 |
| 团队合作能力等级（四） | 1．具有个人魅力和领导气质，能够指出组织或团队的发展方向和目标，使团队成员充满工作激情，愿意为团队目标的实现竭尽全力。<br>2．对团队成员有全面的认识，有效地应用群体运作机制，从而引导一个群体实现团队目标。<br>3．有目的地创建互相依赖的团体合作精神，在团队间合理有效地调配资源，加强不同目标和背景的团队之间的配合，以促成组织整体业务目标的实现。<br>4．采取行动在组织中营造精诚合作与公平竞争的氛围。<br>5．通过各种手段，如设计团队标志等，塑造健康优秀的团队形象，使组织或团队能被外界或有关组织认同和推崇。 |

# 二、积极培养团队精神

对于学生而言，校园大量的学生组织机构能够提供大量团队工作的练习机会。有些人会比较积极地参与并很快领会和把握要领。但也有些人在心理认知或客观环境上有某种局限，而阻碍了团队能力的发展，但通过有意识的练习是可以迅速改善的。

## （一）组织或参与学生会、协会或其他工作小组

针对具体工作和当前的重点问题，可以提议成立工作小组解决某项问题。如果自己只能参与某个问题的小组工作，也将是学习观察的好机会。在这样的团队工作中应注意几个关键

问题：团队是否有明晰的任务和目标；团队成员是如何沟通的；团队领导的方式和效果；自己在团队中的角色；其他团队成员的角色；如何形成默契配合；发生冲突时的解决途径，团队的成长和自己的认识提高等。

### （二）组织或参与社会活动

大多数人不愿意参加社会活动或公益性活动，主要是价值取向上觉得不够实际。实际上参加一定的社会活动对职场新人是非常有益和健康的。对于未来职业发展而言，如果你现有的工作角色不能给你组织团队的机会，未尝不可在社会活动中寻求这样的机会。对于提升视野和获取经验、扩大社交圈都有益处。在这样的团队中可以关注：经验的新颖互补性；锻炼自己的机会；团队成员的不同背景和各自优势；团队的组织方式；共同价值观在团队中的作用。

### （三）参加文体活动

不要小看文体活动的作用。许多团队精神的原型其实来自于运动竞争团队。参加一个这样的团队也可以深入体会在竞争中的团队神奇力量和成员之间的情谊。

## 三、提升团队合作能力的技巧

### （一）包容团队成员

团队工作需要成员在一起不断地讨论，如果一个人固执己见，无法听取他人的意见，或无法和他人达成一致，团队的工作就无法进行下去。团队的效率在于配合的默契，如果达不成这种默契，团队合作就不可能成功。为此，对待团队中其他成员时一定要抱着宽容的心态，讨论问题的时候对事不对人，即使他人犯了错误，也要本着大家共同进步的目的去帮对方改正，而不是一味斥责。同时也要经常检查自己的缺点，如果意识到了自己的缺点，不妨将它坦诚地讲出来，承认自己的缺点，让大家共同帮助你改进，这是最有效的方法。

### （二）获得支持与认可

要使自己的工作得到大家的支持和认可，而不是反对，必须让大家喜欢你。但一个人又如何让别人来喜欢你呢？除了在工作中互相支援、互相鼓励外，还应该尽量和大家一起去参加各种活动，或者礼貌地关心一下大家的生活。要使大家觉得，你不仅是他们的好同事，还是他们的好朋友，有谁会不喜欢与自己的朋友合作吗？

### （三）保持谦虚精神

任何人都不喜欢骄傲自大的人，这种人在团队合作中也不会被大家认可。可能你在某个方面比其他人强，但你更应该将自己的注意力放在他人的强项上，只有这样，才能看到自己的肤浅和无知。因为团队中的任何一位成员，都有自己的专长，所以必须保持足够的谦虚。谦虚会让你看到自己的短处，这种压力会促使你在团队中不断地进步。

### （四）信任是成功协作的基石，宽容让人心胸更宽广

美国管理者坚信这样一个简单的理念：如果连起码的信任都做不到，那么，团队协作就是一句空话，绝没有落实到位的可能。人们在遇到问题时，会首先相信物；其次是相信自己和自己的经验，最后，万不得已才相信他人。而这一点，在团队合作中则是大忌。

团队是一个相互协作的群体，它需要团队成员之间建立相互信任的关系。信任是合作的基石，没有信任，就没有合作。信任是一种激励，信任更是一种力量。团队成员在承受压力

和困惑时，要相互信赖，就像荡离了秋千的空中飞人一样，他必须知道在绳的另一端有人在抓着他；团队成员在面临危机与挑战时，也要相互信任，就像合作猎捕猛兽的猎人一样，必须不存私心，共同行动。

现代社会的发展，使职业分工越来越细，一个人单打独斗的时代已经成为过去，越来越需要集体的合作。个人的能力再强，工作做得再出色，也不能离开团队这个大的氛围。

宽容并不代表软弱，在团队合作中它体现出的是一种坚强的精神，它是一种以退为进的团队战术，为的是整个团队的大发展，以及为个人奠定有利的提升基础。首先，团队成员要有较强的相容度，即要求其能够宽厚容忍、心胸宽广、忍耐力强。其次，要注意将心比心，即应尽量站在别人的立场上。

### （五）高效沟通

敢于沟通、勤于沟通、善于沟通，让所有人都了解你、欣赏你、喜欢你。从古至今，中国人一直将"少说话，多做事""沉默是金"奉为瑰宝，固执地认为埋头苦干才是事业走向辉煌的制胜法宝，可是却忽略了一个人身在团队之中，良好的沟通是一种必备的能力。在很多人的头脑中，都不能容忍另类思维的存在。于是，在追寻真理的过程中，人们不断重复着"瞎子摸象"的游戏，也许你摸到了"墙"，我摸到了"绳子"，他摸到了"柱子"……而每个人都抱着固有的思维不放，顽固地坚持着自己的意见，不管这个意见是否全面、具体。沟通能力在团队工作中是非常重要的，现代社会是个开放的社会，当你有了好想法、好建议时，要尽快让别人了解、让上级采纳，为团队做贡献。否则，不论你有多么新奇的观点和重要的想法，如果不能让更多的人去理解和分享，那就几乎等于没有。

### （六）学会欣赏、懂得欣赏

很多时候，同处于一个团队中的工作伙伴常常会乱设"敌人"，尤其是大家因某事而分出了高低时，落在后面的人的心里就会很容易酸溜溜的。所以，每个人都要先把心态摆正，用客观的目光去看看"假想敌"到底有没有长处，哪怕是一点点比自己好的地方都是值得学习的。欣赏同一个团队的每一个成员，就是在为团队增加助力；改掉自身的缺点，就是在消灭团队的弱点。

主动欣赏团队成员的优秀品质，尤其是你的"假想敌"，然后，学习这些品质，并努力克服和改正自身的缺点和消极品质，这是培养团队合作能力的第一步。三人行必有我师。每一个人的身上都会有闪光点，都值得我们去挖掘并学习。要想成功地融入团队之中，善于发现每个工作伙伴的优点，是走进他们身边、走进他们之中的第一步。适度的谦虚并不会让你失去自信，只会让你正视自己的短处，看到他人的长处，从而赢得众人的喜爱。每个人都可能会觉得自己在某个方面比其他人强，但你更应该将自己的注意力放在他人的强项上。因为团队中的任何一位成员，都可能是某个领域的专家。因此，必须保持足够的谦虚，这种压力会促使你在团队中不断进步，并真正看清自己的肤浅、缺憾和无知。

总之，团队的效率在于每个成员配合的默契，而这种默契来自于团队成员的互相欣赏和熟悉——欣赏长处、熟悉短处，最主要的是扬长避短。如果达不到这种默契，团队合作就不可能真正成功，团队成员的个人前途也将渺茫。

### （七）负责，自信地面对一切

负责，不仅意味着对错误负责，对自己负责，更意味着对团队负责、对团队成员负责，并将这种负责精神落实到每一个工作的细节之中。一个对团队工作不负责任的人，往往是一个缺乏自信的人，也是一个无法体会快乐真谛的人。要知道，当你将责任推给他人时，实际上也是将自己的快乐和信息转移给了他人。任何有利团队荣誉、有损团队利益的事情，与每一个团队成员都是息息相关的，所有的人都拥有不可推卸的责任。

**（八）诚信，不容置疑**

古人说：人无信则不立。说的是为人处世若不诚实，不讲信用，就不能在社会上立足和建功立业。一个个体，如果不讲诚信，那么他在团队之中也将无法立足，最终会被淘汰出局。诚信，是做人的基本准则，也是作为一名团队成员所应具备的基本价值理念——它是高于一切的。没有合格的诚信精神，就不可能塑造出一个良好的个人形象，也就无法得到上司和团队伙伴的信赖，也就失去了与人竞争的资本。唯有诚信，才是在竞争中得到多助之地的重要条件。团队精神应该建立在团队成员之间相互信任的基础上。

**（九）热心，帮助身边每一块"短木板"**

人们一致认定的竞争法则是：强者有强者的游戏规则，弱者有弱者的生存法则。作为一个团队成员，必须记住，只有一个完全发挥作用的团队，才是一个最具竞争力的团队；而只有身处一个最具竞争力的团队之中，个体的价值才能得到最大程度的体现！当你是团队中的那块"短木板"时，应该虚心接受"长木板"的帮助，尽一切努力提高自己的能力，不要让自己拖整个团队的后腿，当你是团队中的那块"长木板"时，你不能只顾自己前进的脚步，而忽略了"短木板"的存在，那么，你收获的终将是与"短木板"一样的成就。当我们身处于一个团队中时，只有想方设法让"短木板"达到"长木板"的高度，或者让所有的板子维持"足够高"的相等高度，才能完全发挥团队作用。

**（十）个性，坚持自己的特质**

团队精神不是集体主义，不是泯灭个性、扼杀独立思考。一个好的团队，应该鼓励和正确引导员工个人能力的最大发挥。团队成员个人能力的最大发挥，其实是个人英雄主义的最好体现。个人英雄主义在工作中往往表现为个性的彰显，更包含有创造性的工作，以及勇于面对压力和敢于承担责任的勇气。

团队若能给团队成员提供一个充分施展、表现自己才能的机会，那么，这将会为团队带来永不枯竭的创新能力。诚然，团队精神的核心在于协同合作，强调团队合力，注重整体优势，远离个人英雄主义，但追求趋同的结果必然导致团队成员的个性创造和个性发挥被扭曲和湮没。没有个性，就意味着没有创造，这样的团队只有简单复制功能，而不具备持续创新能力。团队不仅仅是人的集合，更是能量的结合与爆发。作为团队成员，不要因为身处团队之中就抹杀了自己的个性特质。记住，团队制度的建立是为了更好地发挥成员的才能，只要不逾矩，就完全可以随心所欲，"八仙过海，各显神通"地开展工作。

**（十一）团队利益，至高无上**

"皮之不存，毛将焉附"，团队精神不反对个性张扬，但个性必须与团队的行动一致，要有整体意识、全局观念，要考虑到整个团队的需要，并不遗余力地为整个团队的目标而共同努力。只有当团队成员自觉思考到团队的整体利益时，他才会在遇到让人不知所措的难题时，以让团队利益达到最大化为根本，义无反顾地去做，自然不会因为跟其他人的摩擦而耿耿于怀，也不会为意见的分歧而斤斤计较，更不会因为集体对自己的一时错待而怨恨于心，保持高度的认同感，这也是全局意识的一种体现。在团队之中，一个人与整个团队相比，是渺小的，太过计较个人得失的人，永远不会真正融入团队之中。而拥有极强全局意识的人，最终会是一个最大的受益者。

**【延伸阅读】**

团队合作常见误区

**误区一："冲突"会毁了整个团队?**

俗话说屋漏偏逢连夜雨,身为某民营制药企业项目研发部经理的王平最近被接二连三的坏消息给搅得焦头烂额:先是某项历时一年多的新药研制项目遭遇技术难关,只得中途搁浅;紧接着他又获知国内另一家知名药厂通过引进国外先进技术,已经研制成功同类品种的新药,并通过了医药审批,即将生产上市。

两年前,王平被这家企业的老板以高薪从内地某省一家国有大型制药企业技术科长的位子上挖过来,为了充分体现对他的信任,老板将项目研发部的管理权、人事权甚至财务权都一股脑交给了王平,并委派了一名海归硕士李翔协助其项目的研发。在立项之前,王平和李翔曾经各自提出过一套方案,并且都坚持不肯让步:李翔主张在引进国外现有的先进技术基础上改进配方和生产工艺,这样不仅见效快且技术风险较小,但缺点是要支付一大笔技术转让费用;而王平则主张自力更生,自主研发具有独立知识产权的全套生产技术,这样做的缺点是技术开发风险较大。

按公司规定,如果双方都坚持己见,那么就要将这两个方案拿到项目研发部会议上进行讨论,最后做出集体决策。以王平多年的国企管理经验,如果正副职在业务上产生分歧,当着下属的面各执一词激烈讨论,必然会不利于整个部门的团结,对领导的权威也是一大挑战。实际上,他也缺乏足够的信心说服李翔和整个部门的同事,于是他找到企业老板,使出全身解数甚至不惜以辞职相逼,最终迫使老板在方案提交之前将李翔调离了该部门,从而避免了一场"激烈冲突"。

这是一个很奇怪的现象,团队的管理者往往会对于冲突讳莫如深,他们会采取种种措施来避免团队中的冲突,而无论这种冲突是良性还是恶性的。管理者们的担忧不外乎三个方面:一些管理者把冲突视为对领导权威的挑战,因为担心失去对团队的控制,对于拍板和讨论他们往往会果断地选择前者;另外,过于激烈的冲突往往会引发团队内部的分裂,带来不和谐因素;还有,在冲突中受打击的一方不仅会伤及自尊,同时也会对成员的自信心造成很大的影响,不利于团队整体工作效率的保持和提升。

要成为一个高效、统一的团队,领导就必须学会在缺乏足够的信息和统一意见的情况下及时做出决定,果断的决策机制往往是以牺牲民主和不同意见为代价而获得的。对于团队领导而言,最难做到的莫过于避免被团队内部虚伪的和谐气氛所误导,并采取种种措施,努力引导和鼓励适当的、有建设性的良性冲突。将被掩盖的问题和不同意见摆到桌面上,通过讨论和合理决策将其加以解决,否则的话,隐患迟早有一天会爆发的!

**误区二:1+1 一定大于等于 2?**

2004 年 6 月,拥有 NBA 历史上最豪华阵容的湖人队在总决赛中的对手是 14 年来第一次闯入总决赛的东部球队活塞。赛前,很少有人会相信活塞队能够坚持到第七场。从球队的人员结构来看,科比、奥尼尔、马龙、佩顿,湖人队是一个由巨星组成的"超级团队",每一个位置上成员几乎都是全联盟最优秀的,再加上由传奇教练菲尔·杰克逊对其的整合,在许多人眼中,这是 20 年来 NBA 历史上最强大的一支球队,要在总决赛中将其战胜只存在理论上的可能性，更何况对手是一支缺乏大牌明星的平民球队。

然而，最终的结果却出乎所有人的意料，湖人几乎没有做多少抵抗便以1:4败下阵来。湖人的失败有其理由：成员之间相互争风吃醋，都觉得自己才是球队的领袖，在比赛中单打独斗，全然没有配合；而马龙和佩顿只是冲着总冠军名号而来的，根本就无法融入整个团队，也无法完全发挥其作用，缺乏凝聚力的团队如同一盘散沙，其战斗力自然也就会大打折扣。

明星员工的内耗和冲突往往会使整个团队变得平庸，在这种情况下，1+1不仅不会大于或等于2，甚至还会小于2。在工作团队的组建过程中，管理层往往竭力在每一个工作岗位上都安排最优秀的员工，期望能够通过团队的整合使其实现个人能力简单叠加所无法达到的成就。然而，在实际的操作过程中，众多的精英分子共处一个团队之中反而会产生太多的冲突和内耗，最终的效果还不如个人的单打独斗。

在通常情况下，团队工作的绩效往往大于个人的绩效，但也不是那么绝对，这取决于团队工作的性质：如果团队的任务是要搬运一件重物，单凭其中一个成员的力量绝对搬不动，必须要两个以上的成员才能够搬动，这时团队的绩效要大于个人绩效，1+1的结果会大于或等于2；但如果换成是体操比赛中的团体项目，最后的成绩往往会因为某位成员的失误而名落孙山，这时，团队的绩效还不如其中优秀成员的个人成绩，1+1的结果反而会小于2。

**误区三："个性"是团队的天敌？**

对于多数管理专家而言，《西游记》中的唐僧师徒组合不能算是一个合格的团队：其团队成员要么个性鲜明，优点或缺点过于突出，实在难以管理；要么缺乏主见，默默无闻，实在过于平庸。但就是这么一群对团队精神一窍不通的"乌合之众"，个性突出的典型人物组合在一起，克服了常人难以想象的种种困难，最终却完成任务取回了真经，真是让人刮目相看。

其实，换个角度来看，"个性"也许并不是那么可怕：作为团队领导人和协调者的唐僧，虽然处事缺乏果断和精明，但对于团队目标抱有坚定信念，以博爱和仁慈之心在取经途中不断地教诲和感化着众位徒弟。

队中明星员工孙悟空是一个不稳定因素：虽然能力高超，交际广阔，嫉恶如仇，但桀骜不逊，喜欢单打独斗。最重要的一点是他对团队成员有着难以割舍的深厚感情，同时有一颗不屈不挠的心，为达成取经的目标愿意付出任何代价。

也许很少有人会意识到，猪八戒对于团队内部承上启下起着多么重要的作用，他的个性随和健谈，是唐僧和孙悟空这对固执师徒之间最好的"润滑剂"和沟通桥梁，虽然好吃懒做的性格经常使他成为挨骂的对象，但他从不会因此心怀怨恨。

至于沙僧，每个团队都不能缺少这类员工，脏活累活全包，并且任劳任怨，还从不争功，是领导的忠实追随者，起着保持团队稳定的基石作用。

每个团队成员都会有个性，这是无法也无需改变的，而团队的艺术就在于如何发掘组织成员的优缺点，根据其个性和特长合理安排工作岗位，使其达到互补的效果。

GE公司前执行总裁杰克·韦尔奇曾经提出过一个"运动团队"的概念，其中很重要的一点就是团队的每一个成员都干着与别的成员不同的事情，团队要区别对待每一个成员，通过精心设计和相应的培训使每一个成员的个性特长能够不断地得到发展并发挥出来。高效的团队是由一群有能力的成员所组成的，他们具备实现理想目标所必需的技术和能力，而且有相互之间能够良好合作的个性品质，从而出色地完成任务。

但遗憾的是，多数团队的管理者并不乐于鼓励其成员彰显个性；相反的，他们会要求属下削弱自我意识，尽量与团队达成一致，在个体适应团队的过程中所丧失的不仅仅是个体的独立性，同时也失去了创造力，许多天才和有创意的想法就这样被抹煞，而这恰恰是企业是否能够获得成功的关键所在。

如果仔细研究那些成功的创业团队，我们会发现这些团队的个体无一例外都具有非常鲜明的人格个性，他们各自发挥自己的才华，相互结合，从而有力地推动着创业进程。

**【延伸阅读】**

### 坐地起身

一、项目类型：团队合作型。

二、道具要求：无需其他道具。

三、场地要求：空旷的场地一块。

四、项目时间：20 分钟—30 分钟。

五、详细游戏规则：

1. 要求四个人一组，围成一圈，背对背的坐在地上；

2. 不用手撑地站起来；

3. 随后依次增加人数，每次增加 2 个人直至 10 人。

在此过程中，工作人员要引导同学坚持、坚持、再坚持，因为成功往往就是再坚持一下。

六、活动目的：这个任务体现的是团队队员之间的配合，该项目主要让大家明白合作的重要性。

**【思考与练习】**

1. 什么是团队及团队合作能力？

2. 请阐述你所理解的竞争以及怎样形成良性的竞争心态。

3. 请结合《团队合作能力等级具体行为表现》一表，思考自身的团队合作能力水平，以及在实践中怎样提高自身团队合作能力？

# 第九章　大学生职业形象

**【导读】**

通过学习本章内容，可以帮助大学生了解职业形象的概念和基本原则，领会职业形象与职业成功的紧密联系，利用良好的职业形象促进事业成功。

## 第一节　职业形象概述

### 一、职业形象的概念

职业形象是员工在职场中的公众面前树立的印象，通过其衣着打扮、言谈举止反映出其专业态度、技术和技能等。职业形象包括外在形象、品德修养、专业能力和知识结构四个方面，其标准是与个人职业气质相契合、与个人年龄相契合、与办公室风格相契合、与工作特点相契合、与行业要求相契合等。

### 二、职业形象的核心

#### （一）价值观

价值观不仅影响个人的行为，还影响着群体行为和整个组织行为。对大学生来说，科学的人生观、价值观能够标定人生方向，导引人生道路，影响人生价值，决定人生态度，是塑造美好的人格形象的核心。

#### （二）乐观进取的个性

乐观进取的个性，具体来说又包括以下几个内容。

1. 心态

积极乐观的心态能够激发热情，乐于接受新鲜事物和新的挑战，能够增强创造力，使人勤于思考，勇于创新。

2. 自信

自信是使人走向成功的关键要素，成功的人大都充满自信。

3. 精明能干

良好的职业形象应该是有作为的形象、是成功的形象，同时也能体现出一个精明能干、具有创新能力的形象。

【案例分析】

**案例**：某科技有限公司召开了一次全国客户联络会，公司的江总经理带着秘书苟小姐亲自驾车到浦东机场迎接来自香港某集团的周总经理。为了表示对周总的尊敬，江总把周总请到后排左座，并让苟小姐在后排作陪。

周总到宾馆入住后，对苟小姐说，明天上午八点开会，我会坐出租车到现场，就不麻烦你们江总亲自来接了。

**分析**：周总为什么会这样说？是因为周总对于江总安排的交通坐车礼仪不满意。不妥之处在于这种情况下应该请周总坐在副驾位置上，与主人平起平坐。交通坐车礼仪基本规则是：（1）车上座次的尊卑自高而低为后排右座，后排左座，后排中座，前排副驾。（2）主人亲自驾车，客人坐在副驾上与主人平起平坐。

## 三、职业形象恪守的原则

职业形象需恪守的原则，具体来说有以下两个。

（1）职业形象要尊重区域文化的要求，不同文化背景的公司肯定对个人的职业形象有不同的要求，绝对不能我行我素破坏文化的制约，否则受损的永远是职业人自己。

（2）不同的行业、不同的企业，因为集体倾向性的存在，只有在个人的职业形象符合主流趋势时，才能促进自己职业的升值。

## 四、职业形象与职业发展

生活中人们的仪表非常重要，它反映出一个人的精神状态和礼仪素养，是人们交往中的第一形象，所以必须注重个人形象。一个人给别人留下第一印象的时间为6秒。其中言辞内容占7%，外表形象占58%，声音占35%。

职业形象和个人的职业发展有着十分密切的关系，职业形象就像个人职业生涯乐章上跳跃的音符，合着主旋律会给人创意的惊奇和美好的感觉，脱离主旋律的奇异会打破和谐，给自己的职业发展带来负面影响。有关职业形象和个人职业发展的关系，具体来说体现在以下几个方面。

### （一）职业形象在个人求职和社交活动中起着关键性作用

个人的人性特征特质通过形象表达，并且容易形成令人难忘的第一印象。第一印象在个人求职、社交活动中会起到很关键的作用，特别是许多人力资源部门在招聘员工时，对应聘者职业形象的关注程度要远远高于我们的估计。许多单位在面试中对职业形象方面关注的比重也很大，因为他们认定，那些职业形象不合格、职业气质差的员工不可能在同事或客户面前获得高度认可，极有可能令工作效果打折扣。

### （二）职业形象强烈影响个人业绩

职业形象对个人业绩的强烈影响，首当其冲的就是业绩型职业人。如果自己的职业形象不能体现专业度，不能给客户带来信赖感，所有的技巧都是徒劳，特别是对一些进行非物质性销售工作的职业人，客户认可更多的是人本身，因为产品对他们来说是"虚"的。即使是人力资源部门的人，如果在和政府机关、事业单位、合作伙伴打交道过程中，职业形象欠佳，极有可能破坏良好的合作。

### （三）职业形象强烈影响个人晋升几率

获得上司的认可是晋升的核心要素之一，如果因为在上司面前职业形象问题导致误会、尴尬甚至引发上司厌恶，业绩再好也难有出头之日。如果在同事和同级层面上因为职业形象问题导致离群、被孤立、被排斥，那么就断了晋升的念头吧。

# 第二节　个人职业形象规范

## 一、规范的职业着装

穿什么样的衣服是让别人认真对待你的一种方法。如何选择正确的职业服装呢？不同的单位标准是不一样的，要根据该单位的企业文化、历史和传统、产品和服务性质等来确定。

### （一）规范职业着装的原则

1. 美观原则（Aesthetic）

所谓美观原则，就是职业着装要能够衬托你的身段和肤色，颜色、质地、纹理上下彼此和谐。

2. 合适原则（Appropriateness）

所谓合适原则，就是职业着装要考虑赴会的场合、时间、地点、天气、文化及要会面的人对你的期望。

3. 状态原则（Attitude）

所谓状态原则，就是职业着装要尽显你自己、单位和所从事工作的状态。

### （二）规范职业着装的要求

要做到规范职业着装，就需要特别注意以下几个要求：第一，要合体合身；第二，切忌杂乱；第三，忌残忌破；第四，忌污忌皱；第五，忌衣冠不整。

### （三）女士的规范职业着装

女士的规范职业着装以整洁美观、稳重大方、协调高雅为总原则，服饰色彩、款式、大小应与自身的年龄、气质、肤色、体态、发型和职业相协调、相一致。

1. 套装

女式套服的花样层出不穷、款式多样，可根据自己的喜好来选择。选择服饰尽可与众不同，穿出自己的风格和特点，突出个人的气质及魅力，同时要注意针对用人单位的具体情况选择适合的套装，必须与上班族的身份相符。

2. 裙子

如果穿裙子，裙子长度应在膝盖左右或以下，太短有失庄重和严肃。另外，黑色的皮裙是不能够穿的。还要注意的是，正式高级场合是不能光腿的。

3. 服装颜色

以淡雅为宜，突出职业女性的气息。

4. 鞋

一般来说，穿中高跟皮鞋显得步履坚定从容，让人感到职业女性干练而稳重的气质；穿高跟鞋会显得步态不稳；穿平跟鞋显得步态拖拉；夏日最好不要穿露出脚趾或脚后跟的凉鞋，也不要光脚穿凉鞋，更不要将脚趾甲涂抹成红色或其他颜色。

5. 袜子

袜子要与鞋子配套；残破的袜子不要穿，因而应随身带备用袜；穿裙子时，袜子的长度要适当，不可出现三节腿，即裙袜间有空白的现象。

6. 装饰品

适当地搭配一些饰品，会使个人的职业形象锦上添花。而在搭配饰品时，要遵循以下几个原则：第一，搭配的饰品要符合身份，不戴有碍于本职工作的首饰，不戴展示财力的珠宝首饰，不戴展示性别魅力的饰品；第二，搭配的饰品要同质同色，否则会影响整体的职业形象；第三，搭配的饰品要讲求少而精，以少为宜，数量不超过两件。

7. 包

女式公文包或者单肩背包都可以。包的质料当然是皮质的最好，不要过于精美，太珠光宝气，但也不要太破旧、太脏。最好不用牛仔包或看起来软绵绵的包。包要足够大，因为确实需要用它来装一些东西。

**（四）男士的规范职业着装**

1. 西装

在现代社会的公关社交活动中，"西装革履"是现代职业男士的正规服饰，但在穿西装时，有几个方面是特别要注意的。

（1）穿西装时，颜色以黑色、藏青、深蓝、灰色和米色为主，不要穿白色、红色和绿色的西装。

（2）穿西装时，全身的颜色是不能多于三种的。也就是说，包括上衣、下衣、衬衫、领带、鞋子、袜子在内，全身颜色应在三种之内。

（3）穿西装时，要保证得体。一般来说，体瘦的人，如果着深蓝色或中粗竖条的西装，会显得纤细而瘦弱，而穿米色、鼠灰色等暖色调或图案是格子或人字斜纹的西装，就会显得较为强健；瘦高的人，宜穿双排扣或三件套西装，面料要选用质感给人温暖感觉的，不要选用廓形细窄的套装；体胖的人可穿深蓝、深灰、深咖啡色的西装，显得瘦一些，切忌穿米色、银灰等膨胀色的西装。

（4）穿西装时，如要出席重要场合时，鞋子、腰带、公文包要确保是一个颜色，而且首选黑色。

（5）穿西装时，袖口的商标一定要拆掉，同时不能穿白色的袜子和尼龙丝袜。

（6）穿西装时，一般只扣第一个扣子，如果是三个扣的西装，可以扣前两个扣子，坐下时应解扣，站起后应随手将扣系上。

2. 衬衣

衬衣要干净、整齐，尽量不要穿带有明花、明格的衬衣，最好穿质地好的长袖衬衣；浅颜色衬衣不要太薄；袖口、领口要干净、平整；袖口要系好，如穿西装时袖子应比西装的袖子长出 1 厘米，并能盖住手背；领角有扣的衬衫即使不打领带也要扣上；不打领带时，衬衣第一个扣子要解开；不要穿太旧或起球的衬衣。

3. 领带

领带的面料要选用 100% 纯丝的，而不要使用亚麻、毛料或皮质的；领带的宽度要随衣服款式而变化，穿西服时领带宽度要接近西服翻领的宽度；领带颜色不要浅于衬衣，尤其不要黑衬衣搭配白领带；领带的图案可以是立体形、条纹、印花绸以及不太显眼的蜗旋纹布；除公司统一配置领带外，最好不要带印有其他公司名称的领带；领带下摆应长过皮带扣少许；穿毛衣或马甲时，领带应放在毛衣、马甲的里面，即贴住衬衣。

4. 裤子

裤子不得有褶，要有裤线，不要太短，应盖住鞋面。

5. 腰带

一定是深色皮腰带，不能太旧，而且腰带扣不要太花。

6. 皮鞋

皮鞋应以深色为主，如黑色、棕色或灰色；鞋面要干净、明亮；鞋跟要结实且不能太高，破旧的鞋跟会使人显得不够干练；鞋带要干净且系紧，松开或未系的鞋带会给人带来不安全感甚至可以将自己绊倒。另外，注意皮鞋与西装要搭配协调。

7. 袜子

如果你穿的是一双鞋面较低的无带鞋，袜子要够长，这点尤其重要。袜子的长度要使你在叠起双腿时不至露出皮肤，而且袜子要有足够的弹性，使它们不至于从腿上滑下或缩成一团。

8. 外套

外套要轻便且颜色要为浅色，因为人们潜意识中对穿浅色服装的人投以更多的信任。

9. 公文包

简单、细长的公文包是最佳选择，还要注意检查包带、扣是否完好。

## 二、仪容整洁

一个人的职业形象，并不仅仅是衣服着装，仪容形象也是很重要的一方面，就算衣服穿得多得体、多整洁，但是仪容上却显得蓬头垢面，那再好的装扮也是于事无补的。通常来说，仪容整洁需要注意以下几个方面。

**（一）发型要求**

1. 女士发型要求

（1）发型要符合美观、大方、干净、梳得整齐和有利于工作的原则，披肩发要整齐，不要看上去没有经过梳理；不要留怪异的发型；头发帘尽量不要长过眉头，挡住眼睛；尽量盘发；切忌凌乱和有太多发饰。

（2）发型要与脸型相称。通常来说，椭圆形脸可选任意发式；脸型长的人前刘海要较长些，同时使两侧头发蓬松；圆形脸的人应将头顶部的头发梳高，使脸部在视觉造型上增加几分力度，并设法遮住两颊；方脸形应设法掩饰棱角，使脸型显得圆润些；额部窄的脸型，应增加额头两侧头发的厚度；长脸形的人不宜梳太短的头发，下巴较长的人可以留些鬓发，矮胖或瘦小的人头发不宜长，瘦高的人头发应留长一点。

（3）发型要与季节相适。一般来说，春秋两季的发式可以自由活泼一些，而冬夏季的头发格外需要注意。夏天天气炎热，可留使人凉爽的短发；如果是长发，最好将头发盘起。冬天人们的衣领高，留长发既美观又保暖。在冬季较爱刮风的地方，参加面试前最好用帽子、头巾把头发束缚起来，到达面试地点前，再梳理一下头发，以免头发过乱。

2. 男士发型要求

发型要简单、朴素、稳重大方；要保持头发整洁，不要给人油光发亮、湿淋淋的感觉；不宜留长发，脑后的头发不宜接触到衬衣的领口处，头发不宜遮盖住耳朵，鬓角不要过长；最好不要留中分头。

**（二）面部修饰**

1. 女士面部修饰

对于女士来说，化妆是自尊自爱的表现，也是对别人的一种尊重，是企业管理完善的一个标志。可以适当地化点淡妆，薄而透明的粉底可以营造出健康的肤色，浅色口红可以增加自然美感，用棕色眉笔调整眉形，用睫毛膏让眼睛更加有神。但不能浓妆艳抹，香气扑鼻，过分夸张。妆容越淡雅自然、不露痕迹越好，"化过妆就好像没有化妆一样"的效果是化妆的最高境界。同时，妆容还应结合不同季节、不同时间、自身的性格气质、职业特点、年龄、场合而采用不同风格的化法。对于职场中的女士来说，化淡妆比较适宜，淡妆素抹更能显出端庄、自然、含蓄而得体的感觉。

2. 男士面部修饰

对于男士来说，如没有特殊的宗教信仰和民族习惯，原则上是不提倡留胡子的，应该养成每日剃须的习惯；要保持面部清爽干净，不突兀的原则下可以适当的修整；饭后及时刷牙，保持口气清洁。

**（三）个人风度**

风度是指人的内在素质与外在特征和谐统一所表现出来的比较稳重而优美的举止姿态。在我们与客户或来访者的接触中，摩擦和意见不合在所难免，这时就是我们展现自我风度的时候，我们不要过于斤斤计较，不要过分的指责或抱怨对方的不足，用包容和理解的心，学会站在别人的立场去想事情。

**（四）周边环境整洁**

一个良好的工作环境也是个人修养的外在体现，而这样的外在体现是靠自己长期内在修养而养成的良好习惯。干净、整齐有序的工作环境，能带给自己和同事一个舒适的工作氛围。

## 三、举止端庄

一个举止端庄大方、谈吐优雅不俗的人，给人形成的第一印象总是良好的，这本身就是一种吸引力量，使人愿意与之继续交往，并对其言行多从好的方面设想、解释。这就有助于双方建立良好的人际关系，而要做到举止端庄可以从以下几方面着手。

**（一）面部表情**

（1）注意眼神不要飘忽、不要走神，更不要流露出对对方不尊敬的神情。要知道一个人的心笑脸就笑，脸笑眼就笑，所以我们应当时刻保持微笑。

（2）在对方说话的过程中，用目光给予对方回应，这会让对方感觉到被重视和认可。

（3）看着说话的对象，看着在说话的人。

（4）带着笑脸，即使说严厉的话都带有亲和力。

（5）做到眼到、口到和意到。眼到就是要有目光的交流，注视别人目光应友善，采用平视，必要的时候仰视，与人目光交流时间3~5秒，其他时间看嘴巴和眼部中间的位置，注视对方的时间是对方与你相处时间的 1/3；口到就是要讲普通话，正确热情称呼，表示对交往对象的尊重，体现社会风尚，反映个人修养；意到就是通过微笑把友善、热情表现出来，不卑不亢，落落大方，不能假笑、冷笑、怪笑、媚笑和窃笑。

**（二）行为举止**

行为举止是一个人的气质、知识、修养等内在素质的一种外在展示，平时应注意做到优雅、大方和稳重。

1. 站姿

正确的站姿是站得端正、稳重、自然、亲切。做到上身正直，头正目平，面带微笑，微收下颌，肩平挺胸，直腰收腹，两臂自然垂直，两腿相靠直立，两脚跟靠拢，脚尖外展，呈"V"字形。女子两脚可并拢。站立时如有全身不够端正、双脚叉开过大、双脚随意乱动、无精打采、自由散漫的姿势，都会被看作不雅或失礼。

2. 坐姿

坐姿包括就座的姿势和坐定的姿势。入座时要轻而缓，走到座位面前转身，轻稳地坐下，不应发出嘈杂的声音。女生应用手把裙子向前拢一下。坐下后，上身保持挺直，头部端正，目光平视前方。坐稳后，身子一般只占座位的 2/3。两手掌心向下，叠放在两腿之上，两腿自然弯曲，小腿与地面基本垂直，两脚平落地面，两膝间的距离，男子以松开一拳或两拳为宜，女子以两膝两脚并拢为好。同时，不可仰头靠在座位背上或低着头注视地面；身体不可前俯后仰，或歪向一侧；双手不应有多余的动作；双腿不宜敞开过大，也不要把小腿搁在大腿上，更不要把两腿直伸开去，或反复不断地抖动，还要切忌两臂抱胸。

**【延伸阅读】**
### 服饰的"TPO"原则

Time（时间）：着装应该根据约会的时间而定，如正餐或晚宴，就应该是两种不同的服饰。

Place（地点）：着装必须要跟约会的地点来搭配，正式场合或者运动场合肯定是要有不同的搭配。

Occasion（场合）：要学会根据场合选择服装，不管是会议场合还是宴会场合，都应该要知道什么场合应该搭配什么样的衣服。

所以我们在商务衣着中，应该做到服饰的应时、应景、应事、应己、应制。

# 第三节 基本职场礼仪

## 一、介绍礼仪

在日常生活和工作中，人与人之间需要进行必要的沟通，以寻求理解、帮助和支持。介绍是最常见的与他人认识、沟通、增进了解、建立联系的方式。通常来说，介绍分为自我介绍和为他人做介绍两种。

**（一）自我介绍**

在职场中，想要结识某人或某些人，而又无人引荐，此时可以向对方做自我介绍。

在进行自我介绍时，要按照位低者先介绍（主人向客人先介绍，男士向女士先介绍，晚辈向长辈先介绍）的顺序；可以先递名片再介绍；要注意时间，一般半分钟左右为最佳，因而要长话短说，语言尽量精练、清晰；要注意时机，应在对方有要求、有兴趣或有空闲时进行；要保证介绍内容的真实性，不可夸大其词；要充满自信，态度要自然、亲切、随和，语速要不快不慢，目光正视对方；第一次介绍单位和部门时要使用全称。

**（二）为他人做介绍**

在为他人做介绍时，要注意介绍人的身份，在职场中一般由公关礼仪人员、秘书担任，而在社交场合则由女主人或被介绍双方都有一定交情的人担任；要注意介绍的前后顺序，先介绍主人，客人有先知情权，先介绍男士后介绍女士，先介绍晚辈后介绍长辈，先介绍位低者再介绍位高者；被介绍的双方在介绍完后，应相互握手问好。

## 二、握手礼仪

握手是在相见、离别、恭喜或致谢时相互表示情谊、致意的一种礼节，双方往往是先打招呼，后握手致意。恰当地握手，可以向对方表现自己的真诚与自信，也是接受别人和赢得信任的契机。

**（一）握手的顺序**

主人、长辈、上司、女士主动伸出手，客人、晚辈、下属、男士再相迎握手；长辈与晚辈之间，长辈伸手后，晚辈才能伸手相握；上下级之间，上级伸手后，下级才能接握；主人与客人之间，主人宜主动伸手；男女之间，女方伸出手后，男方才能伸手相握；如果男性年长，是女性的父辈年龄，在一般的社交场合中仍以女性先伸手为主，除非男性已是祖辈年龄，或女性未成年在 20 岁以下，则男性先伸手是适宜的。要提醒的一点是，无论什么人如果忽略了握手礼的先后次序而已经伸了手，对方都应不迟疑的回握，因为在任何情况下拒绝对方主动要求握手的举动都是无礼的。但手上有水或不干净时，应谢绝握手，同时必须解释并致谦。

**（二）握手的方法**

有关握手的方法，具体来说有以下几个。

（1）握手时，距离受礼者约一步，上身稍向前倾，两足立正，伸出右手，四指并拢，拇指张开，向受礼者握手。掌心向下握住对方的手，显示着一个人强烈的支配欲，无声地告诉别人，他此时处于高人一等的地位，应尽量避免这种傲慢无礼的握手方式。相反，掌心向里同他人的握手方式显示出谦卑与毕恭毕敬，如果伸出双手去捧接，则更是谦恭备至了。平等而自然的握手姿态是两手的手掌都处于垂直状态，这是一种最普通也最稳妥的握手方式。

（2）握手时，应伸出右手，不能伸出左手与人相握，有些国家习俗认为人的左手是脏的。如果你是左撇子，握手时也一定要用右手。当然如果你右手受伤了，那就不妨声明一下。

（3）握手时，戴着手套和帽子是失礼行为。男士在握手前先脱下手套，摘下帽子，女士可以例外。当然在严寒的室外有时可以不脱，比如双方都戴着手套、帽子，这时一般也应先说声："对不起"。

（4）握手时，眼睛一定要注视对方的眼睛，传达出你的诚意和自信，千万不要一边握手一边眼睛却在东张西望，或者跟这个人握手还没完就目光移至下一个人身上，这样别人从你眼神里体味到的只能是轻视或慌乱。那么是不是注视的时间越长越好呢？并非如此，握手只需几秒钟即可，双方手一松开，目光即可转移。

（5）握手时，不可交叉握手，也就是当两人握手时，第三者不要把胳膊从上面伸过去，急着和另外的人握手。

### （三）握手的力度

握手的力度要掌握好，握手不必用力，握一下即可，握得太轻了对方会觉得你在敷衍他，太重了人家不但没感到你的热情，反而会觉得你是个"老粗"；女士不要把手软绵绵地递过去，显得连握都懒得握的样子，既要握手，就应大大方方地握；男方与女方握手不能握得太紧，西方人往往只握一下妇女的手指部分，但老朋友可以例外。

### （四）握手的时间

握手的时间以 1～3 秒为宜，不可一直握住别人的手不放；与大人物握手，男士与女士握手，时间以 1 秒钟左右为原则；如果要表示自己的真诚和热烈，也可较长时间握手，并上下摇晃几下。

## 三、使用名片礼仪

名片是一个人身份的象征，当前已成为人们社交活动的重要工具。因此，名片的递送、接受、存放也要讲究社交礼仪。

### （一）名片的递送

在社交场合，名片是自我介绍的简便方式。因此，名片要准备充分，不能匮乏；名片要保持清洁，不要递出脏兮兮的名片；把名片装在专门的名片夹内，然后放在容易拿的上衣口袋。

交换名片的顺序一般是：先客后主，先低后高。当与多人交换名片时，应依照职位高低的顺序，或是由近及远，依次进行，切勿跳跃式地进行，以免对方误认为有厚此薄彼之感。递送时应将名片正面面向对方，双手奉上，手的位置应与胸部齐高，同时眼睛应注视对方，面带微笑，并大方地说："这是我的名片，请多多关照。"名片的递送应在介绍之后，在尚未弄清对方身份时不应急于递送名片，更不要把名片视同传单随便散发。

### （二）名片的接受

接受名片时应起身，面带微笑注视对方。接过名片时应说："谢谢"，随后有一个微笑阅读名片的过程，阅读时可将对方的姓名职衔念出声来，并抬头看看对方的脸，使对方产生一种受重视的满足感。然后，回敬一张本人的名片，如身上未带名片，应向对方表示歉意。在对方离去之前，或话题尚未结束，不必急于将对方的名片收藏起来。

### （三）名片的存放

接过别人的名片切不可随意摆弄或扔在桌子上，也不要随便地塞在口袋里或丢在包里，应放在西服左胸的内衣袋或名片夹里，以示尊重。

## 四、接打电话礼仪

随着科学技术的发展以及人们生活水平的提高，电话的普及率越来越高，日益成为人们生活和工作中必不可少的交流工具。而且，电话扮演着内外联系工作的第一线角色，完全靠声音和语言与对方沟通，客户是否满意常靠这一线间的联系。因此，掌握接打电话的礼仪也是非常重要的。

**（一）接听电话的礼仪**

在接听电话时，只要电话铃声一响就应立即去接，最好不要让铃声响过三遍；要首先问好和自报家门；要热情友好，注意语调温和、话语礼貌、语速适当；代接电话时要避免贸然猜测对方姓名，若对方有重要事情时应认真记录，同时要记录下对方的姓名、单位、联系方式、致电时间、是否需要回电等；在结束电话交谈时，要表示谢意，而且要等对方先挂断。

**（二）拨打电话的礼仪**

在拨打电话时，要注意选择合适的时间，最好避开用餐时间以及临下班时间，同时有关公务的电话尽量打到对方的单位，如确需往对方家里打，则要避开吃饭以及睡觉的时间；对方接听电话后，要首先通报自己的姓名和身份，还要询问对方现在是否方便接听电话，若不方便则要等对方方便时再打电话；要注意控制打电话的时间，基本的要求是"以短为佳，宁短勿长"，因而通话时要开门见山、直奔主题；交谈时，态度要热忱，语气要亲切，吐字要清晰，不可边吃边说，更不可能一边工作或同别人聊天一边打电话；交谈完毕后，再简单重复通话内容，然后再礼貌地结束通话。

**【思考与练习】**

1. 请根据自身的形象和气质特点，为自己准备一套职业装，设计完整的个人职业形象。
2. 请 2～3 名同学模拟介绍、握手、递接名片的举止规范。
3. 请具体分析在职业形象方面自身所存在不足，并提出合理、实用的提升方案。

# 第十章　大学生时间管理

【导读】
　　通过本章的学习，了解时间是可以进行有效合理分配和掌握的，理解时间管理的重要性，掌握时间管理的常用工具和方法。

## 第一节　时间管理概述

　　通俗来讲，时间管理就是有效地合理分配时间并指导我们的行动，把时间利用在最重要的以及会使我们利益最大化的事情上来。时间管理学者杰克·弗纳对时间管理的定义是：有效地应用时间这种资源，以便我们有效地达成个人的重要目标。卡耐基认为：竞争的实质就是在最短的时间内做最好的东西。简单地讲，时间管理就是如何以最少的时间投入来获取最佳的结果。

### 一、时间管理的内涵

#### （一）对事件的控制要得当

　　时间本身是不能够被管理的，时间管理的性质是对单位时间内事件的控制和管理，即把每一件事情都能够控制得很好。一般来说，事件可分为两大类：一类是可控制的事件，可以个人的意志而改变，如学习、工作、吃饭、睡觉等。另一类是不可控制的事件，不以人的意志为转移。如自然规律、生命现象、社会变革、社会风俗、法律法规、公司章程、企业文化等都属于不可控制事件。

#### （二）时间管理要有目的

　　时间管理要达到三个方面的效果，即效果、效率、效能。在时间管理的过程中，要时刻反省和检讨效果、效率、效能这三个主题，慢慢找到生命中既有价值又能指明自己前进方向的东西。

#### （三）时间管理要合理有效

　　时间管理要以提高对事件管理的效率为目的。时间管理最重要的功能是将事先的规划变为一种提醒与指引。管理好时间，才能管理好自己，才能发挥出自己更大的生命价值。

　　时间的公平性以及人的主观能动性决定了每个人都可以选择自己要做的事情。选择以及控制事件决定着生活的质量。

　　因此，我们只能在认识和适应不能控制事件的前提下，去选择我们能够控制的事件。然后最大限度地去充分利用可控制的那一面，把不可控的因素减到最少，避免在不可控因素上浪费时间。如此区别对待，才能够充分地利用有限的时间，产生最大的效能。

## 二、时间管理的法则

### （一）设立明确的目标

时间管理的目的是在最短时间内实现更多你想要实现的目标。把本年度的 4 到 10 个目标写出来，找出一个核心目标，并依次排列重要性，然后依照你的目标设定详细的计划，并依照计划进行。

### （二）学会列清单

把自己所要做的每一件事情都写下来，列一张总清单，这样做能让你随时都明确自己手头上的任务。在列好清单的基础上进行目标切割。

（1）将年度目标切割成季度目标，列出清单，每一季度要做哪些事情；

（2）将季度目标切割成月目标，并在每月初重新再列一遍，遇到有突发事件而更改目标的情形时及时调整过来；

（3）在星期天，把下周要完成的每件事列出来；

（4）每天晚上把第二天要做的事情列出来。

### （三）做好"时间日志"

你花了多少时间在哪些事情上，把它详细地记录下来，每天从刷牙开始，洗澡、早上穿衣花了多少时间，早上搭车的时间，早上出去拜访客户的时间……把每天花的时间一一记录下来，做了哪些事，你会发现浪费了哪些时间。当你找到浪费时间的根源，你才有办法改变。

### （四）制订有效的计划

绝大多数难题都是由未经认真思考后的行动引起的。在制订有效的计划中每花费 1 小时，在实施计划时就可能节省 3~4 小时，并会得到更好的结果。如果你没有认真做计划，那么实际上你正计划着失败。

### （五）遵循 20:80 定律

用 80%的时间来做 20%最重要的事情。生活中肯定会有一些突发困扰和迫不及待要解决的问题，如果你发现自己天天都在处理这些事情，那表示你的时间管理并不理想。一定要了解，对你来说，哪些事情是最重要的，是最有生产力的。成功者往往花最多时间在做最重要但不是最紧急的事情，而一般人往往将紧急但不重要的事放在第一位。因此，必须学会如何把重要的事情变得紧急。

### （六）安排"不被干扰"时间

假如你每天能有一个小时完全不受任何人干扰地思考一些事情，或是做一些你认为最重要的事情，这一个小时可以抵过你一天的工作效率，甚至可能比三天的工作效率还要好。

### （七）确立个人的价值观

假如价值观不明确，就很难知道什么是对你最重要的，当你的价值观不明确时，就无法做到合理地分配时间。时间管理的重点不在管理时间，而在于如何分配时间。你永远没有时间做每件事，但永远有时间做对你来说最重要的事。

**（八）严格规定完成期限**

巴金森（C. Noarthcote Parkinson）在其所著的《巴金森法则》中写下这段话"你有多少时间完成工作，工作就会自动变成需要那么多时间。"如果你有一整天的时间可以做某项工作，你就会花一天的时间去做它。而如果你只有一小时的时间可以做这项工作，你就会更迅速有效地在一小时内做完它。

**（九）学会充分授权**

列出你目前生活中所有觉得可以授权的事情，把它们写下来，找适当的人来授权。

**（十）同一类的事情最好一次做完**

假如你在做纸上作业，那段时间都做纸上作业；假如你是在思考，用一段时间只做思考；打电话的话，最好把电话累积到某一时间一次把它打完。当你重复做一件事情时，你会熟能生巧，效率一定会提高。

# 第二节　大学生时间管理存在的问题

大学生要想提高自己在学习和生活中时间利用的效率，就需要尽可能地避免时间管理存在的问题。一般而言，这些浪费时间的因素有可能来自于他人，也有可能来自于自己，但归根结底主要源于自身。从整体上看，大学生在时间管理中存在的问题主要有以下几种。

## 一、学习缺乏计划

计划是对未来行动方案的一种说明，也是未来行动纲领的先期决策。如果在执行一项任务之前没有做好准确的计划，常常会导致自己的努力徒劳无功，不仅浪费时间，而且会导致一事无成。

计划的制定一般包括六个步骤：确定目标、寻找完成目标的各种途径、选择最佳途径、将最佳途径转化为每周或每日的工作事项、编排每周或每日的行事次序并加以执行、定期检查目标的现实性以及完成目标的最佳途径的可行性。大学生制定的学习计划要根据教学大纲的要求进行，要切合自身实际，制定的学习计划不要太难，也不要太简单，是能经过自己的努力达到的。

## 二、不能拒绝请托

拒绝请托是保障自己的工作、学习时间的有效手段。倘若勉强接纳他人的请托无疑会干扰你自己的学习和工作。在现实生活中，很多人都会走入"不能拒绝请托"的时间管理误区中，大学生在走入社会后就会深刻地体会到这一点。

在诸多请托中，有一类是职务所系而责无旁贷的；另一类虽然也是职务所系，但请托本身却是不合时宜或是不合情理的；还有一类请托则属无义务履行的请托。后两类请托经常会引起人们的困扰。

很多人不好意思拒绝请托的原因主要有以下几点：

（1）接纳请托比拒绝更为容易。

（2）担心拒绝之后导致请托者的远离。

（3）想做一个广受欢迎的人。

（4）不了解拒绝他人请托的重要性。

（5）不知道如何拒绝他人的请托。

要想消除以上几种原因，大学生就必须从改变自我观念入手，理解拒绝请托的益处所在，做事要有原则，要学会委婉地拒绝别人。

## 三、组织工作不当

大学生在校期间也要适当的培养自己的组织管理能力，这是将来走向社会后十分必要的。做好组织工作的前提是要明确工作的目的和任务，其次要明确各项工作的职责，并做好选择和区分，剔除那些完全没有价值或只有很小意义的工作；接着要做好授权，最后再剔除那些你认为以后再干也可以的工作。

组织工作不当在现实生活中的表现主要是职责权限不清，工作内容反复；没有授权，事必躬亲，亲力亲为；眉毛胡子一把抓，没有重点。这三种不当不仅导致时间的严重浪费，而且也无法保证顺利实现工作目标。

解决组织工作不当的关键措施在于设置科学合理的组织结构，明确每个部门、每个人的职责权限；学会合理授权；能分清工作的重要性大小，并合理安排工作的顺序。

## 四、办事拖延

实际上，很多人都或多或少存在着办事拖延的毛病，特别是当自己要付出劳动或要做出抉择的时候；当自己对某项工作产生畏难情绪的时候；当想逃避某项我们不愿意去面对的事情的时候。拖延可以无情地带走时间，可以使你失去很多宝贵的机会，甚至可以使你一生都无法取得成功。

造成办事拖延这种恶习的原因有很多，其中最主要的原因是缺乏信心，缺乏责任感、安全感，害怕失败，或无法面对一些有威胁性、艰难的事情。当然，潜意识也是导致拖延的一种因素。

## 五、乱放东西

将东西胡乱放置主要存在以下三种情况。

（1）第一种情况。大学生将自己的学习资料，不是有意识地妥善保存，而是随便乱丢，或者堆到一块。过一段时间后，就当作废纸处理掉了。如学生的作业本、课本等用完后就丢弃了，到毕业复习的时候，根本想不起自己早些年学习上的薄弱环节。

（2）第二种情况。就是资料、物品杂乱地放在一起，没有任何的分类。比如，学习资料、考试试卷、作业本等没有按一定的标准分类，杂乱地堆放在一起，等需要时再到处寻找，浪费掉大量的时间。

（3）第三种情况。就是物品、资料用前不定位，用后不归位。如学生书包里的课本、作业、文具放置没有大小、长短、上下的顺序，小小一个书包里的东西，有时候几分钟都拿不出来，只好把里面的东西全部倒出来。在日常的学习和工作中，我们根本没有认识到这种习惯的作用，导致的结果是需要资料时无从查找，查找时费神费力费时间。据统计资料显示，我们每年至少要花 6 周的时间去查找乱放的东西。如果长期这样而不在意，那么，将是一项巨大的时间浪费。

# 第三节　时间管理的主要方法

## 一、帕累托原则在时间管理中的运用

在有限的时间和资源下实现目标最大化，是高效管理者工作的重要原则。时间是实现目标的重要因素之一，为了对高效管理者的时间进行更好地管理，我们引入帕累托原则。帕累托原则又称作重要的少数、微不足道的多数，或 80∶20 定律、犹太法则等，是 19 世纪末和 20 世纪初由意大利经济学家及社会学家帕累托提出的，最初是用于经济领域中的决策。这一原则是说在任何一组东西之中，最重要的通常只占其中的一小部分，因此对于重要但只占少数的部分必须分配更多的资源，更注重对它的管理。在时间管理中运用帕累托原则有助于应付一长列有待完成的工作。将一大堆需要完成的工作列出优先次序，把最应优先完成的作为工作中的重中之重，各花上一段时间集中精力把它们完成。

只有这样，那些看起来可能是无法一一完成的工作才能通过我们所完成的那几件重要工作而得到解决，获得最大的收益。

## 二、"坐标法"在时间管理中的运用

一个人在同一时间处理两个以上的任务是件极为困难的事情，一直保持高效更是难上加难，因此管理者应把时间花在重要的、必须做的任务上，而不是那些并非必须要做的事情之上。

如果以"轻—重"为横坐标，"缓—急"为纵坐标，我们可以建立一个时间管理坐标体系（见图 10-1）把各项事务放入这个坐标体系。大致可以分为四个类别：重要且紧急、重要不紧急、紧急不重要、不重要不紧急。

我们通常会把紧急的事情放在第一位，这不是管理时间的有效办法。在最初，我们可能会重视事情的重要程度，做的是"重要且紧急"的事情，但应避免习惯于"紧急"状态，否则，我们会不由自主地喜欢上"到处救火"的感觉，把自己当成"救火队员"，转而去做那些"紧急不重要"的事情了。

这样一来，我们没有时间去做那些"重要不紧急"的事，而这些事往往有着更深远的影响。将大部分时间花在"重要而不紧急"的事情上，可以让我们避免掉进"嗜急成瘾"的陷阱中，更可以避免在事情变得紧急后才疲于应付。对于高校来说，"重要不紧急"的事就是教学。确定了教学任务，就明确了围绕教学所需的人、财、物以及包括学术活动在内的各种活动，高校各个管理层的时间管理都应围绕这一任务展开。

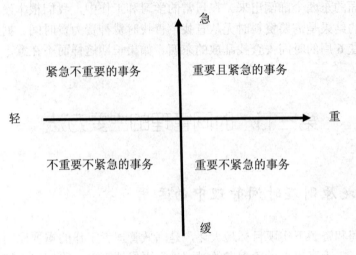

图 10-1　时间管理坐标体系

## 三、莫法特休息法

《圣经新约》的翻译者詹姆斯·莫法特的书房里有 3 张桌子：第一张摆着他正在翻译的《圣经新约》译稿；第二张摆的是他的一篇论文的原稿；第三张摆的是他正在写的一篇侦探小说。莫法特的休息方法就是从一张书桌搬到另一张书桌，继续工作。"间作套种"是农业上常用的一种科学种田的方法。人们在实践中发现，连续几季都种相同的作物，土壤的肥力就会下降很多，因为同一种作物吸收的是同一类养分，长此以往，地力就会枯竭。人的脑力和体力也是这样，如果每隔一段时间就变换不同的工作内容，就会产生新的优势兴奋灶，而原来的兴奋灶则得到抑制，这样人的脑力和体力就可以得到有效的调剂和放松。

## 四、高校管理者的时间管理

高校管理者每天都要面对各种各样的事务，千头万绪，涉及方方面面。如何在繁多的事务中抓住重点，以点带面，从而促进相关工作的开展和完成，时间管理有着重要的作用。科学、规范、有序的时间管理不仅对高校管理者本人极为重要，对提高整个高校的工作效率、降低办学成本也极为重要。但因为主观客观上的原因，我们都习惯了不将时间列入办学成本进行计算。

### （一）高校管理者时间管理的必要性

高校管理者为什么要对时间进行管理，这虽是个见仁见智的问题，但由于很多高校管理者未对时间进行科学有效的管理，往往造成疲于奔命却大事抓不了、小事抓不到，浪费时间的现象广泛存在，造成高校管理者时间浪费的原因是多方面的，从主观上说，一方面可能是因为管理者想做的事情太多，但确因没有科学区分事情的轻重缓急，甚至缺乏明确的目标，导致各项工作缺乏优先顺序，最后可能有头无尾；另一方面也可能是因为不擅于授权导致自己不得不花费大量的时间于具体事务，或因仓促决策导致了整个学校的时间以及其他资源的浪费。从客观上说，高校管理者浪费时间的原因来自于上级领导、工作系统以及生活工作条件等方面。不管是何种原因，高校管理者的时间一旦出现浪费，对整个部门伤害极大，严重的可能会导致部门、学校低效率重复劳动，最终成效不彰。为了避免浪费时间的现象重复出现，必须对高校管理者的时间进行管理。高校管理者永远没有时间做每件事，但应通过对时间进行管理，保证他们永远有时间做最重要的事。

**（二）高校管理者时间管理的内容**

高校管理者的时间管理并非是对时间这一资源进行管理，而是对管理者自身进行管理，通过提高管理者的时间使用效率，减少浪费，从而达到提高工作效率的目标。对管理者自身进行管理主要包括四个方面内容。

1. 掌握工作的关键

高校不同层次的管理者尽管工作任务和工作责任不尽相同，但管理活动却是一致的，可简单归结为三个掌握，即掌握关键工作、掌握关键人物、掌握关键活动。高校发展目标能否实现的重点不在于每个环节、每个步骤，而在于制约性因素。制约性因素往往体现在关键工作、关键人物和关键活动上，抓住了这三个关键，高校管理者也就解决了制约性因素。所谓"大智有所不虑，大巧有所不为"，之所以称为大智大巧者，在于能够扬其长而避其短。高校管理者无论职位、社会地位、学术水平高低，都是普通劳动者，不可能是全能的，也不需要面面俱到，因此，只要掌握了关键也就抓住了时间管理的要诀。具体地说，出现重要而且紧急的事情时，高校管理者应首先进行处理，但要避免成为工作常规，应保证高校管理者的大部分时间花在重要而不紧急的事情上。高校管理者专注于处理重要的事情，说明他抓住了影响整个部门乃至整个高校的工作全局，主要精力放在不紧急的事情上则意味着未雨绸缪，防患于未然。

2. 简化工作程序

工作流程越简化，越不容易出问题，执行部门及人员在工作过程中会越加细致，执行效果越好。同时，简化程序有利于解决高校中出现的"文山会海"现象，不该发的文不发，不该开的会不开，提高行文和会议效率，降低管理成本。就开会而言，会前必须明确会议的目的，是分享信息、辩论还是决策，决策性的会议材料应该在会前几天分发给参会者，让参会者能尽早熟悉会议内容并有足够的考虑时间，以提高决策的质量和速度，避免会议流于形式，避免将会议时间浪费在泛泛而谈上却做不出任何科学决策。

3. 合理安排工作时间

应该做好每天、每周、每月以及每年的工作计划，列出每一时间单位内应该完成的工作，排出优先次序，突出重点并确认完成时间，并适当安排"不被干扰"的时间。高校管理者常常需要整块的时间去思考一些重要决策或完成重要的任务，在进行这些任务的过程中，不能被外界打断，否则重新进入深度思考与完全工作状态往往需要更长的时间。高校管理者集中时间不受干扰地处理一些重大事项而把其他事情都推到一边，可能会给本部门甚至整个学校带来一些意想不到的麻烦，但如果能有足够必要的时间，不受任何人任何事干扰地思考或者从事对整个部门甚至整个学校至关重要的工作，那么这些可能的麻烦将是微不足道的。

4. 合理授权

任何一位高校管理者都不可能独自完成本部门乃至整个单位的所有工作，也不可能独自对所有的事情做出科学决策，因此将一些事情指派或授权给别人，让其他人对工作进行分担，是提高使用效率的有效方式之一。列出工作中所有可以授权的事项，并授权于适当的人来决策和执行，会提高整个学校的办学效率。高校管理者的授权必须充分，同时必须重视监督和检验，保证被授权者的行为符合学校的整体利益。在授权过程中，管理者应避免出现把别人当成自己提高效率多做事的资源或者障碍、干扰者的陋习，否则可能会出现控制他人的欲望，倾向于让被授权人按照要求做事，或者让"他们"不要妨碍"我们"做事。从而使授权行为适得其反。在授权中必须要克服"办事拖延"的陋习，推行"限时办事制"。办事拖延是浪费时间的重要原因之一，实际工作中，工作任务的完成时间往往都会超出预期。因此，严格规定每一件事情的完成期限，并要求被授权者在限定时间内报告处理结果，授权效果会更为有效。

【延伸阅读】

### 坚持目标，随时检视——学习《时间管理》心得体会

在生活工作中往往有许多时间被浪费掉，塞车、无聊的应酬、需要处理的各种各样的意外情况等，让人十分心烦。然而面对浪费时间的内在因素我们却很少反省。比如：不切实际的想象和同一时间想太多的事，事必躬亲，拖延等。

学习了《时间管理》，认识到管理时间的真正意义是避免浪费时间，也就是尽量安排自己在规定的合理时间内，做更多的事情，提高自己使用时间的效率。通过学习，我在今后的工作中力争提高自己的工作效率，将采取如下措施：

一、制定一个合理的工作计划

自己常以"没时间"作为不做计划的借口。实际是越不做计划的人越没有时间。时间只给那些合理安排工作的人。《时间管理》中讲，"将做计划的时间当作一种节省时间的投资"的概念对我很有启发，因此，在无意外发生或无正当理由的情况下，最好不要修改计划，应尊重已订立的计划，否则就是浪费时间，投资了却没有回报。

二、做好完善的工作记录

忘记领导交代给我们的事情，忘记下属向自己汇报的事情，每天总是要重复听那些已经听过的事情，干已经干过的事情，所有这些都是因为你没有一个好的工作记录。工作记录可以让我们每天合理地安排自己的时间，提高工作效率，从而达到节约时间的目的。因此，一个习惯随时记录工作的人才是一个高校的人。

三、确立目标

工作中经常遇到各种各样的事情，自己的事情、别人的事情、紧急的事情、重要的事情，或者是闲散的事情，我们该怎样分配自己的时间，有效地完成这些工作呢？

（1）要事永远放在第一位；

（2）确立正确的目标；

（3）确立切合实际的目标；

（4）目标必须书面列明；

（5）目标必须有时限，确保按照计划执行。

四、选择完成工作目标的途径

（1）合理分配自己的工作。

（2）寻找最佳完成途径，将每一项工作的完成途径逐一列明，从中找到最佳完成途径亦是一个好办法。

（3）提前列出工作日程表，使工作有更多的计划性，保证我们准确无误地按照"要事第一"的原则做事情。

时间对任何人都是公平的，不以人类意志转移而改变，只有合理安排时间、运用时间的人，才有可能取得更高的工作效率。

**【思考与练习】**

1. 你的时间分配合理吗，你在时间管理中存在的最大问题是什么？

2. 请根据你近期的重大目标，拟定一份详细的时间管理方案。

# 第十一章 大学生创新能力

**【导读】**

创新是新时代的一张通行证；是一个民族甚至国家赖以生存的灵魂；是成为高新人才所应具备的基本素质。没有创新就缺乏竞争力，没有创新也就没有价值的提升。世界的进步需要创新，创新就是进步的翅膀。

## 第一节 认识创新

创新对大学生个体品格的养成具有重要的作用，因为它激发的是一个人最具价值的能力和向人生更高层次发展的直接动力。

### 一、创新决定大学生的未来

大学生是全面建设小康社会的人才之源，是中国各项事业迅猛发展的排头兵，肩负着中华民族复兴的伟大使命。创新素质教育不仅仅是大学生个体成长成才的内在与长远需要，更是民族兴旺发达、建设社会主义和谐社会的紧迫召唤。

**（一）创新是大学生获取知识的关键**

在知识经济的时代，知识的增长率加快，知识的陈旧周期不断缩短，知识转化的速度猛增。在这种情形下，知识的接受变得并不重要，重要的是知识的选择、整合、转换和操作。大学生最需要的是那些涉及面广、迁移性强、概括程度高的"核心"知识，而这些知识并非是靠语言所能"传授"的，它只能通过学生主动地"构建"和"再创造"来获得，这就需要创新能力在其中主动地发挥作用。

**（二）创新是大学生终身学习的保证**

随着高等教育规模的不断扩大，高等教育职能正在由精英教育向素质教育转化，学习也正由阶段教育向终身教育转化，学习将成为个人生存、竞争、发展和完善的第一需要。在知识无限膨胀，陈旧周期迅速缩短的情况下，大学生的社会职业将变得更加不稳定。在创新意识的指引下，大学生有能力在毕业之后，利用各种有利条件，根据所从事的工作不断完善自身的知识和能力结构，更好地达到完善自我和适应社会的目的，从而为终身教育打下坚实的基础。

**（三）创新决定大学生的未来**

创新是人综合能力的一种外在表现，它是以深厚的文化底蕴、高度综合化的知识、个性化的思想和崇高的精神境界为基础的。创新思维的有与无，将决定一个人的发展前途；创新能力的高与低，将决定一个人的事业天地。古今中外，大凡在事业上有所建树、有所作为的人，可以说都是创新思维能力很强的人。他们靠智慧、靠特色、靠创新、靠点子，开拓出事业上的一片广阔天地。创新能力强，就能敢于说别人没有说过的话，敢于做别人没有做过的事，敢于思考别人没有思考过的问题。

创新思维的水平，将决定一个人的勇气、胆识的大小、谋略水平的高低。准确了解、把握自己创新思维能力的大小及其表现形式，将有助于自己的发展定位和目标设计。

## 二、什么是创新

"创新"一词，出现较早，不过词意与现代不同，主要是指制度方面的改革、变革、革新和改造，并不包括科学技术的创新。据目前所见资料，最早见于《魏书》："革弊创新者，先皇之志也。"（《魏书》卷六十二）后世古籍中又数次出现"创新"一词，都大抵与"革新"同义，主要是指改革制度。

《辞海》里讲"创"是"始造之也"，首创、创始之义；"新"是"初次出现，与旧相对"，才、刚之义。"创新"有三层含义，一是抛开旧的，创造新的；二是在现有的基础上改进更新；三是指创造性、新意。

在国外，美国经济学家熊彼特于 1912 年最先在德文版《经济发展理论》一书中提出了"创新理论"，成为创新理论研究的鼻祖。他认为"所谓创新，就是建立一种新的函数，也就是把一种从来没有过的关于生产要素和生产条件的组合引入生产系统。"

"现代管理学之父"彼得·德鲁克在《创新与企业家精神》一书中提出，"创新是一个过程，是一项有组织、有系统且富有理性的工作；创新是企业家展现其创业精神的特定工具，是赋予资源一种新的能力使之创造财富的活动，创新本身就创造了资源。"

根据国家社会科学基金评估指标的规定，创新可概括为三个方面：理论创新、方法创新和创新描述。可见创新的内容是丰富多彩的：开辟新领域、创立新理论、提出新观点、建立新概念、寻求新材料、探索新方法等，都应当属于创新的范畴。

# 第二节　探索创新类型

## 一、创新的类型

依据不同的标准，创新可分为不同的类型。

（1）根据创新的表现形式进行分类可以分为：知识创新、技术创新、服务创新、制度创新、组织创新、管理创新等。

（2）根据创新的领域进行分类可分为：教育创新、金融创新、工业创新、农业创新、国防创新、社会创新、文化创新等。

（3）根据创新的行为主体进行分类为：政府创新、企业创新、团体创新、大学创新、科研机构创新、个人创新等。

（4）根据创新的方式进行分类可分为：独立创新和合作创新等。

（5）根据创新的意义大小进行分类可分为：渐进性创新、突破性创新、革命性创新等。

（6）根据创新的效果进行分类可分为：有价值的创新（如电脑发明等）、无价值的创新（如没有市场需求的新产品等）、负效应创新（如污染环境的新产品等）。

（7）根据创新的强度进行分类可分为：渐进性创新、重大创新、突破性创新。

（8）根据创新的层次进行分类可分为：首创型创新、改进型创新、应用型创新。

【案例】

### 福布斯中国版首次发布中国创新人物

福布斯中文版于2014年8月发布了"中美创新人物"专题，选出中美各10位年度创新者。

福布斯中文版编辑按照如下标准来筛选中国的10位创新者：

一、实现了技术基础之上的商业成功；

二、个人在其中起到了决定作用；

三、显著改变甚至颠覆了所在行业；

四、创造了全新的用户群体；

五、广泛被期待有可能产生"next big thing"。

中国创新人物名单：（以首字母拼音为序排列）

贾跃亭（乐视创始人、CEO）

李河君（汉能控股董事局主席）

雷军（小米科技创始人）

彭蕾（支付宝CEO）

汪建（华大基因总裁）

汪滔（大疆创新科技创始人）

王传福（比亚迪董事局主席）

王卫（顺丰速运集团总裁）

张雷（远景能源科技董事长）

张小龙（腾讯公司高级副总裁）

微信改变了我们的沟通方式；小米手机改变了手机行业的游戏规则；顺丰在中国正创造世界级的物流服务；经过多年努力，比亚迪正引领中国步入电动车时代。

## 二、创新的三个层次

创新有三个层次：基础性创新、支撑性创新、应用性创新。

基础性创新是指文化创新、社会制度创新、重大学科理论创新。

支撑性创新是指技术创新、产业创新、组织创新。

应用性创新是指产品创新、市场创新、商业模式创新、管理创新等。文化创新和制度创新是最根本的，例如就中国的改革开放而言，没有思想观念的转变和社会基本制度的转变，其他的创新都不可能发生。

# 第三节　提升创新能力

## 一、创新型人才的主要特征

所谓创新型人才，就是具有创新意识、创新精神、创新思维、创新意识、创新能力并具有良好的创新人格，能够通过自己的创造性劳动去获得创新成果，在某一领域、某一行业、某一工作上为社会发展和人类进步做出了创新贡献的人。

国务院发展研究中心人才资源研究培训中心副主任、研究员林泽炎认为：作为创新型人才，理想是动力，知识是基础，制度是保障，事业是舞台，个性是关键。创新型人才应该具备的主要素质特征包括以下方面。

### （一）具有创新意识和创新精神

创新意识是指人们在客观事物的刺激下，自觉产生改变客观事物现状的创新意愿和创新欲望。创新意识是创新活动开展的先决条件，也是创新能力开发和创新思维培养的原始起点，包括强烈的好奇心、旺盛的求知欲、适度的怀疑感、积极的进取心态和求索意识。

创新型人才必须具备良好的献身精神、强烈的事业心和历史责任感等可贵的创新精神。它是人创新活动的内在驱动力，是人的创新能力得以发挥的潜在动力，也是人持续创新的根本保证。创新是一个探索未知领域和对已知领域进行破旧立新的过程，可能遇到重重的困难、挫折甚至失败。

### （二）具有创新能力

创新能力指人在顺利完成以原有知识经验为基础的创建新事物的活动中表现出来的潜在的心理品质。创新能力具有综合独特性和结构优化性等特征。

遗传素质是形成人类创新能力的生理基础和必要的物质前提，它潜在决定着个体创新能力未来发展的类型、速度和水平；环境是人的创新能力和提高的重要条件，环境优劣影响着个体创新能力发展的速度和水平；实践是人创新能力形成的唯一途径。实践也是检验创新能力水平和创新活动成果的尺度标准，包括丰富的想象能力、敏锐的洞察能力、严谨的研究能力和创新活动的尺度标准。

### （三）具有创新人格

创新人格即勇于创新、善于创新的品格，以及坚韧不拔的毅力和较强的承受力等个性品质，是科学的世界观、正确的方法论等众多非智力因素的有机结合，是创新型人才表现出的整体精神风貌。没有创新人格，人的创新潜能很难充分发挥。创新品格主要包括顽强的意志、毅力，能经受挫折、失败的良好心态及坚韧顽强的性格。

### （四）具有创新思维

从广义上讲，创新思维是指在创新过程中发挥作用的一切形式的思维活动的总和。从狭义上讲，是指人们在创新实践中由已知探求未知，从而产生具有价值的新观念、新方法和新技术的思维活动，或者说是指产生新颖、独创、有价值思维结果的思维活动。创新型人才应具有独特的创新思维，而创新思维有助于科学方法的掌握，以及创新活动的顺利开展。创新思维具有独创性、突发性、求异性和模糊性的特征，是人们创新实践和创新活动的灵魂和核心，包括发散思维、收敛思维、直觉思维和形象思维等。

**（五）掌握创新知识**

创新是对已有知识的发展，这就要求创新型人才的知识结构既有广度，又有深度，既要有深厚而扎实的基础知识，了解相邻学科及必要的横向学科知识，又要精通自己的专业并能掌握所从事学科专业的最新成就和发展趋势，这种完备的知识结构有助于增强他们的综合思维能力和创新能力。

## 二、提升创新能力的途径与方法

**（一）注重创新个性**

人没有个性就没有创造性，就没有发展。

个性是指人的个性在后天活动中逐步形成的习惯和行为方式，它包括一个人的处事原则、对事物的态度和活动方式三个基本要素。创新个性就是在对待事物的态度方面，能具备从事创新活动所必需的、正常的、健全的心理。创新人才应具备以下个性心理品质：（1）有高度的自主性和独立性，不雷同；（2）富于幻想，敢于大胆假设，勇于冒险，善于抓住机遇不放；（3）思维灵活、敏捷；（4）有旺盛的求知欲和强烈的好奇心，兴趣广泛；（5）具有坚韧不拔的毅力和科学的探索精神等。

**（二）消除主观障碍**

影响大学生创新思维发展的障碍包括：受传统观念的束缚、不加批判地学习和固执己见等。这些都是大学生需要克服和消除的。

传统的理论、观点和方法，往往束缚人们的思想，如果大学生在思考问题时，总是过于轻信教科书和迷信学术权威的观点，不敢超越前人半步，常纳入别人的思维轨道，就会阻碍自己创造性思维。

固执己见、偏见和过于依赖、谨慎、谦虚、病态的安全感等不健康心理，都会阻碍大学生创造性思维的发展，应加以克服。

**（三）掌握创新方法**

学习和掌握一些科学的创新理论和方法，是培养提高大学生创新能力的关键途径。科学的创新理论和方法是科学家们在长期的科学创造实践中探索总结出来的，对大学生创新能力的培养提高具有很强的指导意义。对大学生来说，一要掌握辩证唯物主义世界观和方法论，遵循辩证唯物主义的认识路线，用正确的认知论指导自己的实践，避免在创新活动中走弯路、误入歧途；二是要学习有关创造学原理，掌握创新活动的内在机制、基本过程和内容，学会如何进行创新；三是学会用创新思维方法，如求异思考、求同思考、反向思考、联想思考、类比思考等创新思维方法；四要掌握创新技法，如移植创新法、逆向创新法、外向创新法和极端化创新法等一些科学的创新技法。

**（四）参加创新实践**

一切创新的内容都来源于社会生活，来源于社会需求。在校大学生应充分认识社会实践对创新活动的重要性，多途径参加社会实践活动，如积极参加社会调查活动、社会实习活动、课外兴趣小组活动等。

【延伸阅读】

### 创新型人才的四种关键能力

**一、批判思考能力**

所谓具有批判思考能力，是指他比较善于发现问题，善于发现当前状况中所存在的主要问题及其症结所在，并能够积极地去寻找可靠的合理的改进措施。可以说，无论是科学研究还是各项技术革新活动或是工作方式改进等都是在发现当前状况所存在的问题基础上进行的，不能发现问题，就会安于现状或牢骚满腹，就不能进行创造和创新。发现问题，就是要对现实状况进行理性的批判，发现其症结所在并寻找改进对策。所以，具有批判性思考能力是创新人才的第一位或最基本的特征。换言之，不能进行批判性思考的人是不可能成为创新人才的。

**二、顽强的意志力**

具有坚强的意志品质是指一个人具有很强的耐挫折能力，它是一个人对自己的意志目标具有坚定信心的表现，从而表现出不达目标誓不罢休的决心。创新人才的意志力是建立在理性批判的基础上的，因而他会不断地尝试新的解决方案，不会被眼前的挫折和困难所吓倒，因为他坚信自己的目标追求是正确的，是为绝大多数人谋福祉的。可以说，一遇到困难就退缩的人是不可能成为创新人才的。

**三、沟通协调能力**

该特征是指一个人只有善于与环境进行协调，并获得周围人的支持才能获得创新成功。这意味着创新人才不是一个自我封闭的、固执己见的人，而是一个善于适应环境并能够迅速调整自我状态的人，具体表现为善于与别人分享自己的观点，主动地倾听别人的意见和建议，善于让别人了解自己的目的和意图，从而能够获得别人的理解、支持和尊重，这样就创造了一个实施创新环境的软环境。善于沟通协调是一个人走向成功的必备要素，也是创新人才的基本特征。

**四、把握时机能力**

善于把握时机是指一个人善于把握事物发展变化的关键点，从而能够创造获得成功的关键要素，促进成功的到来。这意味着创新人才必须善于预见在创新过程中所遇到的各种困难，而且善于把握克服困难的关键点，从而能够变被动为主动，推动事物向有利于自己的目的和计划的方向变化。

可以说，任何成功都不是自动实现的，都是在不断创造条件和有效地把握时机后实现的，这要求创新人才不仅要善于与环境交流，而且要敏于观察形势发展变化，从而做出适当的抉择，否则就可能贻误时机，勤苦而难成。

【延伸阅读】

### 创新人格测试

**一、托拉斯测试法**

这是根据美国著名心理学家托拉斯的研究成果编成的，简称托拉斯测试法。它要求对下面20种情况做出判断，如果符合自己的情况就在（　）里打上"√"，如果不符合就打"×"。

1. 在做事、观察事物和听人说话时，我能专心一致。（　　）

2. 我说话、写文章时经常用类比的方法。（　　）

3. 我能全神贯注地读书、书写和绘画。（　　）

4. 完成老师布置的作业后，我总有一种兴奋感。（　　）

5. 我不大迷信权威，常向他们提出挑战。（　　）

6. 我很喜欢（或习惯）寻找事物的各种原因。（　　）

7. 观察事物时，我向来很精细。（　　）

8. 我常从别人的谈话中发现问题。（　　）

9. 在进行带有创造性的工作时，我经常忘记时间。（　　）

10. 我总能主动地发现一些问题，并能发现和问题有关的各种关系。（　　）

11. 除了日常生活，我平时差不多都在研究学问。（　　）

12. 我总对周围的事物保持着好奇心。（　　）

13. 对某一些问题有新发现时，我精神上总能感到异常兴奋。（　　）

14. 通常，我对事物能预测其结果，并能正确地验证这一结果。（　　）

15. 即使遇到困难和挫折，我也不会气馁。（　　）

16. 我经常思考事物的新答案和新结果。（　　）

17. 我有很敏锐的观察能力和提出问题的能力。（　　）

18. 在学习中，我有自己选定的课题，并能采取自己独有的发现方法和研究方法。（　　）

19. 遇到问题，我经常能从多方面来探索它的解决方法而不是固定在一种思路上或局限在某一方面。（　　）

20. 我总有些新的设想在脑子里面涌现，即使在游玩时也常能产生新的设想。

这里列出的 20 道题是一个高创造性学生所具有的个性心理特征。如果你的情况符合上述所道的条数越多（打"√"的题目越多），则证明你的创造心理越好，也就标志着你的创造力可能很高。

如果你打"√"的数目占总数（20题）的90%以上，说明你的创造心理特征很好；

如在 80%左右（即打"√"的有14～17道题），则说明你的创造心理特征良好；

如在 50%左右（即打"√"的有10～13道题），则说明你的创造心理特征一般；

如在 30%以下，则说明你的创造心理特征比较差。

【思考与练习】

1. 创新对于个人学业发展有哪些影响？

2. 提升创新能力的途径和方法有哪些？

3. 构图与命名

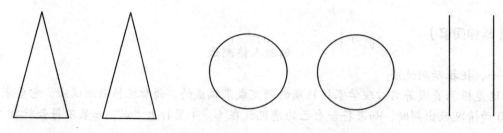

（1）所画图画必须包含以上所有图案，不能多不能少；

（2）画的幅数越多越好；

（3）给每一幅画题词，即命名或简单的解释；

（4）限时 5 分钟。

# 模块三：就业指导篇

# 第十二章　大学生就业形势与政策

【导读】

　　大学生就业难是一个现实问题，更是一个社会问题。总体来说，大学毕业生具有较高的人力资本水平，是劳动市场上的优势群体。但随着全球化的发展与知识经济的冲击，青年就业所需的能力和门槛逐年提高，大学生必须具备能够满足新经济要求的核心就业能力才能成功发展，但现有教育培训体系缺乏必要的就业市场需求导向，缺乏对创业行为的深入探究。大学生在知识和技能结构上与人才市场的需求存在脱节，大学生就业结构性矛盾日益突出。

## 第一节　大学生当前就业形势

### 一、社会经济增速趋缓，将对就业产生一定影响

　　目前国内经济发展速度的放缓和结构的调整，客观上会对劳动者就业结构产生影响，同时也会对就业总体规模产生挤压效应，对劳动者就业产生影响。尤其是传统支柱产业企业改革的重组加快、淘汰落后产能、部分行业持续低迷及产能过剩将造成结构性失业和转型性失业，就业难度加大。国际经济发展形势仍然不确定，风险和变数依旧较多，欧美主要经济体面临着财政紧缩、主权债务风险上升等诸多问题，新兴经济体面临着经济结构调整、出口下滑等问题，世界经济艰难复苏，影响着出口型经济及就业的发展。

　　市场预期和企业转型升级对就业的影响依然较大。一是企业转型升级的步伐缓慢。一些中小企业、民营企业技术创新的能力还比较薄弱，产品结构转型的步伐比较缓慢，受国内外市场竞争、产品技术含量、附加值等因素的影响，企业不得已实施低价竞争策略，部分企业过分控制人工成本，支付给员工的工资待遇偏低，导致员工流失。二是部分企业对近期的生产形势不够乐观，裁员频繁，急于消解成本压力，这在一定程度上伤害了员工对企业的感情。三是部分企业的社会责任感比较欠缺，长期沿袭"需要就招工、不需要就解雇走人"的用工模式伤害了劳动者的感情，让他们没有安全感和稳定感。

　　社会对于毕业生学历层次的需求越来越高。目前我国中高层次的人才严重短缺，社会对高层次的复合型、外向型和开拓型人才的需求日益迫切，呈现对人才结构的需求层次重心上移的趋势。在毕业生就业中研究生已越来越"抢手"，本科生还能基本平衡，专科生则较明显地呈现供过于求的趋势。高校、科研单位、大机关、大公司已经基本上以接收硕士生博士生为主，甚至连一些中小型单位都开始希望多接收研究生。这种社会现象致使现在不少用人单

位存在"人才高消费"的错误观念，盲目追求高学历人才，因而对毕业生的需求出现扭曲，人为地制造了就业难。

## 二、高等院校就业现状分析

随着教育体制改革的不断深入，我国高等教育也逐步向适应社会主义市场经济体制的办学模式转型，办学规模不断扩大，体系结构日趋完善。其中高等职业教育发展尤为迅速，已经占据我国高等教育的"半壁江山"。目前，由于经济社会的调整、人才培养模式的变化、毕业生人数大幅增加和大学生就业观念滞后等一系列问题的存在，导致当前高等院校毕业生的就业现状不容乐观。

1. 毕业生就业能力不高

就业能力是在学习基础上发展起来的与职业相关并嵌入个体身心的一种综合能力。对个体而言，就业能力包括个人成功就业、维持就业和获得晋升的能力，以及自我就业的能力。随着高等教育的改革，高校已经由过去的"精英教育"转变为"大众教育"，大学招生数量不断扩大，高校就业制度从过去的"计划分配"到现在"以市场为导向、政府调控、学校推荐、学生与用人单位双向选择"的转变，"毕业即就业"的局面已经被打破，用人单位对毕业生的敬业精神、职业道德、思想道德觉悟和能力素质水平都提出了越来越高的要求，看重品质和能力，对专业反而越看越淡，不少单位已经开始对接收毕业生持"宁缺毋滥"的态度。然而，很多在校大学生缺乏能力培养的意识，不知道社会需要什么样的人才，缺乏工作经验和基本技能，"学"与"用"没有紧密结合起来，导致目前毕业生就业能力不高。

2. 毕业生的就业期望值居高不下仍然是目前高校毕业生就业工作中的主要难题

毕业生们普遍感到"找不到理想的单位"，而同时有许多基层一线的用人单位急需人才但又招聘不到毕业生，这就反映出毕业生求高薪、求舒适、求名气的心态仍较普遍，目前毕业生中间以事业发展为重的并不占多数，而是普遍希望能到大机关、大公司、大企业等大单位工作，希望能去的单位名声好、工作条件好、生活待遇好、有出国机会，甚至离家比较近等。在区域选择方面，大多数毕业生想留在大城市、沿海开放城市工作，然而目前实际最需要毕业生的却恰恰是那些边远地区、中小城市、艰苦行业的基层一线中小型单位，这些地区和单位人才奇缺，非常希望能接收到大学毕业生，但年年要人却年年要不到人，没有多少毕业生愿意到这些地方去，分配去的毕业生也容易流失，即"要不到、分不来、用不上、留不住"。这样造成毕业生为一个较优越的职位竞争激烈，从而使不少毕业生错过择业良机。

3. 毕业生就业满意率较低

毕业生就业满意率低主要体现在高职毕业生对薪酬、专业对口率、就业稳定性、事业发展预期空间等满意率较低。很多学生在初入大学时持有"大一先轻松一下，大二大三再努力也不迟"的心态，对自己的未来发展缺乏科学的规划，这往往成为他们面对就业压力时感到手足无措的一个重要原因。随着就业压力的增大，毕业生的就业定位越来越趋于理性，更多的高校毕业生面临的问题不是找不到工作，而是找不到满意的工作。就很多毕业生而言，与其说是"就业困难"，不如说是"就业迷茫"，不知道自己能从事什么样的工作、该从事什么样的工作。

4. 东部发达地区仍是毕业生就业的首选地

据人力资源和社会保障部门调查显示，在经历一段时间的"逃离北上广"后，新入职场的大学毕业生再次将就业目光聚焦在一线城市。2012 年，在毕业后一年内选择留在一线城市的大学生占总数的 63%，和上年的 38% 相比有较大幅度的上升。前程无忧等机构针对毕业生就业区域意向方面做了一次问卷调查，《2016 年应届生调研报告》收集全国各地高校 2016 届毕业生 3095 份调查问卷和企业的 1661 份调查问卷显示，在跨地区求职的城市中，一线城市仍是首选，其中上海最受应届生青睐，其次是深圳、广州、北京。而在非一线城市中，应届生异地求职更倾向于长三角地区，例如苏州、杭州以及中西部的省会城市，如武汉、成都等，只有少数比例的大学生愿意到其他城镇、非城镇和其他地区工作。这种情况在未来很长一段时间内将会延续。这说明东部发达地区、沿海城市仍然是吸引毕业生就业的主要区域，其中以京、沪为中心的经济中心区，仍是毕业生流向的主要地区。

5. 引导和鼓励毕业生到基层就业和西部就业的政策起到积极作用

根据不同的就业形势，国家每年都出台了相应的就业政策和措施，为引导、协调、安排毕业生就业提供了有力的保障；同时，随着社会的迅速进步，知识经济的突起，各种经济成分的共同发展，社会对人才的需求量愈来愈大，非公有制企业、乡镇企业、广大基层和欠发达地区更为毕业生提供了施展才华的广阔用武之地。国家政策大力扶持的就业项目有"预征入伍""部队士官招聘""西部计划""大学生村官计划""三支一扶"等。另外，国家积极鼓励高校毕业生自主创业的大形势，我们可以在一定的条件下，瞄准商机，展一技之长，自主创业，自谋职业的道路，在解决自己就业的同时，还为社会提供了新的就业渠道，缓解了就业压力。

6. 到民营、三资企业就业的毕业生人数增多

随着就业形势的不断严峻，机关、教学科研、医疗卫生等事业单位和国有企业短期内无法提供大量的就业岗位，因此，到机关、教育科研、医疗卫生等事业单位和国有企业就业的毕业生比例继续降低，而到其他单位工作和自主创业的毕业生比例逐年增高，更多的毕业生将流向民营、三资企业和其他单位。

7. 自主创业无法根本解决就业难问题

自主创业，一方面需要以个体自身的素质和实力为基础；另一方面中国大学生就业现状则需要社会建立有效的导向机制和保障机制。虽然政府相继出台了有关政策，鼓励和帮助大学毕业生自主创业、灵活就业。然而，我们还必须不断推出新的和完善原有的就业政策以及加大户籍管理、人事管理、社会保障等领域改革与创新的力度。当前大学生自主创业的现状是参与者少、旁观者多；从事得多是规模小的个体经营的行业，成功率低。而且，自主创业只适合少数人，具有创业素质和条件的人毕竟很少。依靠创业只能缓解就业难，要根本解决就业难问题基本上是天方夜谭。

## 三、高职高专院校毕业生就业形势

### （一）高职高专就业趋势

目前我国高职高专院校有 1000 多所，占全国高校数的 60% 以上；在校学生约 713 万人，占高校在校生数的 45% 左右。学校布局和专业结构日趋合理，使其成为高等教育的"半壁江

山"。近年来，高职高专院校毕业生就业率逐渐增长，这与企业挑选人才从看"学历"到看"学力"的转变有关。学生职业能力强，企业专业对口是高职高专院校毕业生就业率走高的根本原因。

### （二）高职高专院校就业特点

#### 1. 基层化

高职高专院校毕业生多数工作于生产的基层或一线，他们是企业发展的基层核心动力。高职高专院校应把为祖国培养基层的技术人员作为责任和核心追求，努力成为企业基层用工的摇篮。高职高专院校毕业生就业的基层化是国家建设、企业发展的必要保障和前提基础。

#### 2. 专业化

高职高专院校对于人才的培养要追求专业化，这主要体现在两个方面。其一，课程设置要专业化，学校要依据行业需要，不断调整学科设置，努力做到学校培养与企业需求的无缝对接。其二，高职高专院校毕业生的就业要专业化，学校要鼓励学生进入相关行业，同时也要为学生进入专业相关行业打通渠道，努力提高毕业生就业的专业对口率。高职高专院校对学生培养的专业化是其存在的核心价值。

#### 3. 技术化

高职高专院校毕业生往往从事技术性工作，也就是以实践操作为主、理论知识为辅的一线工作，这是国家培养方式和企业岗位定位所决定的。因此高职高专院校应合理分配理论与实践的课程比例，为毕业生今后的就业打好基础。高职高专院校毕业生就业的技术化是学校优化培养方式的重要依据。

### （三）高职高专毕业生就业难在何处

当然人口的巨大基数和全球经济发展的趋势是影响毕业生就业的重要因素。除此之外，作为企业和求职者，还有高校都在不同程度上影响着高校毕业生就业的现状。现在我们从这三者出发，查找就业困难的原因。

#### 1. 用人方

过分关注文凭。部分企业还是处于选人选学历的误区之中，盲目的认为学历越高能力越强，却忽略求职者自身的特点是否与企业匹配。

存在性别歧视。女性求职者在应聘时往往需要面对更多的挑战，尤其是技术类企业，他们更倾向于男性，甚至部分企业拒绝录用女性毕业生。当然有些岗位只适合男性工作者，不过更多时候是出于企业自身利益的角度，而并非岗位的特殊要求。这导致女性毕业生就业压力增大，也使得企业发展不协调。

过分倾向生源地。不少用人单位考虑到本单位的业务情况与当地联系的紧密程度，希望招聘大量熟悉当地方言及风俗，甚至有一定关系网的毕业生。部分政府的公务人员招聘也明显存在生源地的倾向，这破坏了大学生就业的公平性。

#### 2. 求职者

诚信是影响毕业生就业的绊脚石，有部分学生为了获取理想的职位，伪造或臆造各类奖状或资格证，这种自欺欺人的做法破坏了公平的竞争环境，同时会引起企业的反感。还有部分学生在与企业达成协议以后，又去应聘其他企业的岗位，这种行为损坏了就业招聘市场的秩序，浪费了企业的招聘时间，减退了企业招聘的热情。

大学生定位不准确，对自己期望过高，希望从事技术含量高，收入福利好的工作。由于我国现阶段不同地域经济发展不平衡，东西部之间，沿海与内陆之间都有较大的差异，毕业生往往集中于北上广等发达地区，不愿意到基层去，这使得部分地区竞争加大，偏远地区却招不到人才。

大学生自身知识储备和技能水平难以满足企业要求。高等教育已经从精英教育变为大众教育，部分学生在校期间没有掌握足够的知识和技能，导致就业困难也就不足为奇了。

3. 高等院校

高等学校的培养方式一定程度上决定着毕业生的社会适应性。大力开展校企合作，增大社会实践和专业实操的课时比例，这是一种不错的选择。同时，积极地推行心理咨询，进行价值观教育，有利于学生形成阳光心态，使其能够正视困难。当然，各高校还要根据自身的特点，摸索一套有针对性的教育方式和课程体系。

## 四、通信行业发展趋势

### （一）疯狂的移动性趋势

目前经常有这样一种场景，你能看到走在大街上的人几乎眼睛都要贴到手机上。这些行为不只是青少年才有，似乎每个人都这么做过，这个世界因为移动手机而疯狂了。根据英国的一项研究显示，那些在智能手机和平板电脑上查看工作邮件的人，每天要在这些设备上花费 2 个多小时的时间，而一年将花费 460 个小时。

### （二）BYOD 初露强劲的发展趋势

那些希望使用一台智能手机和平板电脑便利地进行工作和个人娱乐的人，同时还希望在这些设备上能保持工作和个人身份的独立性。带上自己的设备意味着你需要携带和维护的设备更少。根据 Aberdeen 调研公司的一项研究显示，超过 80% 的公司允许员工使用个人移动设备接入企业应用程序和信息。随着 BYOD 能够接入公司系统以后，管理、维护、控制那些个人持有的设备与应用程序和信息在未来将是企业的一项重要的任务。

### （三）工作是移动的

使用社交媒体、移动设备和视频通信可以使人们在任何地方和任何时间更为容易地进行工作。作为新一代的员工，能够在工作和交流中结合实时写作工具这一技能变得更为重要，他们希望使用智能手机、平板电脑以及笔记本电脑进行工作。无论是文字短信还是视频聊天，他们都希望通信手段是即时和互动的。越来越多的虚拟工作场合对这些新一代的员工来说是有益的，他们可以平衡家庭和工作的关系。

### （四）云计算强势占领市场

随着企业开始寻求可预测的 IT 运营成本方式，公司开始不希望一个周期的大规模的资本投资了，云计算、托管解决方案开始飞速的发展。云计算满足了各种规模企业发展的需求。有一些中小企业已经开始使用云服务了。

### （五）使用社会化媒体的客户端开始出现

在企业中利用社交媒体与客户进行沟通被认为是统一通信，社会化媒体正在改变客户体验。人们可以利用他们的社交媒体圈进行客户了解，同时能够提高公司的品牌形象。如果这个人是名人或者有个很长的关注列表，他们宣传的东西便呈现病毒式的传播模式。公司可能很成功地将社交媒体整合到他们的传统销售方式、服务以及渠道支持中去，这样可以全新和让人兴奋的方式开发更多的用户。

**（六）视频会议的使用率持续上涨**

视频会给人一种身临其境的感受，尤其是在一家高质量的会议网真系统中。而且视频会议不必花很大的价钱。人们利用他们的手机、平板电脑以及笔记本电脑就可以进行简单的视频会议。视频会议和视频聊天在协作领域飞速发展。

**（七）统一通信开始虚拟化**

大多数企业组织开始在他们的数据中心中虚拟化他们的应用程序和服务器，但是他们却迟迟没有统一通信应用程序进行虚拟化。但是今天统一通信解决方案日渐成熟，企业可以对通信和协作应用程序进行虚拟化，而不必担心会对业务运行的流畅性产生影响。如果你还没有对你的统一通信应用程序进行虚拟化，那么请将他列入你的 IT 待办事项吧。就是这一步，不仅能够提高生产效率，还能提高业务的连续性。

# 第二节　大学生就业政策

## 一、国家促进大学生就业政策解读

教育部和人社部出台了大量政策及指导意见，来提高高校毕业生的就业数量和质量。

（1）鼓励高校毕业生到基层和艰苦地区工作。

各级政府要为高校毕业生创造工作条件，主要充实城市社区和农村乡镇基层单位，从事教育、卫生、公安、农技、扶贫和其他社会公益事业。在艰苦地区工作 2 年或 2 年以上者报考研究生的，应优先予以推荐、录取；报考党政机关和应聘国有企事业单位的，同等条件下应优先录用。

（2）党政机关录用公务员和国有企事业单位新增专业技术人员和管理人员，应主要面向高校毕业生，公开招考或招聘，择优录用。

（3）鼓励各类企事业单位特别是中小企业和民营企事业单位聘用高校毕业生，政府有关部门要为其提供便利条件和相应服务。对企业跨地区聘用的高校毕业生，省会及省会以下城市要认真落实有关政策，取消落户限制。

（4）鼓励高校毕业生自主创业和灵活就业。凡高校毕业生从事个体经营的，除国家限制的行业外，自工商部门批准其经营之日起 1 年内免交登记类和管理类的各项行政事业性收费。有条件的地区由地方政府确定，在现有渠道中为高校毕业生提供创业小额贷款和担保。

（5）为高校毕业生办理户口和人事档案手续提供便利。对毕业离校时未落实工作单位的高校毕业生，本人要求户口和人事档案保留在学校的，按规定保留两年。在此期间，档案管理机构对保管其档案免收服务费用；本人要求将户口转回入学前户籍所在地的，公安机关应当按照户籍管理规定为其办理落户手续，人事、教育部门所属人才交流服务机构负责办理相关手续，人事部门所属人才交流服务机构免费提供人事代理服务。本人落实工作单位后，公安机关按有关规定办理户口迁移手续。

（6）毕业半年以上未能就业并要求就业的高校毕业生，可持学校证明到入学前户籍所在城市或县劳动保障部门办理失业登记。劳动保障部门所属的公共职业介绍机构和街道劳动保障机构应免费为其提供就业服务。对已进行失业登记的高校毕业生，有条件的城市、社区可组织其参加临时性的社会工作、社会公益活动，或到用人单位见习，给予一定报酬。对于因患病等原因短期无法工作并确无生活来源者，由民政部门参照当地城市低保标准，给予临时救助。此项费用由地方财政列支。

（7）鼓励中小企业和民营企事业单位聘用高等职业学校（大专）毕业生，对就业困难的应届高职（大专）毕业生，由劳动保障、人事和教育部门共同实施"高职（大专）毕业生职业资格培训工程"，对需要培训的应届高职（大专）毕业生进行职业技能培训和职业技能鉴定。培训费由教育系统承担，职业技能鉴定费由劳动保障部门适当减免。

## 【案例分析】

**案例：** 人力资源和社会保障部部长尹蔚民在全国人力资源和社会保障工作会议上透露，预计截至 2013 年 12 月底，我国将实现城镇新增就业近 1300 万人，创历史新高。

尹蔚民指出，2013 年以来，面对世界经济复苏明显放缓和国内经济下行压力加大的严峻形势，我国在劳动力总量增加较多、就业压力很大的情况下，仍保持了就业局势稳定。前 11 个月，我国城镇新增就业 1202 万人，失业人员再就业 525 万人，困难人员实现就业 167 万人，三季度末城镇登记失业率为 4.1%。

尹蔚民表示，2013 年，我国将深入实施更加积极的就业政策，并确定明年就业工作的目标为实现城镇新增就业 900 万人以上，城镇登记失业率控制在 4.6% 以内。为此，要着力推动就业政策落实，充分发挥政策对稳定和扩大就业的效力，大力扶持小型微型企业，促进家庭服务业发展；继续把高校毕业生就业放在首位，落实和完善扶持高校毕业生就业创业的政策，多渠道拓展高校毕业生就业领域；全面落实鼓励劳动者自主创业的扶持政策，扎实推进创业型城市创建工作。

**分析：**

1. 教育部人事部五项举措

措施一是鼓励毕业生面向基层就业，通过助学贷款代偿、考研究生、考公务员加分，通过生活费补贴等手段鼓励毕业生去基层工作。

措施二是完善对高校毕业生的社会保障体系。

措施三是要求所有高校都必须成立专门的就业指导服务机构，同时要将就业指导课列入必选课。

措施四是完善就业工作评估体系，从 2014 年起，在教学评估中突出对就业状况的考察。

措施五是完善实践教学体系，高职院校 80% 的学生毕业时要获得双证书，也就是毕业证书和职业资格证书。

2. 劳动保障部四大举措保障大学生就业

（1）大力发展适合毕业生求职特点的互联网就业服务。

（2）公共就业服务机构应确定专人与失业毕业生联系。

（3）未就业毕业生积压较多的地区要联系跨地区招聘。

（4）积极向教育、人事部门及高校提供市场分析信息。

## 二、鼓励大学生自主创业的相关政策

### （一）国家鼓励大学生自主创业政策

党的十八大明确提出，要加大创新创业人才培养支持力度。习近平总书记多次做出重要指示，要求加快教育体制改革，注重培养学生创新精神，造就规模宏大、富有创新精神、敢于承担风险的创新创业人才队伍。李克强总理也多次强调"大众创业 万众创新"核心在于激发人的创造力，尤其在于激发青年的创造力。对于那些初出校门怀揣创业梦想的年轻人来说，创业该怎么开始？国家又为他们准备了哪些大学生创业优惠政策？又有哪些大学生创业扶持政策呢？

按照《国务院关于进一步做好新形势下就业创业工作的意见》（国发〔2015〕23号）、《国务院办公厅关于深化高等学校创新创业教育改革的实施意见》（国办发〔2015〕36号）等文件规定，高校毕业生自主创业优惠政策主要包括：

（1）税收优惠：简化大学生创业流程，取消大学生自主创业证。持人力资源和社会保障部门核发就业创业证（注明"毕业年度内自主创业税收政策"）的高校毕业生在毕业年度内（指毕业所在自然年，即1月1日至12月31日）创办个体工商户、个人独资企业的，3年内按每户每年8000元为限额依次扣减其当年实际应缴纳的营业税、城市维护建设税、教育费附加和个人所得税。对高校毕业生创办的小型微利企业，按国家规定享受相关税收支持政策。

（2）创业担保贷款和贴息支持：对符合条件的高校毕业生自主创业的，可在创业地按规定申请创业担保贷款，贷款额度为10万元。鼓励金融机构参照贷款基础利率，结合风险分担情况，合理确定贷款利率水平，对个人发放的创业担保贷款，在贷款基础利率基础上上浮3个百分点以内的，由财政部门给予贴息。

（3）免收有关行政事业性收费：毕业2年以内的普通高校毕业生从事个体经营（除国家限制的行业外）的，自其在工商部门首次注册登记之日起3年内，免收管理类、登记类和证照类等有关行政事业性收费。

（4）享受培训补贴：对高校毕业生在毕业学年（即从毕业前一年7月1日起的12个月）内参加创业培训的，根据其获得创业培训合格证书或就业、创业情况，按规定给予培训补贴。

（5）免费创业服务：有创业意愿的高校毕业生，可免费获得公共就业和人才服务机构提供的创业指导服务，包括政策咨询、信息服务、项目开发、风险评估、开业指导、融资服务、跟踪扶持等"一条龙"创业服务。各地在充分发挥各类创业孵化基地作用的基础上，因地制宜建设一批大学生创业孵化基地，并给予相关政策扶持。对基地内大学生创业企业要提供培训和指导服务，落实扶持政策，努力提高创业成功率，延长企业存活期。

（6）取消高校毕业生落户限制，允许高校毕业生在创业地办理落户手续（直辖市按有关规定执行）。

### （二）四川省鼓励大学生自主创业政策

在校大学生和毕业5年内的高校毕业生在高校创业园、孵化园、科技园、创新创业俱乐部等创新创业平台内孵化的创业项目，将给予1万元创业补贴。同一领创主体有多个创业项目的，最高补贴可达到10万元。

鼓励地方各类产业园区、高新技术开发区建立大学生创新创业孵化基地，为大学生创业提供技术指导、金融服务、中介服务和生活等方面服务，鼓励、吸引、支持大学生入园创业。

对小型、微型企业新招用毕业年度高校毕业生，签订 1 年以上劳动合同并按时足额缴纳社会保险费的，当地政府将从就业专项资金中对企业给予 1 年的社会保险补贴，但这一政策执行期限暂定至 2015 年底。科技型小微企业招收高校毕业生达到一定比例的，可申请不超过200 万元的小额贷款，并享受财政贴息。

小额担保贷款和贴息对象将从毕业年度高校毕业生扩展到在校创业大学生。在电子商务网络平台开办"网店"的高校毕业生，可享小额担保贷款和财政贴息政策。

离校未就业高校毕业生实现灵活就业并办理实名登记、缴纳社会保险费的，当地政府 2年内将对其给予一定数额的社会保险补贴。补贴数额不超过其实际缴费的 2/3。从 2014 年起，现行只限于城乡低保家庭毕业生的求职补贴将扩大到残疾毕业生。

**（三）四川省鼓励大学生自主创业政策的相关问题解答**

1. 支持大学生自主创业的优惠政策主要有哪些？

宽松便捷的准入环境；减免行政事业性收费；按规定落实税收优惠；创业补贴；创业培训补贴；创业吸纳就业奖励；创业担保贷款贴息；入驻大学生创业园区（孵化基地）创业给予场租等优惠和创业指导服务。

2. 宽松便捷的准入环境具体是指哪些？

实行非禁即入，凡国家法律法规未禁止的行业和领域，一律向各类创业主体开放，严禁在法律、法规规定之外设置限制条件。深化商事制度改革，全面落实注册资本认缴登记制度，推行工商营业执照、组织机构代码证、税务登记证"三证合一"。推进登记注册制度便利化，开展企业名称、经营范围、企业集团登记改革，依法放宽住所（经营场所）登记条件，允许"一址多照"和"一照多址"，探索电子营业执照和全程电子化登记管理，降低创新创业门槛。深化行政审批制度改革，减少审批事项，规范行政审批行为，采取一站式服务、网上申报、多证联办等措施，提高办事效率。

3. 从事个体经营的高校毕业生享受哪些行政事业性收费减免政策？

对毕业 2 年内从事个体经营的高校毕业生，自其在工商部门首次注册登记之日起 3 年内，免收管理类、登记类和证照类等有关行政事业性收费。

4. 从事个体经营的高校毕业生可享受哪些税收优惠政策？

持就业失业登记证（注明"自主创业税收政策"）和高校毕业生自主创业证的高校毕业生在毕业年度内（指毕业所在自然年，即 1 月 1 日至 12 月 31 日）从事个体经营的，3 年内按每户每年 9600 元为限额依次扣减其当年实际应缴纳的营业税、城市维护建设税、教育费附加和个人所得税。

5. 毕业年度高校毕业生办理税收优惠有哪些程序？

毕业年度高校毕业生在校期间创业的，可注册登录教育部大学生创业服务网，提交高校毕业生自主创业证申请表，由所在高校进行网上信息审核确认，学校所在地省级教育行政部门依据学生学籍学历电子注册数据库，对高校毕业生身份、学籍学历、是否是应届高校毕业生等信息进行核实后，向高校毕业生发放高校毕业生自主创业证，并在数据库中将其标注为"已领取高校毕业生自主创业证"。高校毕业生持学生证、身份证和高校毕业生自主创业证向创业地公共就业服务管理机构提出申请，由创业地公共就业服务管理机构免费发放就业失业登记证，并注明"自主创业税收政策"。毕业年度高校毕业生离校后创业的，可凭身份证、毕业证，向创业地公共就业服务管理机构提出申请。公共就业服务管理机构免费发放就业失业登记证，并注明"自主创业税收政策"。

6. 创业补贴的对象有哪些？

（1）省内普通高等学校全日制在校大学生（以下简称在校大学生）或毕业5年内、处于失业状态的普通高等学校全日制毕业生（含国家承认学历的留学回国人员，以下简称高校毕业生），在省内高校各类创新创业平台或地方建立的大学生创新创业孵化基地内领办且正在孵化的创业项目。

（2）在校大学生或高校毕业生在四川省通过工商注册、民政登记，以及其他依法设立、免于注册或登记等方式创办的实体（含"网店"）和农业职业经理人，应经县级及以上人民政府指定部门认定并正常持续经营。

7. 大学生开办"网店"享受创业补贴，应符合哪些条件？

（1）所开"网店"应依托国家商务部和四川省商务厅公布的电子商务示范企业设立的电子商务平台。

（2）所开"网店"应进行商品实物交易或开展文化创意、咨询设计等服务，正常持续经营半年以上（在校大学生应持续经营至毕业年度）。申请补贴前半年内商品实物成功交易在1000笔以上，开展文化创意、咨询设计等服务的，销售额度在2万元以上，无违法违规交易行为。

8. 在高校创新创业平台内创业的大学生如何申请创业补贴？

（1）创业项目的个人或团队负责人向平台所属高校申请，需提供本人或团队负责人学生证（毕业生提供毕业证和就业失业登记证）、身份证复印件，创业项目计划书，填写"在校大学生（高校毕业生）创业补贴申报表"。

（2）创业实体个人或领办人向平台所属高校申请，需提供本人或领办人学生证（毕业生提供毕业证和就业失业登记证）、身份证复印件，创业实体概述，工商注册或民政登记证书复印件，填写"在校大学生（高校毕业生）创业补贴申报表"。

（3）开办"网店"的个人或领办人，应在毕业年度3月31日前向平台所属高校申请，需提供本人或领办人学生证（毕业生提供毕业证和就业失业登记证）、身份证复印件，"网店"网址和登记注册网页截图、支付平台收支明细、销售产品列表及单价等证明材料，填写"在校大学生（高校毕业生）创业补贴申报表"。

9. 在高校创新创业平台外创业的大学生如何申请创业补贴？

（1）创业项目的个人或团队负责人向创业所在地的公共就业服务管理机构提出申请，需提供本人或团队负责人学生证（毕业生提供毕业证和就业失业登记证）、身份证复印件，创业项目计划书，填写"高校毕业生（在校大学生）创业补贴申报表"。

（2）创业实体个人或领办人向创业所在地的公共就业服务管理机构提出申请，需提供本人或领办人学生证（毕业生提供毕业证和就业失业登记证）、身份证复印件，创业实体概述，工商注册或民政登记证书复印件，填写"高校毕业生（在校大学生）创业补贴申报表"。

（3）开办"网店"的个人或领办人，向创业所在地的公共就业服务管理机构提出申请，需提供本人或领办人学生证（毕业生提供毕业证和就业失业登记证）、身份证复印件，"网店"网址和登记注册网页截图、支付平台收支明细、销售产品列表及单价等证明材料，填写"高校毕业生（在校大学生）创业补贴申报表"。

（4）农业职业经理人应向创业地公共就业服务管理机构提出申请，需提供本人毕业证和就业失业登记证、身份证复印件、县级及以上人民政府指定部门的资格认定和正常持续经营的相关材料，填写"高校毕业生（在校大学生）创业补贴申报表"。

10. 大学生如何申请创业培训补贴?

有创业意愿和创业能力的在校大学生和毕业 5 年内的高校毕业生，参加创业培训，并取得创业培训合格证后，可向当地公共就业服务管理机构申请创业培训补贴，需提供身份证、学生证（毕业生提供毕业证、就业失业登记证）、创业培训合格证复印件、就业或创业证明材料、职业培训机构开具的行政事业性收费票据（或税务发票）等材料。

11. 大学生如何申请创业吸纳就业奖励?

毕业 5 年内的高校毕业生创办的实体，新增吸纳 2 名以上劳动者就业（须签订 1 年以上劳动合同，并为其按规定缴纳社会保险费）的，可向创业项目所在地公共就业服务管理机构申请一次性奖励。需提供身份证、毕业证、就业失业登记证复印件、吸纳就业劳动者的身份证复印件、劳动合同、社会保险缴费凭证等材料。

12. 大学生创业如何申请创业担保贷款?

创办或领办创业实体的在校大学生，可向在读高校提出额度不超过 10 万元、期限不超过 2 年的创业担保贷款申请。经高校集中审查并提供反担保后，交所在县（市、区）公共就业服务管理机构按现行规定办理。申请时，需提供本人或领办人学生证和身份证复印件、创业担保贷款申报表、创业实体注册或登记证书复印件等。

高校毕业生向创业地乡镇（街道）、社区基层公共就业服务平台提出额度不超过 10 万元、期限不超过 2 年的创业担保贷款申请，基层平台进行项目初审，并出具推荐意见，交县级公共就业服务管理机构复核，报同级人力资源和社会保障行政部门、财政部门审核，贷款担保机构承诺担保，经办商业银行核发贷款。申请时需提供毕业证、身份证、就业失业登记证复印件、创业项目计划书或营业执照、反担保人身份证复印件等材料。

13. 公共就业机构为大学生提供哪些创业服务?

各级公共就业服务机构不断强化创业服务功能，建立创业指导专家志愿团和创业项目库，为创业大学生提供政策咨询、创业培训、项目推介、创业贷款、推荐入园、开业指导、跟踪扶持等创业服务，并积极开展创业大赛、创业指导进校园、创业明星评选等创业活动。

14. 四川省大学生创新创业活动中心能为大学生提供哪些服务?

组织创新创业论坛、讲座培训、规划大赛、经验交流、创业项目推介等专题活动；搭建大学生之间及大学生与企业家、创业成功人士、专家学者、创业导师、金融投资经理人、政府部门负责人之间随时沟通、深入交流、学习研讨平台；提供法规政策咨询、创业项目评估预测和投资融资服务；推荐大学生创业项目入驻创业园区（孵化基地）。

【思考与练习】

1. 分析你所学专业的就业形势。

2. 针对就业形势，谈一谈你的就业优势。

3. 依照就业形势，做一个就业规划。

# 第十三章 就业信息收集与自荐材料制作

**【导读】**

通过本章的学习，可以帮助大学毕业生了解就业信息的分类、收集与处理自荐材料的内容和基本要求，懂得如何撰写和准备自己的自荐材料，做到"知己知彼，百战不殆"，在职场上掌握主动，从而在激烈的竞争中脱颖而出。

人类已经步入信息时代，信息是与物质、能源并列的三大社会支柱。知识就是力量，信息就是财富。大学生求职择业，不仅取决于整个社会的政治、经济状况以及自身的能力素养，也取决于是否拥有大量的就业信息。可以说就业信息是毕业生求职择业的基础和前提，谁能及时获取信息，谁的信息越广泛，谁就能抢占先机，迈出求职成功的第一步。

## 第一节 就业信息收集与处理

### 一、就业信息的收集

**（一）就业信息的含义和基本特征**

1. 含义

就业信息就是指求职者通过某种途径获得，并经过加工整理，能被求职者所理解，并对其求职择业有价值的新的信息、知识、资料和情报。

2. 基本特征

（1）社会性。

就业信息属于社会状况信息，是用人单位与毕业生之间的社会联系，企事业单位用它来寻找人才，求职择业者用它来找工作岗位。双方都非常需要通过就业信息来架起一座桥梁，各取所需，最终达到各自的目的。

（2）相关性。

就业信息是特指与求职择业相关的各种社会信息。

（3）动态性。

就业信息是一种动态的信息，不是固定指标，而是一种具有连续变化的消息序列，会随着双方具体情况不断更新和变化，可以说瞬息万变，因此抓住时机非常重要。

（4）时效性。

就业信息从信源（政府、企事业单位等）发出到信宿（主要是求职择业者）接受利用的时间间隔期及其效率，具有很强的时间效应（生命期）。

（5）共用性。

就业信息可以同时为众多的求职择业者和相关的组织机构所了解或使用，具备资源共享的特点，尤其在互联网时代，其传播速度更快，受众更广泛。由于目的、前提、途径和具体方法不同，其取得的效果也是不同的。

**（二）就业信息的分类**

1. 政策法规类信息

政策类信息包括国家（中央、国务院及各部委）和地方（各省、自治区、市的相关部门）制定的与大学生就业相关的法律法规、规章制度以及部分行业从业规定。另外还包括大学生所在高校关于毕业生就业的相关管理规定。

简介几个与大学生就业直接相关的重要文件，例如：

原国家教委制定的《普通高等学校毕业生就业工作暂行规定》（教学〔1997〕6 号），这是当前高校毕业生就业工作的根本性文件。

《国务院办公厅转发教育部等各部门关于进一步深化普通高等学校毕业生就业制度改革有关问题的意见的通知》（国办发〔2002〕19 号）。

2. 就业形势及行业信息

它是有关国家总的就业形势、行业发展战略、动向和趋势的信息。从而把握就业的整体方向，了解地区间、行业间人才需求状况，减少盲目性。

以下资料信息（如图 13-1、表 13-1、图 13-2、表 13-2、表 13-3、表 13-4 所示）是 2016、2017 年求职行业、地区人才需求及薪酬等信息。通过对比，我们可以有针对性地从整体上了解与自己相关的行业、目标地区对人才需求信息以及变化趋势，求职竞争激烈的行业，行业平均薪酬状况等，掌握这些信息，能让我们更加准确地定位，把握就业机会。

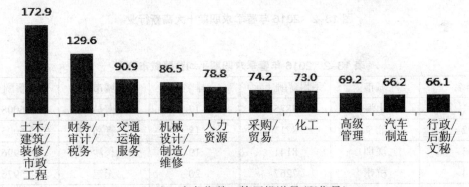

（注：竞争指数＝简历投递量/职位量）

**图 13-1　2016 年春季求职期竞争最激烈的十大职业**

**表 13-1　2017 年春季求职期竞争最激烈的十大行业**

| 排名 | 行业 | 竞争指数 | 上一季度排名 |
|---|---|---|---|
| 1 | 网络游戏 | 73.0 | 1 |
| 2 | 房地产/建筑/建材/工程 | 64.3 | 2 |

续表

| 排名 | 行业 | 竞争指数 | 上一季度排名 |
|---|---|---|---|
| 3 | 通信/电信运营、增值服务 | 59.0 | 6 |
| 4 | 航空/航天研究与制造 | 58.7 | 5 |
| 5 | IT服务（系统/数据/维护） | 55.8 | 3 |
| 6 | 计算机软件 | 55.0 | 4 |
| 7 | 互联网/电子商务 | 54.3 | 7 |
| 8 | 跨领域经营 | 52.5 | 9 |
| 9 | 能源/矿产/采掘/冶炼 | 51.4 | 10 |
| 10 | 政府/公共事业/非营利机构 | 50.7 | 28 |

（注：竞争指数＝简历投递量/职位发布量）

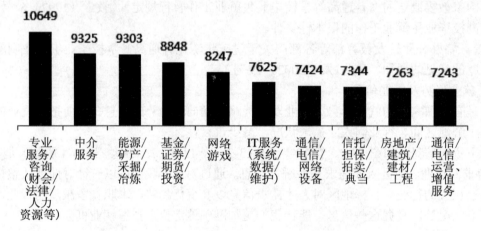

图 13-2　2016 年春季求职期十大高新行业

表 13-2　2016 年春季求职期平均薪酬城市分布

| 排名 | 城市 | 平均薪酬（元） | 排名 | 城市 | 平均薪酬（元） |
|---|---|---|---|---|---|
| 1 | 上海 | 8825 | 17 | 南昌 | 6008 |
| 2 | 北京 | 8717 | 18 | 青岛 | 6005 |
| 3 | 深圳 | 8141 | 19 | 长沙 | 5996 |
| 4 | 杭州 | 7267 | 20 | 无锡 | 5976 |
| 5 | 广州 | 7178 | 21 | 合肥 | 5947 |
| 6 | 宁波 | 7122 | 22 | 昆明 | 5922 |
| 7 | 厦门 | 6737 | 23 | 郑州 | 5884 |
| 8 | 佛山 | 6724 | 24 | 天津 | 5855 |
| 9 | 苏州 | 6620 | 25 | 济南 | 5812 |
| 10 | 南京 | 6487 | 26 | 太原 | 5784 |
| 11 | 重庆 | 6362 | 27 | 西安 | 5765 |

续表

| 排名 | 城市 | 平均薪酬（元） | 排名 | 城市 | 平均薪酬（元） |
|------|------|------|------|------|------|
| 12 | 大连 | 6164 | 28 | 烟台 | 5697 |
| 13 | 成都 | 6151 | 29 | 石家庄 | 5652 |
| 14 | 福州 | 6121 | 30 | 哈尔滨 | 5615 |
| 15 | 武汉 | 6050 | 31 | 沈阳 | 5580 |
| 16 | 贵阳 | 6027 | 32 | 长春 | 5267 |

表 13-3　2017 年春季求职期需求最多的十大行业

| 排名 | 行业 |
|------|------|
| 1 | 互联网/电子商务 |
| 2 | 房地产/建筑/建材/工程 |
| 3 | 基金/证券/期货/投资 |
| 4 | 教育/培训/院校 |
| 5 | 计算机软件 |
| 6 | 贸易/进出口 |
| 7 | 专业服务/咨询（财会/法律/人力资源等） |
| 8 | 快速消费品（食品/饮料/烟酒/日化） |
| 9 | 媒体/出版/影视/文化传播 |
| 10 | IT 服务（系统/数据/维护） |

表 13-4　2017 年春季求职期人才需求量最多的十大城市

| 排名 | 城市 |
|------|------|
| 1 | 北京 |
| 2 | 上海 |
| 3 | 深圳 |
| 4 | 广州 |
| 5 | 郑州 |
| 6 | 成都 |
| 7 | 杭州 |
| 8 | 西安 |
| 9 | 南京 |
| 10 | 天津 |

3. 需求类信息（用人信息）

需求类信息是用人单位对用人的专业、学历层次、个人能力和需要数量等方面的信息。它是就业信息中的主体，是非常具体、详尽的，因此历来受到学校、毕业生和家长的广泛关注，也成为用人单位选拔人才和求职者求职的主要依据。

### （三）就业信息的收集

需求类信息的来源渠道主要有以下几种。

（1）国家、省市院校的就业主管部门和就业指导机构，其中学校毕业生就业办公室是重要的中介机构，其就业信息的可信度高，其针对性、准确性、可靠性较强，它是毕业生搜集信息的主渠道。

（2）各级、各类双向选择、供需见面的用人单位招聘会。

（3）社会上的就业服务机构，人才市场、劳务市场、职业介绍所等是人才供求信息的集散地，信息较多，但应该注意谨慎筛选，以防上当。

（4）大众传媒，包括报刊杂志、广播电视、互联网络和电话信息台。

（5）个人的社会关系，即由父母、同学、老师、亲朋好友等组成的社会关系网。

（6）社会实践、毕业实习、业余兼职和参观活动。

（7）主动刊登求职广告、发求职信、电话联系或登门自荐。

就业信息来源渠道的划分不是绝对的，它存在多样性，即信息发布多渠道交叉、重叠，并相互补充，一定要尽可能地多收集一些，再从中分类、辨析、筛选对自己有用的信息。

## 【案例分析】

### 不懂国家对于大学生就业政策，他成了"黑户"

**案例：** 某高校应届毕业生小张在校期间学习成绩不好，未能完成规定的学分，无法按时毕业。他周围不少同学都和单位签订了就业协议。毕业时，学校给他发放了就业报到证、户口迁移证，而他因为一直没找到满意的工作，也就没有按要求持就业报到证、户口迁移证到当地人才交流中心和派出所办理手续。几年后，小张不慎遗失了身份证，他理所当然地认为自己未领取到毕业证，学校仍然会保管自己的档案和户口，于是他回学校办理补办身份证手续，却发现自己的档案和户口早已经转回到原籍。而自己没有办理户口入户迁移手续，超过了有效期，他成了一个没有户口的"黑户"。

**分析：** 小张作为应届毕业生，没有了解清楚国家关于大学生毕业时档案和户口政策，不知道就业报到证和户口迁移证的用途，只凭自己想当然认为只要自己没领取到毕业证，学校就会保留自己的档案和户口，结果导致自己两边落空，成了没有户口的"黑户"。这个案例说明大学生要在毕业前后，收集对自己就业有关的各种信息，尤其是国家的关于大学生就业的配套政策，这样才会使自己能够顺利就业，办理好就业的相关手续。

## 二、就业信息的处理

获取信息的目的是为了使用，求职者必须首先结合自己的实际情况，对获得的信息进行分析、筛选、整理、鉴别，去粗取精，去伪存真，使信息具有准确性、全面性和有效性，更好地为求职服务。

### （一）分类整理

原始信息通常是分散的、凌乱的，因此需要进行整理分类。目的是使信息从无序变为有序，更具备针对性，方便随时采用。按照就业信息的内容或自身需要的轻重缓急分类整理归类，便于使用。

**（二）分析预测**

分析预测即对就业信息进行深加工，主要包括以下几方面的内容。

1. 可靠性分析

信息的价值首先在于真实性。因此分析信息首先要确定信息的可靠程度。一般来说，学校毕业生就业机构提供的信息是经过学校层层严格审查的，可信度高。其他渠道的信息需要进一步核实，才能确定其可靠程度。

2. 完整性分析

一则比较全面完整的用人信息，一般应包含以下要素。

（1）用人单位全称、单位性质及上级主管部门。

（2）单位的规模。

（3）对员工思想品德、业务素质、职业能力、身体条件等方面的要求。

（4）学历及学习成绩的要求及相关技能的要求。

（5）工作时间、地点和环境的情况。

（6）用人性质。

（7）个人收入及福利待遇，如月薪、公积金、医疗保险、失业保障及养老保障等方面情况。

（8）住宿和住房解决的办法。

（9）工作前途，如工作晋升、进修培训的可能性。

毕业生对于每一条就业信息，都要从以上九个方面进行分析和补充。尤其是自己感兴趣的就业信息。

3. 可用性分析

结合自身的情况，对信息的可用性进行鉴别。

**（三）选择决策**

在前面对于就业信息进行整理和分析后，必须做出选择和抉择。

1. 拟定方案

根据用人信息，结合自己的条件和实际情况，找到目标职业，制定方案。

包括行业目标、岗位目标、区域目标、收入目标等。一定要注意国家的经济发展规划，行业趋势。

2. 做出决策

要在上述目标中，确定主次，自己最需要、最看重的目标是什么。无法决策时，可以广泛征求意见，分析利弊，权衡得失，选择出最佳方案和备用方案。

3. 实施方案

行动起来，与用人单位积极联系反馈信息，因为机不可失，千万不能在犹豫不决中错失良机。

**（四）追踪反馈**

及时关注用人单位的信息反馈，如果求职失败，要冷静认真总结分析失败原因。尤其是自己期望值的不断调整，找到更适合自己，最现实的就业机会，然后重新选择，避免过于理想化，错失机会而导致被动。

在反馈中，还要注意根据信息来发现自己的不足，调整知识结构、提升综合素质，提高职业技能，加紧训练，主动弥补自己的不足。

当然，由于每个人的情况不同，对于一些自己没用，但可能对他人有用的有价值的信息，本着信息、资源共享的原则，应该主动帮助他人顺利就业，这样同时也拓宽了自己的信息渠道，体现了当代大学生良好的风范和素质。

## 第二节　自荐材料的制作

毕业生通过前期大量的信息收集与整理工作，对有用的信息进行筛选，根据自己的实际情况，罗列出自己感兴趣的用人信息。接下来，就要进行求职的第二步——自荐材料的制作与准备。自荐材料在就业中占据重要位置，自荐材料的格式、内容和书写要求都非常严格。自荐材料是毕业生就业的"敲门砖"。一份精彩、脱俗的自荐材料，将使用人单位未见其人，先知其详，赢得初步印象，占领先机，赢得面试机会。

### 一、自荐

自荐即自我推荐，是求职的第一个环节。被称为与用人单位的"第一次亲密接触"。

**（一）自荐的途径**

（1）现场自荐：登门自荐；人才招聘会自荐；实习或社会实践中自荐。

（2）书面自荐：邮寄或递送求职信、简历和各种证明材料。

（3）电话自荐：用人热线电话。

（4）网络自荐：随着信息技术的发展，人们越来越习惯用网络进行交流。一般来说，网络自荐有三种方式：

第一是依靠现有的人才招聘网站，注册个人信息，进行网络简历投递。

第二是登陆用人单位的网站，进行网络应聘。

第三是在网上获取用人单位的邮箱地址后，发送电子邮件进行自荐。

（5）委托推荐。委托推荐也是重要的自荐方式，大致有三种具体途径：

第一是委托学校推荐。

第二是委托他人推荐。尤其是本专业的学长的推荐比较重要。在校期间，要加强人际交往，为自己赢得更多的机会。

同时，创建于2002年的Linked ln（领英）——全球最大的职场社交平台（如图13-3），在这个高端的国际社交平台，可以认识同行业许多优秀人士，并且可以找到他们的联系方式进行交流和学习，特别是自己的优秀校友，这给初入职场的人提供了一些认识职场精英的机会，也会对"职场小白"提出更多的要求，找准差距，明确自己努力的方向。可能就业初期不一定用得上一些资源，但假以时日，随着在职场磨炼和经验积累，相信总有一天会用上。机会永远会给有准备的人。

第三是委托中介机构推荐。这种方式一定要提高自己的鉴别能力，尽量找一些口碑较好，比较大的中介公司，如果遇到不合理的收费现象或者其他异常状况，一定要谨慎，一旦自己的合法权益受到侵害，要寻求帮助，要敢于拿起法律武器维护自身合法权利。

**图 13-3　领英，全球领先的职业社交网站**

**（二）自荐内容**

自荐属于求职的开始阶段，主要包括问询情况、介绍自己、递交材料三方面的内容。

（1）问询用人单位基本情况：对高职高专的学生来说，询问情况是一个"刺探"情报的机会。

（2）介绍自己：介绍自己的时候要注意两点：

一是交代清楚个人信息，如姓名、毕业学校、专业等；

二是介绍个人的特长，这也是使你与众不同的地方。

（3）递交材料：递交材料是自荐的主要工作，不论是现场递交纸质材料，还是在网上提交电子材料，都要确保材料已经递交至用人单位。邮寄或者网上提交一定要确认用人单位的地址、收件部门和收件人、投递邮箱等信息，寄出后一定要保持通信工具畅通，及时关注自己的邮箱信息。以免错失机会。

## 二、自荐材料的制作

**（一）自荐材料的构成**

自荐材料一般由自荐信、简历和其他证明材料组成。要注意两个方面：

一是全面，即该准备的材料一个都不能少；

二是具有特色，招聘者每天要面对大量的自荐材料，只有与众不同的材料才能吸引招聘者的眼球。

核心：简历最基本的功用（目的），写什么（内容）和怎么写（形式）这两个问题。

自荐材料的目的：赢得面试的机会。

明确阅读对象：一般来说，对于企业而言，首先阅读简历的是人力资源部的工作人员；

对于政府机关来说，阅读简历的是人事部门的工作人员。

**（二）自荐材料的制作**

1. 自荐信（求职信）

（1）自荐信的格式和内容。

自荐信的格式：求职信的格式和一般书信大致相同，即称呼、正文、结尾、落款。开头要写明用人单位人事部门领导，如"某单位负责同志您好！"字样，结尾写上"祝工作顺利"等祝愿的话，并表示热切希望有一个面试的机会，最后签上自己的名字。

自荐信的内容：主要包括自己具有用人单位所需要的哪些条件、才能及自己对工作的态度。具体地讲大致有以下几个方面：首先简单地自我介绍，包括姓名、政治面貌、学历、毕业院校、所学专业、学习情况、社会工作情况、特长爱好、主要优缺点等，其次简述自己对该单位感兴趣的原因；最后说明自己期望能在该单位就职。

（2）撰写要诀。

态度诚恳，措辞得体，用语委婉而不隐晦，自信而不自大。

着眼现实，有针对性，动笔之前最好对单位的情况有所了解，以免脱离实际说外行话。

实事求是，言之有物，有强烈的推销意识，自己的优点要突出，缺点也不隐瞒，万不可夸夸其谈，弄虚作假。

富有个性，不落俗套。如果能谈一谈行业前景展望、市场分析或建设性意见都会收到好的效果。

举例：一些同学的自荐信中结束语：

没有聪明才智，只有勤奋努力，用心去做每一件事！

给我一个机会，还您一份惊喜！

举例：一些同学的自荐信中不太恰当的结束语：

给我一个支点，我将撬起地球！

千里马常有而伯乐不常有，期待你的发现！

选择我是你的明智，错过我是你的失误！

跑龙套也能熬成主角，我自信自己可以！

（3）自荐信范例。

**【范例1】**

### 自荐信

尊敬的领导：

您好！首先衷心感谢您在百忙之中浏览我的自荐信，为一位满腔热情的大学生开启一扇希望之门。

我是上海金融学院会计系会计专业的一名学生，即将面临毕业。借此择业之际，我怀着一颗赤诚的心和对事业的执着追求，真诚地推荐自己。

三年来，在师友的严格教益及个人的努力下，我具备了扎实的专业基础知识，系统地掌握了基础、财务、成本、税务等会计学以及经济法等有关专业学科的理论知识，掌握了会计电算化操作；具备较好的英语听、说、读、写、译等能力，参加并通过了大学英语四级考试；能熟练操作计算机办公软件，达到上海市计算机一级水平。同时，我利用课余时间参加了上海财经大学会计专业的自学考试，不但充实了自己，也培养了自己多方面的技能。更重要的是，严谨的学风和端正的学习态度塑造了我朴实、稳重、创新的性格特点。

此外，我还积极地参加各种社会活动，比如参加税法比赛，并有不错的表现；此外我还利用暑期较宽裕的时间去校外兼职，当过资料输入员，到会计事务所去见习过；同时还与同学搞过自主社会实践项目，得到了学院的认可。我抓住每一个机会锻炼自己。大学三年，我深深地感受到，与优秀学生共事，使我在竞争中获益；向实际困难挑战，让我在挫折中成长。祖辈们教我勤奋、尽责、善良、正直；上海金融学院培养了我实事求是、开拓进取的作风。

我坚信，勤奋才是真实的内涵。只要勤奋努力，我相信自己能够很快适应工作环境，熟悉业务，并且在实际工作中不断学习，不断完善自己，做好本职工作。我热爱贵单位所从事的事业，殷切地期望能够在您的领导下，为这一光荣的事业添砖加瓦，并且在实践中不断学习、进步。

感谢您百忙中能够阅读我的自荐信。期待您的反馈！

此致

敬礼

自荐人：×××

×× 年 ×月 × 日

【范例2】

## 自 荐 信

尊敬的××公司领导：

感谢您在百忙之中抽出时间阅读我的自荐材料。

我是××学院2009级光纤通信1班的学生×××。我来自一个普通的农村家庭，从小父母对我的要求很严格，学习空余时间，我帮助家里做一些力所能及的家务活和农活，练就了强健的身体，逐步养成了我吃苦耐劳的品格。我性格外向，是一个尊敬师长、热爱公益事业的人。

在大学期间，我努力学习，成绩优良，每学期都获得学习优秀奖学金，大三时获得了国家励志奖学金。工作中，我一直担任班长一职，同时兼任低年级的班导生；两年时间从一名主席团的考察干事成长为学院学生会主席。诚然，我作为一名学生，在这个阶段中做得的确很不错，大学三年画上了一个较完美的句号，但是我不以此自傲。今后即将进入社会，我还有很多地方存在不足，所以我必须好好努力，通过各种各样的方式锻炼自己，让自己成为能抓住机遇的人，成为一个严谨、有责任感、理性的人，从而完成从一个学生到职场精英的蜕变。

在大学几年中，我学习到了一些本专业的基本知识，一些基本的工作和管理方法。我非常希望贵公司能给我一个继续学习和实践的机会，让自己所学习的知识能发挥作用，同时不断提升自己。我会在以后的工作中虚心向前辈们学习。在即将毕业之际，面对涉足不深的社会，我充满激情。希望贵公司能聘用我，能在以后的日子里与贵公司一起奋斗，从而提升自己，给贵公司带来效益，实现自己的社会价值。

此致

敬礼！

自荐人：×××

××××年××月××日

**【范例3】**

<h1 style="text-align:center">自荐信</h1>

尊敬的××公司领导：

您好！很高兴您在百忙之余垂阅我的自荐信。

首先，请允许我做一个简短的自我介绍。我来自重庆荣昌，于2013年毕业于××学院通信工程系通信技术专业。在校期间，曾有幸担任院宣传部广播站编辑以及通信工程系学生会主席团办公室主任的职务。学生会的工作让我充分意识到，作为工作成功的前提，良好的沟通是重要的基础。在学生会工作期间，无论成败得失，在每一件工作之后，我养成了良好的自我总结的习惯。相信我能够站在一定客观的角度去发现自身的优、缺点

其次，在完成自身学业的同时，我也意识到要不断充实自己才能为理想打好坚实基础。在结合个人兴趣以后，选择报考了四川省自学考试，并顺利取得了四川师范大学中文系汉语言文学专业本科文凭。在自考的过程中，自身的学习能力得到一定程度的提高，自我约束力也得到了充分的锻炼。这一学习经历，也让我养成了凡事抱有学习心态的良好习惯。相信在工作中，我也会受益匪浅。

再次，我已经做好准备，怀着满腔的热情和自信来迎接一份新的工作。相信自己在学生会的工作经历会给予我一定的帮助，同样它也能成为我严谨做事的良好目标。

完成学业不代表学习事业的结束。我将带着学习的心态去迎接新的挑战和新的机遇。

非常希望贵公司能够给我一个展现自己能力、实现自己人生价值的机会。我愿意以极大的热情和责任心投入到贵公司的工作中去。

您的选择我的期待，您的给予还你惊喜。期待您的答复。

此致

敬礼！

自荐人：×××

××××年××月××日

2. 简历

简历常被作为自荐信的附件，与自荐信一起使用。简历是一个对你的经历、资格、技能、禀赋的综合总结。简历主要是罗列了事实，它提供背景信息以支持你的自荐信。

（1）内容：包括六大部分，即个人基本信息，在校期间获得荣誉，在校期间担任职务及组织活动情况，参加社会实践情况，校内、校外实习情况以及本人特长。

个人基本信息：姓名、性别、出生年月、政治面貌、身体状况（身高、体重、视力等）、生源地（参加高考时的地点）、家庭所在地、兴趣、爱好、性格、住址、联系方式等。

在校期间获得的荣誉：学习优秀奖学金、三好学生、优秀团员、优秀学生干部；参加国家、省市级各种竞赛，学院、系部各项文体活动获奖情况。

在校期间担任职务及组织活动情况：介绍自己担任的职务和组织参与的活动，以及活动

效果。

参加社会实践情况：写明参加社会实践的时间、地点、职务及效果。

参加校内外实习情况：实习的时间、地点、职务及效果，若有相关的工作经验可以特别注明，让公司了解你进入公司后的适应力，能将以往的工作经验应用到新职务上。

本人特长：写明中文写作、计算机、外语、艺术、文体等方面的能力。

（2）格式：简洁大方，个人简历常用的有表格型和非表格型两种形式。

①非表格型简历：

[姓名]

[性别]

[年龄]

[毕业院校]

[所学专业]

[学历层次]

[通讯地址]

[联系电话]

[E-mail]

[应聘职位]

[教育情况]

[获奖情况]

[语言能力]

[兴趣爱好]

②表格型简历：

根据上述的非表格简历内容自行设计。

如果自己设计简历，一方面可以表现自己的诚意，另一方面也可以在千篇一律的相同格式中，凸显个人的风格，但是千万不要为强化个人风格而画蛇添足，增加许多不必要的设计或标新立异，否则将适得其反成为自己临门一脚的障碍。

简历一定要附上照片，而且必须是近照。照片只要形象端庄、干净清爽即可。忌用艺术照或生活照，建议应以彩色 2 寸个人照为主。男性最好穿正式西装，打领带，以简单款式及颜色为主，头发梳理干净不可蓄长发；女性则为套装样式即可，略施淡妆，若留长发最好能扎起，显得干净利落。

简历范例：（形式内容新颖的飞信简历如图 13-4、图 13-5、图 13-6 所示）

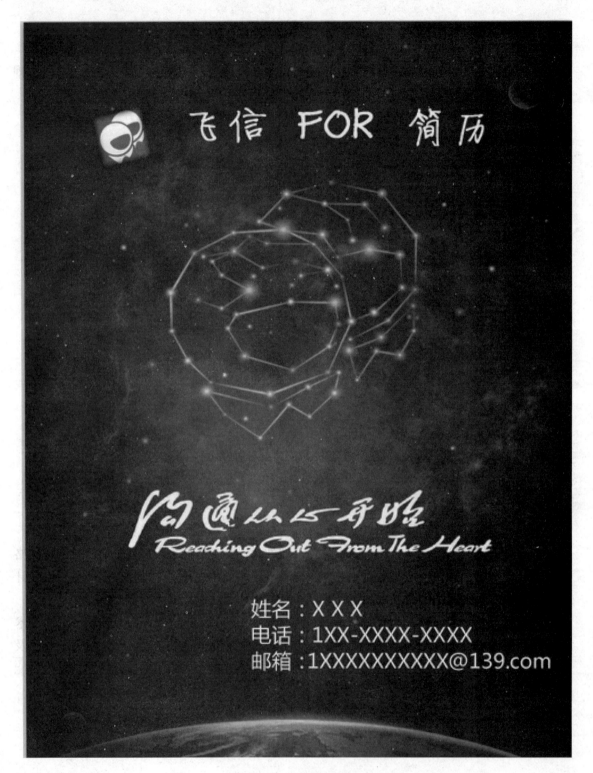

图 13-4　飞信简历扉页

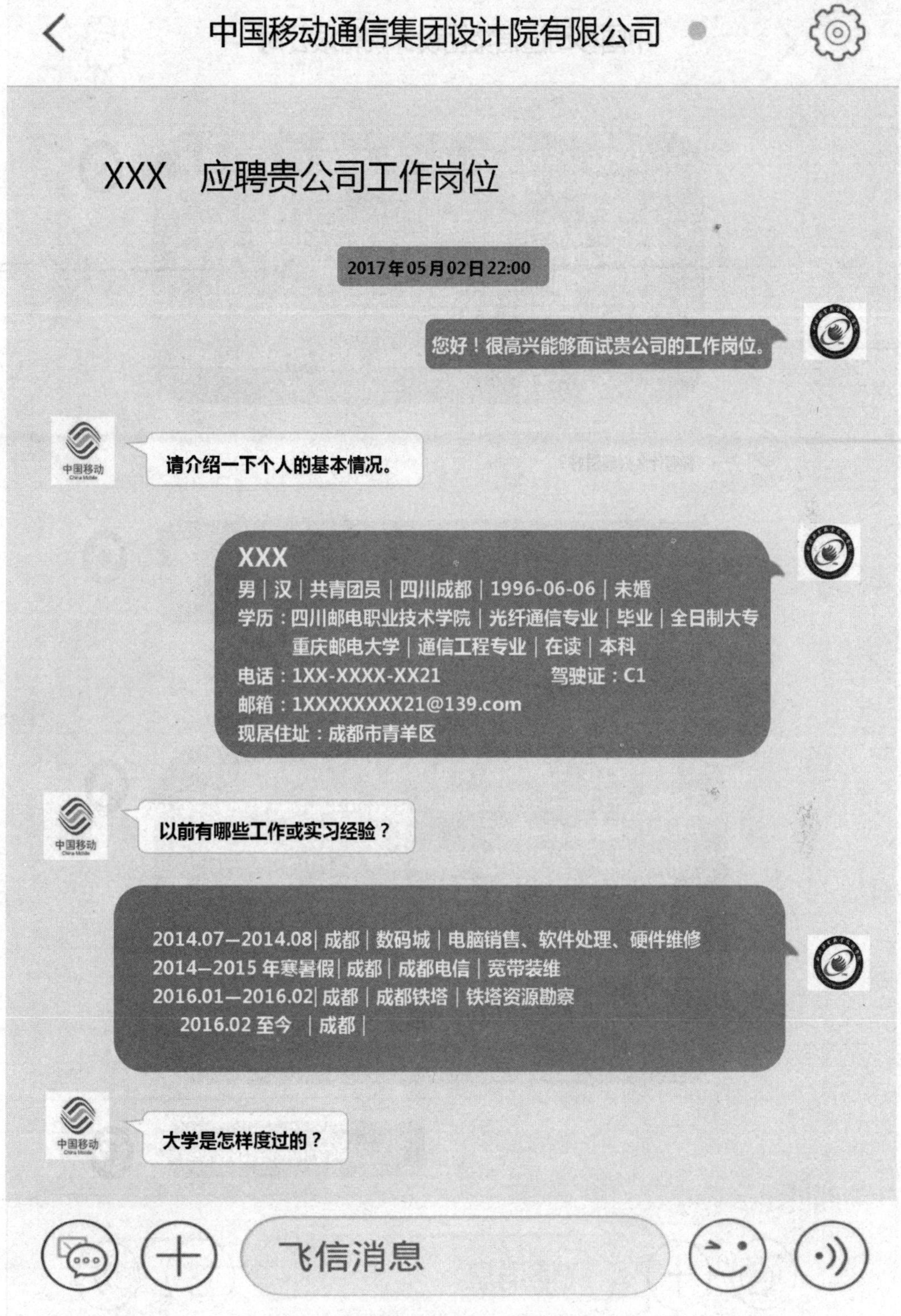

中国移动通信集团设计院有限公司
XXX　应聘贵公司工作岗位
2017年05月02日22:00
您好！很高兴能够面试贵公司的工作岗位。
中国移动
请介绍一下个人的基本情况。
XXX
男 | 汉 | 共青团员 | 四川成都 | 1996-06-06 | 未婚
学历：四川邮电职业技术学院 | 光纤通信专业 | 毕业 | 全日制大专
重庆邮电大学 | 通信工程专业 | 在读 | 本科
电话：1XX-XXXX-XX21　驾驶证：C1
邮箱：1XXXXXXXX21@139.com
现居住址：成都市青羊区
中国移动
以前有哪些工作或实习经验？
2014.07—2014.08| 成都 | 数码城 | 电脑销售、软件处理、硬件维修
2014—2015 年寒暑假| 成都 | 成都电信 | 宽带装维
2016.01—2016.02| 成都 | 成都铁塔 | 铁塔资源勘察
2016.02 至今 | 成都 |
中国移动
大学是怎样度过的？
飞信消息

图 13-5　飞信简历（一）

中国移动通信集团设计院有限公司

- 2015—2017 学年担任本班班长，负责班级全面工作，截至上学期班级共获院级荣誉 19 项，包括班级类最高奖励"红旗班级"，系级荣誉 2 项（第一名）。
- 2015—2016 学年担任通工系学生会主席兼院学生会副主席，统筹系学生会全面工作，组织、策划大型活动，加强院学生会、各系学生会的交流和沟通，任职期间各项工作开展情况较好。
- 2015—2016 学年第二学期，作为学院首批外出交流成员之一，于 2016 年 4 月公派香港交流、学习一周。
- 2016—2017 学年，代表学校参加四川省高职院校 4G 全网建设技术比赛，获得团队一等奖。

你有什么兴趣爱好？

兴趣爱好：
- 互联网、计算机、软件
- 烹饪：美食
- 摄影、棋类、阅读、电影
- 运动：自行车、游泳、跑步

前来应聘你有哪些优势？

1、态度：在工作上能吃苦耐劳、踏实、自信、敬业。具有较强的责任心和工作能力，并且脚踏实地的努力的办好每一件事。在生活方面，热情待人、平易近人，深受老师、同学的好评。
2、心态：阳光开朗，性格外向，有较强的抗压能力，拥有良好的心态。
3、基础：有较强的学习的能力，通信相关专业，学习过计算机网络、通信原理相关知识，校内实训均取得优异的成绩，在校期间多次获得奖学金，有较为扎实的基础和良好的学习能力。
4、技能：获得计算机二级证书，熟练使用和应用计算机，对常用的办公软件（OFFICE、WPS）、绘图软件（CAD）、视频软件（Premiere、会声会影）、图像软件（PS）、后台软件（GENEX）等都能较为熟练的使用。
5、实践：能够独立处理计算机软件、硬件的问题，具备独立计算机装机能力。

感谢您百忙之中垂阅我的简历！

  飞信消息

图 13-6　飞信简历（二）

简历范例：英文简历如图 13-7、图 13-8 所示。

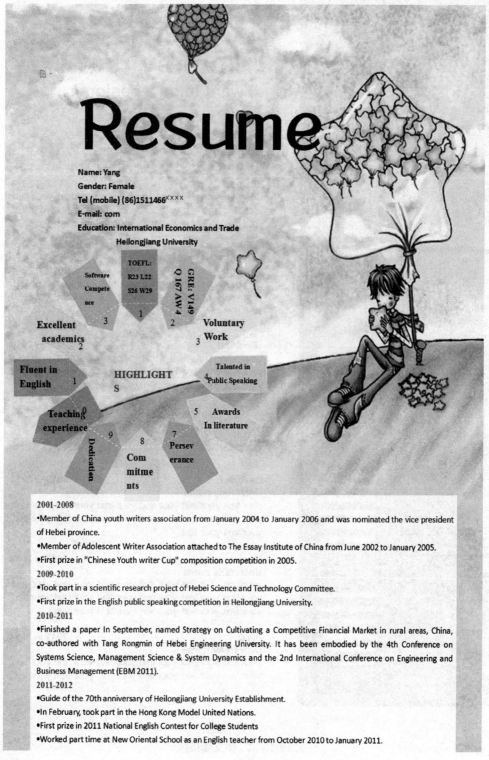

图 13-7 英文简历

# Monkey Ivan
## I want to be a designer

**MONKEY IVAN**
I know a little about PPT

### Profile

| | |
|---|---|
| Name | Date of birth |
| Monkey Ivan | 16 Jun 1995 |
| Language | Married status |
| Chinese English | Unmarried |

### Contact me

Phone     12345678910
Email     Monkey_ivan@sina.com
Address   Zhuhai City
          Guangdong prov

### Personal Skills

Team player
communication
creativity
Organization
Efficiency

### Software Skills

Power Point
Word
Excel
Photoshop
Illustrator
SPSS

### 🎓 Education

**Position**                  **2012 to 2014**
Company name，your text your text your text your text
your text your text your text your text your text your text
your text your text your text your text your text your

**Position**                  **2012 to 2014**
Company name，your text your text your text your text
your text your text your text your text your text your text
your text

**Position**                  **2012 to 2014**
Company name，your text your text your text your text
your text your text your text your text your text your text
your text your text your text your text your

### 👤 Experience

**Bachelor**                  **2012 to 2014**
**University name**
your text your text your text your text your text your text
your text your text your text your text your text your text
your text your text

**Master**                   **2012 to 2014**
**University name**
your text your text your text your text your text your text
your text your text your text your text your text your text
your text your text your text your text your text

**PH.D**                    **2012 to 2014**
**University name**
your text your text your text your text your text your text
your text your text your text your text your text your text

图 13-8 英文简历

简历范例：中文简历如图 13-9、图 13-10 所示。

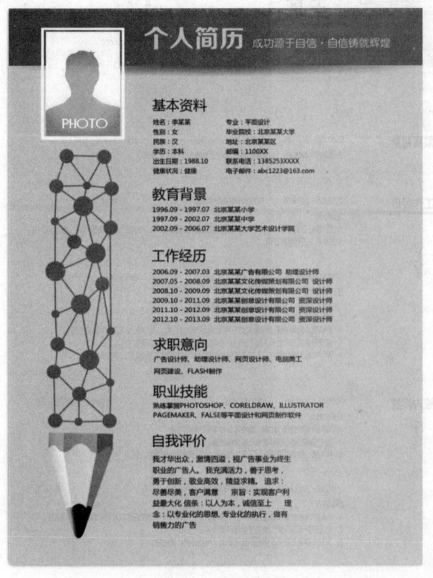

图 13-9  中文简历

# 王某

求职目标：销售助理

- 👤 24岁
- 📍 四川省成都市
- 📱 135XXXXXXXX
- ✉ service@1018.me

---

**教育背景**

2013.09 — 2016.06　　四川邮电职业技术学院　　　　　计算机科学系（专科）

主修课程：网络安全、安卓程序设计、PHP、网页设计、CAD、PS等。

---

**工作经历**

2015.07 — 2015.09　　四川邮电职业技术学院　　　　　招生办实习老师

工作描述：

负责广东硅谷软件学院的招生工作，主要是通过电话营销的方式与学生沟通、预约报名，接待学生与学生家长，工作认真积极。

2014.06 — 2014.09　　万达商场　　　　　　　　　　商场营业员

工作内容：

1. 与顾客沟通，了解顾客的需求，促成产品的销售；
2. 店面的维护和保洁工作；
3. 积极配合公司的活动方案，及时布展，促进品牌宣传力度，让客户更直接的了解活动内容；
4. 保管好各项与销售有关的票据以及各类活动方案等类似的票据和文件；
5. 做好商品的来货验收、上架陈列样品的摆放、补货、退货、防损等日常营业工作。

---

**校内实践**

2009.03 — 2011.06　　学校研究生会　　　　　　　　办公中心文化交流部部长

任职内容：

1. 组织策划如讲座、比赛、晚会等办公中心的各项活动；
2. 负责统筹整理校研究生会所有文件档案，制作表格模板等；
3. 作为整个研会的枢纽部门，负责各中心间的协调配合与沟通工作。

2011.03 — 2012.06　　中国企业家年会　　　　　　　　见习助理

任职内容：

1. 协助广州市外事办公室工作人员，接待前来参加2015年中国企业家绿公司年会的欧盟大使团；
2. 全程陪同欧盟驻华大使史伟参与各项会议；
3. 负责安排大使在会议期间的日常活动，包括住宿、就餐等。

---

**技能证书**

语言技能：CET-3，优秀的听说写能力；普通话二级乙等；

驾驶技能：机动车驾驶证C1；

计算机技能：网页设计中级；熟练运用DW8软件；计算机一级，熟练运用MS office各基本软件。

---

**自我评价**

1. 本人性格开朗活跃，乐观向上；
2. 爱好播音主持，在校内主持过团刊发布会等活动，拥有较强的组织能力和应变能力；
3. 与同学相处和睦融洽，乐于助人，对工作认真负责；
4. 注重团队合作，能够积极参加学校及班级组织的活动。

**图 13-10　中文简历**

3. 其他佐证材料

简历后面，可以附上以下一些辅助材料：

（1）盖有教务处及学院红色印章的学业成绩单。

（2）学校简介和专业介绍，最好能把在校期间所学课程的构架罗列清楚（如：基础课、专业基础课、专业课、实习等）。

（3）个人获奖证明（按照获奖级别、获奖时间有序罗列）。

（4）学习方面、科技竞赛、社会工作方面、文体活动方面的经历证明。

（5）各种技能培训证书：英语、计算机、驾照、技能鉴定等。

最后，如果你写得一手漂亮的钢笔或毛笔字，一定要展示出来，尤其在网络时代，在职场中，手写体已经变得比较少见，更能突出优势，与此同时简历也一定要制作成电子文档，方便网上投递。简历制作完毕以后，一定要认真核对检查，不要出现错别字、用词不当、本专业知识性错误等，会给用人单位留下不好的印象，甚至可能会被拒之门外。

【思考与练习】

1. 登录一些招聘网站，如智联招聘网、中华英才网、前程无忧、四川省人才网、猎聘网等（如图 13-11、13-12 所示），查询一些自己相关专业的招聘信息，练习分类处理，学习鉴别就业信息。

2. 加强与高年级学长的人际交往，多交流，吸取他们求职的经验教训，尽量少走弯路。

3. 学习结合自己情况制作一份自荐材料。

图 13-11　中华英才网网页界面

**图 13-12　智联招聘网页界面**

# 第十四章　大学生面试技巧

**【导读】**

自荐材料和就业信息收集完成后，将会进入和用人单位的"亲密接触"。通过本章的学习，可以了解面试的概念，了解面试的基本模式和方法，掌握面试的基本技巧与注意事项。帮助自己在面试中脱颖而出。

# 第一节　面试概述

面试的来历：汉代时期的著名学者刘劭对面试有深入的研究。当时刘劭把面试称为"接论"。他认为面试的时间可长可短。若只想测试一个方面的素质情况，一个早晨的时间就够了，若想了解更多的内容，则需要几天的时间。三国时期的诸葛亮对面试的方法也有一定的研究，对于面试中的言谈与观察，他提出了一套系统的方法，这就是著名的七观法：问之以是非而观其志；穷之以词而观其辩；咨之以谋而观其识；告之以难而观其勇；醉之以酒而观其性；临之以利以观其廉；期之以事以观其信。

## 一、面试的概念

面试是主考官通过与应试者直接交谈或将应试者置于某种特定情境中观察，从而对应试者的知识、能力、经验、气质和性格等基本素质进行测评，并为人员录用提供重要依据的考试活动。

## 二、面试的特点

### （一）面试以谈话和观察为主要手段

面试过程中的一种重要方式就是谈话。在面试过程中，主考官向应试者提出各种问题，应试者要对这些问题进行回答，主考官能否正确地把握提问技巧十分重要。他不仅可以直接地、有针对性地了解应试者某一方面情况或素质，而且对于驾驭面试进程，营造良好的面试心理氛围，都有重要影响。比如针对应试者的特长，提出一些启发性问题，使应试者进一步思索，展示其才华；当应试者的回答文不对题时，可利用提问调整话题；当应试者讲完后，可以通过短暂的沉思或补充性的追问，形成一个"缓冲区"。观察是面试过程中的另一个主要手段。在面试中，要求主考官善于运用自己的感官，特别是视觉，观察应试者的非语言行为。它不仅要求主考官在面试中要善于观察应试者的非语言行为，而且要能指明应试者的行为类型，进而借助于人的表象层面推断其深层心理。对应试者非语言行为的观察，主要有面部表情的观察和身体语言的观察。

国外一项研究表明，在面试中，从应试者面部表情中获得的信息量可达50%以上。面试过程中，应试者的面部表情会有许多变化，主考官必须能观察到这种表情的变化，并能判断其心理。例如，应试者面部涨得通红、鼻尖出汗，目光不敢与主考官对视，能反映其自信心不足，心情紧张；应试者的目光久久盯着地面或盯着自己的双脚，默不作声，反映其内心的矛盾或正在思考；当主考官提出某一难以回答或窘迫的问题时，应试者可能目光暗淡，双眉紧皱，带着明显的焦急或压抑的神色。总之，主考官可以借助应试者的面部表情观察与分析，判断应试者的自信心、反应力、思维的敏捷性、性格特征、情绪和态度等特征。

在面试过程中，除面部表情外，身体、四肢等在信息交流过程中也发挥着重要作用。比如手势，它具有说明、强调、解释或指出某一问题、插入谈话等作用，它是很难与口头语言分开的。

在面试过程中，具有不同心理素质的人，其身体语言的表现形式各不相同。一个情绪抑郁的人，可能两肩微垂，双手持续地做着某个单调的动作，身体移动的速度相对较慢。而一个性格急躁的应试者，常常会无休止地快速运动手脚，双手还可能不断颤抖。一个缺乏自信和创新精神的人，会始终使他自己的双手处于与身体紧密接触的状态，头部下垂。一个人在紧张或焦躁不安时，往往会出现膝盖或脚尖有节奏地抖动，手指会有不停地转动手里的东西、摆弄衣服、乱摸头发等动作。

在面试过程中，听觉的运用也十分重要，主考官应倾听应试者的谈话，对应试者的回答进行适度的反应，当应试者的回答与所提问题无关时，可进行巧妙的引导。在倾听应试者谈话时，除了边听边思索，及时归纳整理，抓住关键之处，还要对应试者的谈话进行分析，比如是否听懂了主考官的提问，是否抓住了问题的要害，语言表达的逻辑性、层次性、准确性等。还可根据应试者讲话的语音、语速、腔调等来判断应试者的性格特征等。比如声音粗犷、音量较大者多为外向性格；讲话速度快者，多为性格急躁者；爱用时髦、流行词汇者大多虚荣心较强等。

**（二）面试是一个双向沟通的过程**

面试是主考官和应试者之间的一种双向沟通过程。在面试过程中，应试者并不是完全处于被动状态。主考官可以通过观察和谈话来评价应试者，应试者也可以通过主考官的行为来判断主考官的价值判断标准、态度偏好、对自己面试表现的满意度等来调节自己在面试中的行为表现。同时，应试者也可借此机会了解自己应聘的单位、职位情况等，以此决定自己是否可以接受这一工作。所以面试不仅是主考官对应试者的一种考查，也是主客体之间的一种沟通、情感交流和能力的较量。主考官应通过面试，从应试者身上获取尽可能多的有价值信息。应试者也应抓住面试机会，获取那些关于应聘单位及职位等自己关心的信息。

**（三）面试内容具有灵活性**

面试内容对于不同的应试者来说是相对变化的、灵活的，具体表现在以下几个方面：

1. 面试内容因应试者的个人经历、背景等情况的不同而无法固定

例如，两位应试者同时应聘档案管理岗位，一位有多年从事档案工作的经历，一位是应届档案管理专业的大学本科毕业生。在面试中对前者应侧重于询问其多年来从事档案管理方

面的实践经验，对后者则应侧重于了解其对该专业基础知识掌握的情况以及在校学习期间的情况。

2. 面试内容因工作岗位不同而无法固定

不同工作岗位，其工作内容、职责范围、任职资格条件等都有所不同，例如国家技术监督局的有关技术监督岗位和国家人事部的考录岗位，无论其工作性质、工作对象，还是任职资格条件，都有很大差别。因此，其面试的内容和形式都有所不同，面试题目及考查角度都应各有侧重。

3. 面试内容因应试者在面试过程中的面试表现不同而无法固定

面试的题目一般应事先拟定，以供提问时参照。但并不意味着必须按事先拟定好的题目逐一提问，毫无变化，而要根据应试者回答问题的情况，来决定下一个问题问什么以及怎么问。如果应试者回答问题时引发出与拟定的题目不同的回答，主考官还可顺势追问，而不必拘泥于预定的题目。

总之，从主考官角度看，面试内容既要事先拟定，以便提问时有的放矢，又要因人因"事"（岗位）而异，灵活掌握；既能让应试者充分展示自己的才华，又不能完全让应试者海阔天空地自由发挥，最好是在半控制、半开放的情况下灵活把握面试内容。

**（四）面试对象的单一性**

面试的形式有单独面试和集体面试。在集体面试中多位应试者可以同时在考场之中，但主考官不是同时向所有的应试者发问，而是逐个提问逐个测评，即使在面试中引入辩论、讨论，评委们也是逐个观察应试者的表现。面试的问题一般要因人而异，测评的内容应侧重个别特征，同时进行会相互干扰。

**（五）面试时间的持续性**

面试与笔试有一个显著区别，面试不是在同一个时间展开，而是逐个进行。笔试是不论报考人数的多少，均可在同一时间进行，甚至不受地域的限制，例如每年六月的高考，尽管报考人数数百万，且分布在全国几十个省、市和自治区，而考试时间却是统一的，因为笔试的内容有统一性，且侧重于知识考察，考察内容具体，答案客观标准，主观随意性较小，而面试则不同。

首先，面试是因人而异，主考官提出问题，应试者针对提问进行回答，考察内容不像笔试那么单一，既要考察应试者的专业知识、工作能力和实践经验，又要考察其仪表、反应力和应变力等，因此只能因人而异、逐个进行。

其次，面试一般由人事部门主持，各部门、各岗位的工作性质、工作内容和任职资格条件不同，面试差异大，无法在同一时间进行。

再次，每一位应试者的面试时间，不能做硬性规定，而应视其面试表现而定，如果应试者对所提问题对答如流，阐述清楚，主考官很满意，在约定时间甚至不到约定时间即可结束面试；如果应试者对某些问题回答不清楚，需进一步追问，或需要进一步了解应试者的某些情况，则可适当延长面试时间。

**（六）面试交流的直接互动性**

与笔试、心理测验等人员甄选方式不同，面试中应试者的语言及行为表现，与主考官的评判是直接相连的，中间没有任何中介形式。面试中主考官与应试者的接触、交谈、观察也是相互的，是面对面进行的。主客体之间的信息交流与反馈也是相互作用的。而在笔试、心理测验中，一般对命题人、评分人严加保密，不让应试者知道。面试的这种直接性提高了主考官与应试者间相互沟通的效果与面试的真实性。

**（七）面试评价的主观性**

与笔试那样有明确的客观标准不同，面试的评价标准往往带有较强的主观性。面试官的评价往往受个人主观印象、情感、知识和经验等许多因素的影响，不同的考官对同一位应考者的评价往往会有差异，而且各有各的评价依据。所以，面试评价的主观性是面试的一大弱点。但另一方面，由于人的素质评价是一项十分复杂的工作，考官可以把自己长期积累的经验运用到面试评价中。在这个意义上，面试的这种主观性有其独特价值。

## 三、面试的主要内容

从理论上说，面试可以测评应试者几乎所有的素质，但是在测评甄选实践中，我们并不是以面试去测评一个人的所有素质，而是有选择地用面试去测评它最能测评的内容和所招聘人员最需要具备的基本素质。面试的主要内容包括以下几方面。

**（一）求职动机**

了解应试者为何希望来本单位工作，对哪类工作最感兴趣，在工作中追求什么，判断本单位所能提供的职位或工作条件等能否满足其工作要求和期望。这是对求职者最基本的了解和判断。

**（二）专业知识**

了解应试者掌握专业知识的深度和广度，其专业知识是否符合所要录用职位的要求，以此作为对专业知识笔试的补充。面试对专业知识的考察更具灵活性和深度，所提问题也更接近空缺岗位对专业知识的需求。

当然，对于初入职场者，专业知识方面的问题最多是一些本专业和岗位的基本知识点，不会涉及一些较难的问题。

**（三）工作实践经验**

一般根据查阅应试者的个人简历或求职登记表的结果，作些相关的提问，查询应试者有关背景及过去工作的情况，以证实其所具有的实践经验。通过对工作经历与实践经验的了解，还可以考察应试者的责任感、主动性、思维能力、口头表达能力及遇事的理智状况等。

**（四）口头表达能力**

本项是面试中考查应试者是否能够将自己的思想、观点、意见或建议顺畅地用语言表达出来。考察的具体内容包括：表达的逻辑性、准确性、感染力、音质、音色、音量以及音调等。

**（五）综合分析能力**

考查面试中，应试者是否能对主考官提出的问题通过分析抓住问题的主旨，并且说理透彻、分析全面、条理清晰。

**（六）反应能力与应变能力**

本项主要看应试者对主考官所提问题的理解是否准确贴切以及回答的迅速性、准确性。对于突发问题的反应，应试者是否机智敏捷、回答恰当以及对于意外事情的处理是否得体、妥当等。

**（七）人际交往能力**

在面试中，通过询问应试者经常参与哪些社团活动，喜欢同哪种类型的人打交道，有哪种社交倾向以及与人相处的技巧。

**（八）自我控制能力与情绪稳定性**

自我控制能力尤为重要。一方面，在遇到上级批评指责、工作有压力或是个人利益受到冲击时，能够克制、容忍、理智地对待，不致因情绪波动而影响工作；另一方面工作要有耐心和韧劲。

**（九）工作态度**

一是了解应试者对过去学习、工作的态度；二是了解其对现报考职位的态度。在过去学习或工作中态度不认真，做什么、做好做坏都无所谓的人，在新的工作岗位也很难说能勤勤恳恳、认真负责。

**（十）上进心、进取心**

上进心、进取心强烈的人，一般都有明确的事业上的奋斗目标，并为之而积极努力，表现在努力把现有的工作做好且不安于现状，工作中常有创新。上进心不强的人，一般都是安于现状，无所事事，不求有功，但求能敷衍了事，因此对什么事都不热心。

**（十一）业余爱好与兴趣**

通过询问应试者休闲时间爱从事哪些运动，喜欢阅读哪些书籍以及喜欢什么样的电视节目，有什么样的嗜好等，可以了解一个人的兴趣与爱好，这对录用后的工作安排常有好处。

**（十二）仪表风度**

这是指应试者的体形、外貌、气色、衣着举止、精神状态等。像国家公务员、教师、公关人员、企业经理人员等职位，对仪表风度的要求较高。研究表明，仪表端正、衣着整洁、举止文明的人，一般做事有规律，注意自我约束，责任心强。

**（十三）其他**

面试时主考官还会向应试者介绍本单位及拟聘职位的情况与要求，讨论有关工薪、福利待遇等应试者关心的问题，以及回答应试者可能问到的其他一些问题等。面试主考官可能采用提问方式，也可能是场景设置方式，总之，一旦进入面试场或者等候区域，面试就已经开始。

## 四、面试的测评要素

**（一）一般能力**

（1）语言表达能力：清楚流畅地表达自己的思想、观点，说服动员别人以及解释、叙述事情的能力。

（2）逻辑思维能力：通过分析与综合、抽象与概括、判断与推理，揭示事物的内在联系、本质特征及变化规律的能力。

**（二）领导能力**

（1）计划能力：对实际工作任务提出实施目标，进行宏观规划并制定实施方案的能力。

（2）决策能力：对重要问题进行及时有效的分析判断，做出科学决策的能力。

（3）组织协调能力：根据工作任务，对资源进行分配，同时控制、激励和协调群体活动过程，使之相互配合，从而实现组织目标的能力。

（4）人际沟通能力：通过情感、态度、思想和观点的交流，建立良好协作关系的能力。

（5）创新能力：发现新问题、产生新思路、提出新观点和找出新办法的能力。

（6）应变能力：面对意外事件，能迅速地做出反应，寻求合适的方法，使事件得以妥善解决的能力。

（7）选择职位需要的特殊能力（该能力测评要素根据不同职位要求确定）。

## （三）个性特征

在面试中表现出来的气质风度、情绪稳定性、自我认知等个性特征。

## 五、面试的基本原则

在参加面试中，需要掌握三个原则：实事求是、随机应变、自圆其说。其中后两个主要体现了灵活性的特点，但必须以实事求是为前提和基础。

### （一）实事求是的原则

实事求是指在面试中应试者回答考官提问时要从本人的实际情况出发，不夸大，不缩小，正确对待和处理考官的发问。

在面试中涉及专业知识时，更要实事求是地回答，即使你对考官所提的问题回答不出来也无妨。你如不知道就坦率地承认"不知道"，并表示歉意。一个人的知识面总是有限的，如果在不知道的情况下妄说，反倒会影响你的录用，同时可以表达自己会在面试结束后会努力解决这些不了解的问题，充分说明自己具备学习能力。当问到自己熟悉的问题时，应尽量发挥得充分些。

### （二）随机应变的原则

随机应变是指面试考官要考查应试者能否随着情况的变化掌握时机，具有灵活应付的多变能力。当你进入面试考场之后，如遇考官们都不发问，而是面带微笑地看着你，使你不知所措，心里紧张。这时候，你可"主动出击"，以改变这种被动局面。可以先做自我介绍，并逐渐把重点转移到自己所精通的专业知识上，甚至可以向考官们提出一些问题，以突显自己是位谈吐清楚、头脑灵活、反应敏捷、能够随机应变的人。

当然，上面的情况是不常见的，但要有所准备，常见的是下面一些情况。

比如，考官知道你应聘的是计算机操作员职位，会问你在校时喜欢哪几门功课。如果你的"线性代数""高等数学""C 语言程序设计"等几门课的成绩都是优秀的话，你可说："对这三门课我都喜欢，尤其是 C 语言程序设计。"考官如追问为什么，你可回答："计算机是把数学的思维方式运用到程序设计中去，比简单地应用数学公式更能发挥我的聪明才智。"如果考官看到成绩单上面一些科目分数仅仅是及格，尤其是与专业相关的学科，可能会被考官询问，因此，在校期间，要注重每门课程的学习，毕竟学业成绩最能说明一个学生的学习状况，也是证明学习能力的有力证据。

### （三）自圆其说的原则

参加面试时，主考官所问的问题并不一定有标准答案，只要能回答得近乎"自圆其说"，便算是成功。

比如有一次在一家企业工作的小伙子去面试，当时主考官问了一个问题："你为什么要离开现在的企业？"他回答："在这家企业没有前途。""那么怎么样才算有前途？"主考官接着问。"企业蒸蒸日上，个人才能得到不断提高和发展。""你们单位的产品在市场上的占有率名列前茅，员工收入也很高，这是有口皆碑的，怎么能说在这个企业没有前途呢？"这位求职者所犯的错误是他不清楚随着问题的不断深入，他先前的论点将无法成立，这样就不能"自圆其说"了。

最常见和突出的两个问题是："你最大的优点是什么"和"你最大的缺点是什么"。这两个问题看似简单，其实很难回答好。因为接下来主考官有可能会问："你的这些优点对我们的工作有什么帮助？"或"你的这些缺点会对我们的工作带来什么影响？"然后还可以层层深入，求职者是很容易陷入不能"自圆其说"的尴尬境地的。

几乎所有的面试问题都有可能被主考官深化和挖掘，因此回答问题前要尽可能想得周到些，多思考然后再回答，才能不至于被动。

# 第二节　面试的基本模式和分类

## 一、面试的基本模式

根据不同的标准，面试可以分为以下几种主要形式。

### （一）压力性面试与非压力性面试

这是根据面试的目的不同进行的划分。前者是指招聘者有意对应聘者施加压力，使其焦虑不安的面试形式。这种面试的目的是鉴别出那些对压力敏感且具有较强承受能力的应聘者。在面试中，考官提问一些直接甚至很尖锐的问题，使应聘者感到不舒服，如应聘者换过好几次工作，那么招聘者会问经常换工作表明这个人不负责任、不成熟，这时就对应聘者形成了考验：如果应聘者合理解释自己为什么要换工作，那么应聘者的提问就可以继续进行；如果应聘者一下子变得很生气，那么就表明这个人承受能力有限。非压力性面试则是指在没有压力的情形下考查应试者有关方面的素质。

### （二）鉴别性面试、评价性面试和预测性面试

这是根据面试的作用进行的划分。所谓鉴别性面试，就是依据面试结果把应试者按相关素质水平进行区分的面试；评价性面试则是对应考者的素质做出客观评价的面试；而预测性面试是指对应考者的发展潜力和未来成就等方面进行预测的面试。

### （三）一次性面试和分阶段面试

这是根据面试的进程来划分的。一次性面试是指用人单位对应试者的面试集中于一次进行。在一次性面试中，面试考官的阵容一般都比较强大，通常由用人单位人事部门负责人、业务部门负责人及人事测评专家组成。在一次面试的情况下，应试者是否能面试过关，甚至被最终录用，就取决于这一次面试。

分阶段面试又可以分为两种形式，一种叫"依序面试"，另一种叫"逐步面试"。依序面试一般分为初试、复试与综合评定三步。初试的目的在于从众多应试者中筛选出较好的人选。

初试一般由用人单位的人事部门主持，主要考查应试者的仪表风度、工作态度、上进心、

进取精神等，将明显不合格者予以淘汰。初试合格者则进入复试，复试一般由用人部门主管主持，以考查应试者的专业知识和业务技能为主，衡量应试者对拟任工作岗位是否合适。复试结束后再由人事部门会同用人部门综合评定每位应试者的成绩，确定最终合格人选。逐步面试一般由用人单位的主管领导、处（科）长以及一般工作人员组成面试小组，按照小组成员的层次，按由低到高的顺序，依次对应试者进行面试。

## 二、面试分类

根据面谈话题、答案、程序的规范化程度，面试常常可分为以下几种。

### （一）自由化面试

自由化面试，考官的目的在于了解应试者，应试者的目的在于推销自己和了解用人部门的情况。在自由化面试中，主考官随兴所至地提问，并不遵循一定的提问路线，应试者也可以扯起话题，因此，双方之间的话题可以多种多样。通常面试的开始部分都差不多，但往下进行，交谈的内容和程序就没有常规了，考官和应试者可以凭兴趣往下聊。自由化面试，有一定长处。一是自由灵活，能够充分发挥考官的主观能动性，如可以针对不同的应试者进行不同的面试。应试者也可以自由活泼一些，有更多的自由表现自己的机会。二是简便易行，自由化面试，只要有一两名考官就行，组织起来很简便，不拘场地、形式，免去了许多设计上的麻烦。

但是，这种形式的面试也有很大的局限性。一是要求考官有相当高的面试经验和技巧，能够驾驭整个面试过程。二是这种面试，往往是一人担任面试考官，考官水平不高可出现失误，或有意舞弊时，难以挽救。三是在应试者较多时，往往很难做到难易相当，不公平现象较明显，这时自由化面试，常被人怀疑和指责为"走过场""简陋"和"有失公允"。

### （二）结构化面试

结构化面试是指面试前进行了系统设计的面试。即事先对面试程序、测评项目、话题、测评标准、时间等做了详细设计安排。考官小组的面试，一般是结构化面试。

结构化面试有很多优点，如内容确定、形式固定、便于考官面试时操作；面试测评项目、参考话题、测评标准及实施程序等，都是事先经过科学分析确定的，能保证整个面试有较高的效度和信度；对于有多个应试者竞争的场合，这种面试更易做到公平、统一；更主要的是这种面试要点突出，形式规范，能更加简洁地实现目标。

结构化面试一般应由5～9名考官组成，其中一名为主考官。在考官的组成上，其性别、年龄、专业结构、职务等应有适当的搭配。为了确保面试工作的公平性、公正性，可根据需要适当配备1～2名监督员（由纪检、监察或公证部门的同志担任）参与整个面试过程。同时根据工作量大小适当配备一定数量的考务人员，如记分员、监考人员等。

### （三）半结构化面试

半结构化面试规范化程度介于自由化与结构化之间，既有确定的试题和程序等，又可以不完全遵守。实际上是简化了的结构化面试，严格化了的自由化面试。自由化、半结构化、结构化面试之间的区别是相对的，没有绝对分明的界线。就有效性而言，结构化面试较为理想。有人对此做了一项研究：把42位老练的面试考官分为结构化面试、半结构化面试和自由化面试三组，要求他们与5位应聘推销员的应试者进行面试。发给结构化面试组的考官一份详细的面试表（复合式），并要求不得偏离既定的面试表；半结构化面试组的考官也得到与结构化面试组相同的面试表，但允许他们进行取舍调整；自由化面试组的考官，不发面试表，允许他们就任何项目以任何方式进行面试。结果表明：结构化面试的每位考官似乎都知道该问什么且知道该如何处理所获取的信息资料，且由于所提问题的范围相同，各个考官对应试者的评价结论非常接近，这组的评价结果也最可信。自由化面试组，几乎是各个考官各问各的问题，范围很广，东一问西一问，一点儿不集中，考官间不明白其他考官问题的测评意图，结果表明这一组的评价结论比较肤浅、分散，甚至互相矛盾。半结构化面试组的效果也远不如结构化面试组。

**（四）无领导小组讨论（这个也是目前采用较多的一种面试形式）**

无领导小组讨论是选拔人才中经常使用的一种新方法，它有助于应试者较好地发挥其特长，展现其优势。

1. 无领导小组讨论的概念

无领导小组讨论采用情景模拟的方式对应试者进行集体面试。它通过给一组应试者（一般是5~8人）一个与工作相关的问题，让应试者们进行一定时间（一般是1~1.5小时左右）的讨论，来检测应试者的组织协调能力、口头表达能力、辩论能力、说服能力、情绪稳定性、处理人际关系的技巧、非言语沟通能力（如面部表情、身体姿势、语调、语速和手势）等各个方面的能力和素质是否达到拟任岗位的要求，由此来综合评价应试者之间的优劣。

在无领导小组讨论中，评价者或者不给应试者指定特别的角色（不定角色的无领导小组讨论），或者只给每个应试者指定一个彼此平等的角色（定角色的无领导小组讨论），但都不指定谁是领导，也不指定每个应试者应该坐在哪个位置，而是让所有应试者自行排位、自行组织，评价者只是通过安排应试者的活动，观察每个应试者的表现，来对应试者进行评价，这也就是无领导小组讨论名称的由来。

无领导小组讨论主要测试应试者论辩能力。其中既包括对法律、法规、政策的理解和运用能力，也包括对拟讨论题目的理解能力、发言提纲的写作能力、逻辑思维能力、语言说服能力、应变能力、组织协调能力等。

2. 无领导小组讨论的阶段

无领导小组讨论的过程一般分为三个阶段：第一阶段，应试者了解试题，独立思考，列出发言提纲，一般为5分钟左右；第二阶段，应试者轮流发言阐述自己的观点；第三阶段，应试者交叉辩论，继续阐明自己的观点，或对别人的观点提出不同的意见，并最终得出小组的一致意见。

3. 无领导小组讨论的程序

（1）讨论前事先分好组，一般每个讨论组6~8人为宜；

（2）考场按易于讨论的方式设置，一般采用圆桌会议式，面试考官席设在考场四边（或集中于一边，以利于观察为宜）；

（3）应试者落座后，面试考官为每个应试者发空白纸若干张，供草拟讨论提纲用；

（4）主考官向应试者讲解无领导小组讨论的要求（纪律），并宣读讨论题；

（5）给应试者5~10分钟准备时间（构思讨论发言提纲）；

（6）主考官宣布讨论开始，依考号顺序每人阐述观点（5分钟），依次发言，发言结束后开始自由讨论；

（7）各面试考官只观察并依据评分标准为每位应试者打分，不准参与讨论或给予任何形式的诱导；

（8）无领导小组讨论一般以 40～60 分钟为宜，主考官依据讨论情况，宣布讨论结束后收回应试者的讨论发言提纲，同时收集各考官评分成绩单，应试者退场；

（9）记分员去掉一个最高分，一个最低分，然后得出平均分的方式，计算出最后得分，主考官在成绩单上签字。

4. 无领导小组讨论的功能

无领导小组讨论具有以下三个功能。

（1）区分功能，在一定程度上能够区分出应试者能力、素质上的相对差异；

（2）评价功能，能在一定程度上评价、鉴别应试者某些方面的能力、素质和水平是否达到了规定的某一标准；

（3）预测功能，能在一定程度上预测应试者的能力倾向和发展潜力，预测应试者在未来岗位上的表现、成功的可能性和成就。

5. 无领导小组讨论的优点

能检测出笔试和单一面试法所不能检测出的能力或者素质；可以依据应试者的行为、言论来对应试者进行更加全面、合理的评价；能使应试者在相对无意中显示自己各个方面的特点；使应试者有平等的发挥机会，从而很快地表现出个体上的差异；节省时间，并能对竞争同一岗位的应试者的表现进行同时比较（横向对比）；应用范围广，能广泛应用于非技术领域、技术领域、管理领域等。但无领导小组讨论对测试题目和考官的要求较高，同时，单个应试者的表现易受其他应试者的影响。

6. 无领导小组讨论面试试题的主要类型

无领导小组讨论面试试题从形式上可以分为以下五种。

（1）开放式问题。

这种问题答案的范围可以很广、很宽。主要考查应试者们思考问题是否全面、是否有针对性，思路是否清晰、是否有新的观点和见解。例如：你认为什么样的领导是好领导？关于此类问题，应试者可以从很多方面，如领导的人格魅力、领导的才能、领导的亲和取向、领导的管理取向等来回答，可以列出很多的优良品质。对考官来讲，这种题容易出，但不容易对应试者进行评价，因为此类问题不太容易引起应试者之间的争辩，所测查应试者的能力范围较为有限。

（2）两难问题。

两难问题是让应试者在两种各有利弊的答案中选择其中的一种。主要考查应试者的分析能力、语言表达能力以及说服力等。例如，你认为以工作为取向的领导是好领导还是以人为取向的领导是好领导？此类问题对应试者而言，既通俗易懂，又能够引起充分的辩论。对于考官而言，不但在编制题目方面比较方便，而且在评价应试者方面也比较有效。但是，此种类型的题目需要注意的是，两种备选答案都具有同等程度的利弊，不存在其中一个答案比另一个答案有明显的选择性优势。

（3）多项选择问题。

这种问题是让应试者在多种备选答案中选择其中有效的几种或对备选答案的重要性进行排序。主要考查应试者分析问题、抓住问题的本质等各方面的能力。

（4）操作性问题。

给出材料、工具或道具，让应试者利用所给的材料制造出一个或一些考官指定的物体。主要考查应试者的能动性、合作能力以及在一项实际操作任务中所充当的角色特点。此类问题考查应试者的操作行为比其他类型的问题要多一些，情景模拟的程度要大一些，但考查语言方面的能力则较少。

（5）资源争夺问题。

此类问题适用于指定角色的无领导小组讨论，是让处于同等地位的应试者就有限的资源进行分配，从而考查应试者的语言表达能力、概括或总结能力，发言的积极性和反应的灵敏性等。如让应试者担当各个分部门的经理并就一定数量的资金进行分配。要想获得更多的资源，自己必须有理有据，必须能说服他人，所以此类问题能引起应试者的充分辩论，也有利于考官对应试者的评价，只是对试题的要求较高。

7. 无领导小组讨论的评分

一般而言，对于无领导小组讨论的计分有以下三种方式。

（1）各考官对每个应试者的每一个测评要素打分。

（2）不同的考官对不同应试者的每一个测评要素打分。

（3）各考官分别对每个应试者的某几个特定测评要素打分。在具体实施期间，考官之间可根据考官水平和考官特长等具体情况，有针对性地选择使用某一种计分方式。计分的内容一般包括三个方面：

①语言方面，包括发言主动性、组织语言能力、口头表达能力、辩论说服能力、论点的正确性等，这些不同的要素应根据职位的不同有不同的权重得分。

②非语言方面，包括面部表情、身体姿势、语调、语速和手势。

③个性特点，包括自信程度、进取心、责任心、情绪稳定性、反应灵活性等测评要素。

**（五）情景模拟面试**

1. 情景模拟面试的含义

情景模拟面试是设置一定的模拟状况，要求被测试者扮演某一角色并进入角色情景中去处理各种事务及各种问题和矛盾。考官通过对应试者在情景中所表现出来的行为进行观察和记录，以测评其素质潜能，或看其是否能适应或胜任工作。情景模拟面试主要适用于管理人员和某些专业人员。常用的情景模拟面试包括：公文筐作业、无领导小组讨论、管理游戏、角色扮演等。

2. 情景模拟面试的特点

（1）针对性。

由于模拟测试的环境是拟招岗位或近似拟招岗位的环境，测试内容又是拟招岗位的某项实际工作，因而具有较强的针对性。

如某市财政局在模拟测试中，给了应试者有关财务资料，要求应试者据此写出一份财务分析报告，内容包括数据计算，综合分析，个人的观点、意见和建议。某市审计局给应试者提供了某单位的原始凭证和记好的账目，要求应试者据此检查出错误并定行为、定性质、改错账。上述模拟测试就是针对财政工作和审计工作的需要和现实问题进行的。

一个通信类高职院校的市场营销专业学生在面试中，用人单位市场部经理现场拿出一部手机，请同学销售给公司的副总经理。该同学在校期间，曾在手机连锁企业做周末兼职，较熟悉手机的品牌、功能，在较短的时间内，抓住了公司副总经理属于商务机型的使用群体定位，结合该手机的功能现场推销成功，赢得用人单位的青睐。

（2）直接性。

将一篇成文信息抽取观点、颠倒次序后，由主考人语无伦次地口头叙述，让应试者记录并据此写出一篇"简报"；用中速放一名犯罪分子的犯罪证词录音，要求应试者做笔录，并据此撰写"起诉书"；放一个举报电话录音，让应试者当即处理。这样的测试，不仅测试内容与拟招岗位业务有直接关系，而且使考评人员能够直接观察应试者的工作情况，直接了解应试者的基本素质及能力，所以更具有直接性。

（3）可信性。

由于模拟测试接近实际，考察的重点是应试者分析和解决实际工作问题的能力，加之这种方式又便于观察了解应试者是否具备拟任岗位职务的素质，因此普遍反映模拟测试比笔试和其他面试形式更具有可信性。如，某市广播电视局在招聘编辑、记者时，组织应试者参观了某市无线电厂生产车间，请厂长介绍了该厂搞活企业经营，狠抓产品质量，改进政治思想工作等情况，并以记者招待会的形式，由厂长解答了应试者提出的各种问题。随后让应试者根据各自的"采访记录"分别撰写新闻综述和工作通讯各一篇。毫无疑问，通过这种测试考察了解应试者是否具备编辑、记者的基本素质，手段更为可靠。

总的讲，比较其他面试形式，情景模拟测验的特点主要表现在针对性、真实性和开放性方面。针对性表现在测验的环境是仿真的，内容是仿真的，测验本身的全部着眼点都直接体现拟任岗位对应试者素质的实际需求。需要指出的是，有时表面上所模拟的情境与实际工作情境并不相似，但其所需要的能力、素质却是相同的，这时表面的"不像"并不妨碍实质上的"像"。真实性表现为应试者在测验中所"做"的、所"说"的、所"写"的，与拟任岗位的业务最直接地联系着，犹如一个短暂的试用期，其工作状态一目了然。开放性表现在测验的手段多样、内容生动，应试者做答的自由度高、伸缩性强，给应试者的不是一个封闭的试题，而是一个可以自由挥洒甚至即兴发挥的广阔天地。

上述特点也派生了模拟测验的相对局限性，主要表现为测验的规范化程度不易平衡，效率较低，同时，对考官素质的要求较高。

3. 情景模拟面试的主要方式

（1）通用文件处理的模拟。

这一项目可作为对招考对象的通用情景模拟手段。它以日常文件处理为依据，编制若干个（约 15 至 20 个）待处理文件，让被测者以特定的身份对文件进行处理，这些待定文件应是经常要处理的会议通知、请示或批复、群众来信、电话记录和备忘录等，要求被测者在两至三小时内处理完毕。

测试的待处理文件的编制大体可分三类：第一类是工作中已有正确结论的，这可以在文书档案调查的基础上对某些文件略做加工提炼。这类文件便于对被测者处理结果的有效性进行评价。另一类是某些条件和信息尚不完整的文件，这主要是测试其是否善于提出问题，此类文件的处理应有一定难度，以评价被测者观察力的细致性和深刻性，思维力的敏感性、逻辑性和周密性。第三类是文件处理的条件已具备，要求被测者在综合分析问题的基础上做出决策。这类文件应难易相间，以拉开档次。

通用文件处理应以团体方式进行。在测试前，由主持测评者统一说明测试的目的及要求，消除被测者紧张情绪，以取得他们的配合。

（2）工作活动的模拟。

这个测试项目可以采用以下两种形式进行：一种是上下级对话形式，模拟接待基层工作者的情景，由被测者饰上级，测评员饰下级；或所饰角色反过来，由下级向上级领导汇报或请示工作。这种模拟测试可采用主测评人员与其对话，其余测评人员观察打分的方式进行。测试前应让被测者阅读有关材料，使其了解角色的背景和要求。测试主题可一个专业一题，需有较大难度和明晰的评分标准，时间以每人半小时左右为宜。

再一种是布置工作的测试。要求被测者在阅读一份上级文件或会议纪要后，以特定的身份，结合部门实际，对工作进行分工布置和安排。这一项目可以个别测试的方式进行。测评人员一般为招考部门领导，在一定条件下测评人员可向被测者发难，以对其进行较深入的整体测评。最后依据评分标准分别评分。

（3）角色扮演法。

事先向应试者提供一定的背景情况和角色说明，模拟时要求应试者以角色身份完成一定的活动或任务。例如，接待来访、主持会议、汇报工作等。

（4）现场作业法。

提供给应试者一定的数据和资料，在规定的时间内，要求应试者编制计划、设计图表、起草公文、计算结果等。被普遍应用的计算机操作、账目整理、公文筐作业都属于此类形式。

（5）模拟会议法。

将若干（10人左右）应试者分为一组，就某一需要研讨的问题或需要布置的活动或需要决策的议题，由应试者自由发表议论，相互切磋探讨。具体形式有会议的模拟组织、主持、记录及无领导小组讨论等。

# 第三节 面试注意事项与技巧

## 一、心态准备

理想的面试结果是面试官能全面而准确地了解到应试者的优势所在，这是每一位应试者所期望的结果。但在实际的面试中很难实现。其原因是多方面的，主要是由于认知的偏差、焦虑、恐惧等莫名的情绪引起的。在面试之前，明智的应试者应该挖掘自己潜在的力量，用积极的心态来消除负面心理的影响，在面试中满怀信心地展现自己的风采。

### （一）充满自信

面试还没有开始，很多人就已经被即将到来的恐惧击垮了。他们知道面试是关键的一环，因而习惯性地、无限度地夸大面试中的每一个因素，把每个因素都当成难以逾越的大山。结果不战而败，弃甲投降。他们对面试因素的误解主要包括以下几个方面。

首先，应试者经常把考官想象成为"冷面杀手、阴阳怪气、笑里藏刀、盛气凌人、挑三拣四、傲慢无礼……"的人，应试者必须要无条件地接受考官的百般责难和挑剔。

其次，应试者总是把他的竞争对手想象成为一个服装整齐、年轻俊逸、学历不凡、气质潇洒、无懈可击的人，总觉得自己浑身都是毛病，处处不如对手。

第三，应试者总觉得自己哪都不好。"我可能运气不好，我说话过于紧张，我的西装不够漂亮，我个子太矮，我缺乏应变力，我……"。总之，自己到处都不行。

面试前在心理上对各种因素过分夸大，会让应试者无法自如地展现自己。一旦应试者在心理上接受某个假设，他将一步一步地踏入自我设定的陷阱中，从而严重地影响到应试者的理性判断力，而这正是面试中至关重要的内容。

那么，如何跨越这个心理难关呢？我们来分析一下。

面试官的确握有生杀大权。但是，应试者和面试官之间，应试者和应试者之间，更有一个核心——面试单位，面试官要为面试单位招聘合格的人员，应试者则希望成为面试单位中的优秀成员，应试者学会站在面试单位的角度来考虑问题，就能够摆脱假想的敌对状态。

应试者可以把面试官想象为你的上级，把竞争者设想为你的同事，把你自己看成是一个负责的员工。这时，面试的场景将化为一种互动的人际情境，你就能够在一种轻松的心理状态下从容应对。

我们习惯于构想出形形色色的敌人，是因为我们在日常的生活中，常常将自己固定在几种不健康的人际交往模式中。我们习惯性地说："我不好，你好；我不行，你行"。或者，我们一贯认为"我不好，你也不好；我不行，你也不行"。或者，我们经常以为"我好，你不好；我行，你不行"。承认一方，否认另一方，就必然会将你带入不必要的敌对状态中。

真正健康的、成熟的人际交往模式应该是"我行，你也行；我好，你也好"。这种心态的特点是：去发现自己、他人和世界的光明面，从而使自己保持一种积极、乐观进取的精神状态。一旦拥有了这种态度，应试者不必劳神费力地去讨好主考官，压制别人，他将能坦然自若地表现自己的所有优势，他将能理性地绕过自己和主考官有意无意设下的陷阱。

"我行，你也行；我好，你也好"也意味着，应试者还没进入面试单位，就已经把面试单位当成"家"了。

### （二）具有顽强意志

"古之成大事者，不惟有超世之才，亦必有坚韧不拔之志"。这种坚韧不拔之志就是实现人生追求目标的顽强意志。所谓意志是人为地达到一定的目的，自觉地组织自己的行动，并与克服困难相联系的心理过程，它是人的意识的能动表现。一个意志明确而又坚强的人，一般都具有自觉性、坚定性、果断性、自制力等几种意志品质。

决定事业成功与否的关键是人的意志品质，这就是"有志者事竟成"的道理。一项对诺贝尔奖获奖者的研究也表明，他们所取得的成就虽各具特色，但无一例外地拥有两大共同特征：一是学识渊博，二是目标明确、兴趣持久、坚韧顽强，具有不达目的誓不罢休的精神。

### （三）具有竞争意识

"物竞天择，适者生存"是生物界生存和发展的普遍法则。对于应试者来说，必须强化自己的竞争意识，崇尚竞争，敢于竞争，在社会生活中，优胜劣汰已逐渐成为历史发展的主要趋势。

"百舸争流奋楫者当先，万木竞秀傲寒者夺魁"。从某种意义上说，人生就是一场竞争，应试者应该正视现实，抓住机遇，扬起理想的风帆，在竞争的激流中奋力拼搏，驶向成功的彼岸。市场经济就是竞争性经济，竞争已成为社会生活的普通法则。职业竞争是最重要的竞争之一，随着人才劳动力市场全面放开，优胜劣汰作为职业竞争的法则，必然给强者带来机遇，使弱者面临危机。所以，应试者就必须克服焦虑、自卑、怯懦、优柔寡断等心理障碍，敢于参加竞争，大胆地与竞争对手一比高低。

### 1. 要扬长避短

从实际出发，对自己所处的环境，对自身的能力结构、专业特长、性格气质、兴趣爱好，进行具体分析和评价，扬长避短，先声夺人。

### 2. 有足够的自信

在了解用人单位的要求后，只要自己符合条件，就要充满自信，相信自己能够胜任工作，大胆地接受挑战。

### 3. 有明确的人生信念和追求目标

为自己的信念和追求目标奋斗不息，不为一时的困难和失败所吓倒，不为压力和风险所动摇。

### 4. 有经受挫折的心理准备和承受力

竞争往往是成功与失败并存。在应聘竞争中，失败在所难免，但只要正确对待，调节抱负水平和期望值，就会成为竞争中的强者。

## （四）消除完美主义心理

绝对的完美主义者即意味着永远的自我否定者，因为他永远达不到他为自己所定的任何一个目标；绝对的完美主义者也意味着不知轻重、不分主次，他会强迫自己在每一个细节上做着过分的不必要的停留。一般的完美主义者只是希望别人把他看成是一个无可挑剔的人。他认为，如果在日常工作中给老板发现了不完美之处，自己就会错失良机。于是，他平时不轻易讲话，开会时坐在后排，尽可能地不引人注意，唯恐被他人发现了缺点。

面试前，完美主义者最愿意干的，是给自己制造出数以千计的心理压力；面试中，完美主义者会尽量地掩饰、遮盖自己的不足之处。然而，却忽略了面试的根本目的——全面而准确地展现自己的风采，心理学家研究指出，一个人的缺点必然是越抹越黑，一个人的优点则是越擦越亮。

面试时，不必自怨自艾，不必妄自菲薄，多想想自己的优点和长处，也不必在面试官严厉的目光下，因为怕暴露自己的缺点而动摇信心，成了一个蹩脚的完美主义者。

## （五）焦虑心理人人都有

焦虑主要是生理层面的内容，它要来便来，绝不会因你欲摆脱它而消失。焦虑给我们带来了不快，所以，我们希望能够摆脱它。但是，你越想摆脱它，你也就在它身上加上了越多的注意。一句话，你越想摆脱焦虑，你就会越焦虑，而你越焦虑，你便越想摆脱它，结果便形成了一个恶性循环。摆脱这个恶性循环的唯一办法便是自己在心里暗示自己"由它去吧"。一旦你不再注意你身上的焦虑，焦虑状态便会自然而然地"去"了。面试前，包括面试中，应试者要学会接纳自己正常的焦虑，要带着正常的焦虑去做自己该做的事。

以上讲的是如何面对正常焦虑，但是，部分应试者由于心理承受力不足，难以忍受即将逼近的面试所造成的心理压力，而陷入过度的焦虑之中。如果出现这种情况，应试者就需要进行一些心理训练。过度的焦虑可以从三个方面来诊断：不良的情绪反应，如紧张恐惧、心烦意乱、喜怒无常、无精打采等；不良的生理反应，如肠胃不适、原因不明的腹泻、多汗、尿频、头痛、失眠等；不良的智力反应，如记忆力减退、注意力不能集中、思维迟钝、学习效率下降等。

为预防和降低面试前的过度焦虑而采取的有效措施有以下几种：

**1. 做好充分的准备**

预计到自己临场可能会很紧张，应事先请有关的教师或同学充当主试人，进行模拟面试，找出可能存在的问题与不足，增强自己克服紧张的自信心。应反复告诫自己，不要将一次面试的得失看得太重。应该明白，自己紧张，你的竞争对手也不轻松，也有可能出现差错，甚至可能不如你。同样条件下，谁克服了紧张，谁镇定，谁从容地回答提问，谁就会取得胜利。

**2. 充分认识自我及详尽了解面试过程**

应试者能充分地熟悉面试的要求、题型、时间、地点、类型等具体操作过程，做到心中有数；同时又正确地评价自己，既相信自己的能力，又实事求是，不好高骛远，也不自轻自贱，面试前的焦虑自然会减轻。

**3. 积极的自我暗示**

在面试前，应试者习惯于叙述一些自身的事情。这些叙述通常是讲给别人听的，然而却无意中在暗示着自己。面试焦虑者的叙述常常是消极的，他习惯对别人讲"我可能通不过面试""我缺乏应变能力，我恐怕难以对付面试中的应变题""我表达能力不够好"等。这些消极的暗示会破坏良好的心境，分散注意力，降低应试者的自信，将会把应试者引入胡思乱想之中，致使应试者无法在面试中发挥自己的正常水平，最后的面试结果不幸被应试者的消极暗示所言中。相反，假如能对自己进行积极的暗示，应试者就会充满自信，心境悠然，注意力集中，思维敏捷，以致在面试中积极地表现自我，最终面试成功。一句话说多了，自己也会相信。如果你常常说"我不行""我口齿不清""我形象不佳"，你自己便会渐渐地默认自己不行，你就果真口齿不清，果真形象不佳了。因此，应试者必须习惯多给自己积极的评价，必须学会积极的自我暗示。当然，积极的自我暗示并不是盲目乐观，脱离现实，以空幻美妙的想象来代替现实，而是客观、理性地看待自己，并对自己有积极的期待。人与生俱来便有着自我接纳的倾向，如果应试者学会通过适度的积极的暗示来接纳自我，那么，面试前的焦虑必然会减轻。

**4. 调整饮食**

德国生理学家沃尔可·帕顿教授经过长期研究后得出结论：香蕉等水果中含有一种可让人脑产生血清基的物质，而血清基有安神和让人愉悦的作用。帕顿教授进一步指出，某些人之所以患躁狂抑郁症，其中一个原因便是血清基的缺乏。所以，面试前的一餐，注意给自己加点水果。饮食专家亦指出，饭桌上除了常见的肉、鱼和蛋等高蛋白食物之外，再加上几片粗面粉做成的面包、马铃薯以及丰富的蔬菜和水果等，会有助于乐观情绪的产生和保持。

**5. 身体放松**

身心是相通的，当你的身体放松时，你的紧张情绪也就得到了缓解。

（1）散步解忧。有一项研究要求应试者分别用三种不同的步子走路：正常的步伐、摆动双臂昂首阔步、低头懒散行走。结果发现，前两种姿势能使人心情更加愉快。对此，心理学家分析说，摆动双臂时，可产生一种机械运动，使因焦虑而紧张的肩膀、颈部和背部肌肉得以放松。

（2）开怀大笑。开怀大笑可令你紧绷的躯体迅速放松，在开心地笑过之后，由于手臂、脚部的肌肉不再紧张，血压、心跳有所缓和，你会感觉全身如同卸掉了千斤的担子，你就会相当轻松。

（3）洗澡化忧。专家指出，理想的洗澡水温为 38～40℃，比人的体温略高，它能增加血液循环，使人镇定下来。它会使你紧张的肌肉放松，令你睡上一个好觉。

为了提高洗澡的安神作用，可以和主动的放松动作有机地结合起来。首先，让自己完全松弛，轻轻地浮在水面上，体会这时的感觉；其次，想象这种松弛感上升到肘部、上臂、肩膀、背部、头部，逐渐扩散到自己感到紧张的部位；最后，让松弛感回到脑部，再向下扩展。

6. 补充的睡眠

很多人在面试前睡不好觉，这是与他的紧张有关，但多数时候，还是因为他们太重视即将面临的面试了。他们往往喜欢推论：太紧张—睡不好觉—明天精神肯定不好，面试要搞糟，这样自己越来越紧张，以致只能在极度困顿时才能入睡。如若能以轻松的态度对待面试，你便能如平时一样自然入睡。另外，如下一些窍门可助你入睡：

（1）适当活动。对于整日伏案工作，静坐不动的人来说，入睡前散散步或做做操有助于睡一个好觉。

（2）尽量松弛。平躺在床上，深呼吸一次，把注意力先集中在一个具体部位，如脚趾，然后从此端开始，放松直到全身。

（3）喝杯热奶。奶粉的一些成分可有助于睡眠。

（4）进行冥想。躺在床上，想象一些枯燥无味的事情，比如数羊。

7. 深呼吸

人们不高兴时，常长吁短叹。其实，长吁短叹就是一种无意的深呼吸，它无意中部分地排解了焦虑和紧张。面试前，你不妨主动做些深呼吸来缓和紧张情绪。

（1）首先吸气，尽可能地让自己的肺部充满空气，姿势随意。

（2）双手轻轻置于肋骨的下部，缓缓抬头，同时暗示自己"我很放松"。

（3）吸气要做到缓慢而自然，要用腹部的力量吸气，胸膛不要剧烈起伏。

（4）屏住呼吸，放松全身肌肉，再将空气均匀平缓地呼出。很多时候，只要一个深呼吸便可让人平静下来。

8. 面试中不要着急回答问题

主考官问完问题后，如果没有听清楚问题，可以请主考官重复一下问题，切记没听清楚，擅自按照自己的猜测胡乱回答一通。如果明白了问题，应试者可以考虑五至十秒钟后再做回答。在回答时，要注意语速不可太快，太快容易导致思维与表达脱节，快了也易表达不清。而你一旦意识到这些情况，就会更紧张，结果导致面试难以取得应有的效果。所以切记，面试从头到尾应该做到讲话不急不慢，逻辑严密，条理清楚。

9. 暴露冲击法消除过度焦虑

多去面试，多去锻炼，在成功几次或"碰壁"几次后，再面对面试，你就坦然多了。

以上几种方法是可通用的。但或许在以往的经历中，你无意中已形成了自己的调适方法，那最好不过了。如果用一句话来概括面试前的正常的心理调适状态，那就是：放松，放松，再放松。

## 二、知己——自我评估与自我完善

### （一）自我评估

在面试之前，应当至少从以下几个角度进行自我判断，发现自己的优势和不足，兴趣与潜能，职业适应性等关系重大的个人特征。

1. 知识结构

知识结构是指一个人掌握的知识类型、知识框架以及形成知识框架的各类知识的比重。知识结构可以从以下几个方面进行分析：一是自然科学知识和社会科学知识的比重；二是普通知识和特殊知识的比重；三是基础知识和专业知识的比重；四是传统知识和现代知识的比重等。这里所讲的"比重"，不仅指数量关系，也指质量关系。你也许感到很难说清楚自己的知识结构，这没有多大关系。你并不需要得出一个精确的结论，但是必须要分析你的知识结构，特别是要找出你特有的或占优势的知识和缺乏的或处于劣势的知识，这样你才能扬长避短。

在面试之前，知识结构的分析至少对你有两方面的作用：

（1）根据自己的知识结构，选择适宜的职业。

例如，如果你精通计算机软件的使用，却对管理学一窍不通，你最好还是去搞科研开发，而不是去竞争人事经理的职位。如果你的文字功底很差，就尽量避免去竞争文秘这个职位。

（2）针对应聘职位所需的知识结构，尽快弥补不足，使自己现有的知识结构得到改变以适应职位的要求。

例如，你决定去应聘劳动和社会保障局某处处长职位，但对管理知识甚少，就必须通过看书或向别人请教等方法尽快学些基础的适用的管理知识，避免在面试过程中，出现一问三不知的尴尬局面。

2. 能力结构

一个人所具备的能力类型及各类能力的有机组合就是他的能力结构。能力的类型多种多样，至少包括记忆能力、理解能力、分析能力、综合能力、口头表达能力、文字表达能力、机械工作能力、环境适应能力、反应能力与应变能力、人际关系能力、组织管理能力、想象能力、创新能力、判断能力等。从不同角度或不同层面，可以划分不同的能力类型，每个人所具备的能力结构是不同的，甲和乙可能会有不同的能力，但是共同具有一种能力的大小还是有区别的。

面试前，对自己的能力结构进行判断分析是必要的，不同的职业、不同的职位需要不同的能力结构。发挥优势，避开劣势，是事业成功的重要因素。那么，如何来分析评价自己的能力结构呢？一是凭直觉；二是凭经验；三是同别人的比较；四是从别人对自己的评价，以及借助能力倾向测验等。对于一个没有很多社会经验的人来说，评价自己的能力结构是件很困难的事情，往往失之偏颇，自信心强的人往往过高地评价自己，自信心很差的人往往过低地评价自己。能力倾向测验一般比较客观，是比较理想的评价工具。标准化的能力倾向测验，具有两种功能：一是判断一个人具有什么样的能力优势，即所谓的诊断功能；二是测定所从事的工作和适应的可能性，包括发展的潜能，即所谓的预测功能。在这两方面，西方发达国家能力倾向测验被广泛运用于职业决策和人员甄选录用中，经实践检验，具有较强的科学性。

所以，应试者可以用一些标准化的能力倾向测验来进行自我测评。

一般来讲，面试在能力方面的考查主要集中在表达能力、应变能力、分析判断与综合概括能力、自我控制能力等。因此，应试者应当对有关这几项能力的测验多加注意，从而在接受面试时做出有利于面试成功的回答。

3. 个性心理特征

个性是决定每个人心理和行为的普通性和差异性特征和倾向的较稳定的有机组合。个性心理特征主要包括气质和性格两个方面。气质是与个人神经过程的特性相联系的行为特征。气质类型一般划分为多血质（活泼型）、胆汁质（兴奋型）、黏液质（安静型）、抑郁质（抑制型）四种。这四种类型是典型的气质类型，属于这些类型的人极少，多数人是中间气质型，即以某种气质为主，结合着另一种气质类型的一些行为特征。人们的气质存在着相当大的差异，对自己的气质类型做出评判，选择适合自己的工作，对每个人都是十分必要的。性格是个人对现实的稳定态度和习惯性的行为方式。与气质相比，人们的性格差异更是多样而复杂。按何种心理机能占优势可划分为理智型、情绪型、意志型、中间型；按照心理活动的某种倾向性可划分为外倾型和内倾型；按思想行为的独立性可划分为顺从型和独立型；按人的行为模式可划分为 A−Ⅰ 型、A−Ⅱ 型、B−Ⅲ 型、B−Ⅳ 型和 B−Ⅹ 型。

面试过程中一般比较注重个性评价。例如支配性、合作性、独立性、灵活性、自信心、责任感、自制力、重印象性、掩饰性等都可以成为被考查的对象。一般来说，个性没有绝对的优劣之分，因此我们在应试过程中不要过于掩饰自己，宜表现出真实的自我。但是，当你明确知道应聘职务所要求的个性特征时，也不妨适当做些掩饰，但千万别弄巧成拙。

4. 职业适应性和职业价值观

评价自己的职业适应性，要考虑自己的兴趣、特长和价值观。但如果要得到一个比较科学的评价，最好借助于职业能力倾向测验。

一个人的职业价值观受多重因素的影响，但一经确立就很稳定。一个人违心地选择一个自己并不喜欢的职业，要适应它是件痛苦的事情。因此，你应当对自己的职业价值观有一个清楚的认识，选择一个自己真正喜欢和适合自己的工作，而不要受他人的左右。职业没有绝对的好坏之分，关键是选择一个适合自己，有利于自己身心健康和发展进步的职业。

面试很重视对职业适应性和职业价值观的考查，主考官会经常提出有关这方面的问题，应聘者应当事先对应聘职位进行尽可能多的了解和分析，以便使回答具有较强的针对性，能够证明你具有适应该职业的特性。

**（二）自我完善**

经过正确的自我判断与评价，你会发现自己的知识结构、能力结构、个性心理、职业适应性等与自己的理想有一定的差距，找出这一差距是你的一大成就，但如何缩小这个差距，则关系到你能否实现自己的理想和追求，意义重大。那么怎样才能缩小理想与现实的差距呢？主要靠自我开发。因为一个人的前进动力只有产生于内部才会强大持久。学习和提高关键靠自己的主观努力，自我开发是前进的源泉。

知识结构的完善与更新相对于能力结构和个性心理的完善与更新要容易一些，特别是对年轻人来说更好办些。这种完善与更新关键是保持对新鲜事物的好奇心和热情，保持旺盛的求知欲，关注时代的进步和对知识结构提出新的要求，掌握适合于自己的学习方法。能力结构的完善与更新相对来说更为困难一些，需要付出更艰苦的努力。知识是能力的基础，但知识向能力的转化需要一个过程，特别是实践经验的积累。因此，要想提高能力，必须把握机会进行实践锻炼，如果缺少实践的机会，也可以进行一些模拟训练，效果也比较好。个性心理是相对稳定的，但也是不断发展变化的，一个人要清楚自己个性上的缺点，有针对性地做些努力就会逐渐接近自己的理想状态。

为争取面试成功，应了解主考官对应试者的期望的知识结构、能力结构和个性心理特征。但是，这种期望由于各面试考官素质的不同和职务要求不同存在很大差异。因此，我们只能从面试对应试者的一般要求来做些基础性的工作。

1. 心理准备

面试关系到你未来的前途问题，每个人都希望在面试时留给主考官一个优良而深刻的印象，以增加录取的可能性。面试在测试每个人能力的同时，也在测试每个人的心理素质。在接到面试通知后，不同的人会有不同的心理反应，有些人喜形于色，甚至得意忘形，因而放松自己；有些人却紧张得不得了，整天忧心忡忡，唯恐别人不喜欢自己；还有些人感觉无所谓，没必要兴师动众，以至于精神松懈……

争取到面试机会标志着你已经在前面的竞争中击败了很多对手，但这离最后成功还有很长的距离，千万不要沾沾自喜，因为你将面临更加激烈的竞争。

正确的应试心理应该热情、积极、自信、平静和谨慎。接到面试通知以后，你应该给予积极的响应，充满热情地投入到准备工作中去，并相信经过自己的努力会赢得竞争的胜利；你应感觉一个难得的机会正向你一步步地靠近，你可以有机会充分展现你的才华，用自己的知识能力把握自己的命运，这是多么令人兴奋的事啊！但是，在兴奋激动之余，你还要冷静地审视自己，考虑怎样才能发挥出自己的优势，弥补自己的不足，并为此做一些细致耐心的准备工作。最后，你应当以一种平静的心态来迎接这次挑战。

经验表明，适度紧张有利于集中精力，活跃思维。因此，面试前最好是顺其自然，一方面积极努力；一方面不要期望过高，因为决定成败的因素并不是全由自己把握的。

沉稳的心态，平静的心情，积极自信的态度……面试之前，如果你的心理状态良好，那么，我们就可以预料你在面试中自如洒脱的表现会使你与成功越来越近。

2. 培养自信心

自信心是成就任何事业的必备条件，几乎任何职业都需要从业者有自信心，因此，任何面试都有关于自信心方面的考查。培养自信心对面试成功具有直接的现实意义。培养自信心是一个长期的过程，但只要努力，采取正确的方法，就会有成效。培养自信心要注意以下几个方面：第一，注意区分自信和不自信的行为。自信的表现是：在表达自己的观点、要求和感受时，也尊重他人所拥有同样的权利。不自信的行为有两种：一是屈从，二是粗鲁。屈从的表现是：对他人的不正当要求忍辱退让；不敢提出自己的主张、观点和感受；易受他人左右。粗鲁的表现是：提出自己的要求、感受和主张，而不顾或轻视他人的观点；因出现问题或失误责怪他人；讽刺、不友善或持恩赐的态度。第二，在生活和工作中尽量表现出自信的行为，即使只是形式也是必要和有益的，行为经过反复和强化，最终将从形式转化到本质。第三，善于发现自己的长处，对自己的进步给予自我鼓励。第四，努力学习别人的长处，"他山之石，可以攻玉"，要善于吸纳别人的优点、长处。第五，不要害怕暴露自己的缺点，不要追求尽善尽美，每个人都有自己的缺点，有缺点是正常的，不要为此而羞愧，而应积极地去克服和改正。

3. 自我开发沟通能力

沟通是信息的交流传达，也是人与人之间传达思想观念、表达感情的过程。通俗地讲，所谓沟通就是对话，包括口头的和书面的对话。面试过程就是主考官和应试者的沟通过程。因此，培养和开发沟通能力对面试的成功有着十分重要的意义。沟通能力的开发应注意以下几个问题：第一，培养有利于沟通的心理和行为。尊敬别人，沟通时直接、诚恳地表达自己的感受、需要和看法，避免产生防御性沟通，首先要对事不对人；其次是交谈中要诉诸共同的目标；再次是不要用武断性的语言。第二，减少使用专业术语，尽量使用对方易于理解的语言，增加传播内容的可接纳性。尽量多用具体化的语言，非用抽象语言不可的时候，要鼓励对方反馈，以促进彼此的了解。沟通的选择要合乎正确、简洁、适当、经济的原则。所谓正确、简洁，是指不要选择意义容易混淆的言词。适当是指语言要合乎主题、场合及沟通者的需要；经济是指语言要易于理解。第三，妥善运用非语言信息。说话时既不要低声下气、唯唯诺诺，也不要尖酸刻薄，而要自信、平静、肯定而有力；音量要大到足以让人听清楚，但又不能大喊大叫；目光要保持适当的接触，让对方有参与和受重视的感觉。此外，要表现出关心而非高高在上或卑躬屈膝的样子。第四，培养正确的倾听方式。正确的倾听方式需要不断地锻炼和培养，正确有效的倾听应努力做到：注意把握主题，不要先入为主，不要只注意听到事实，要表现出对谈话的兴趣，注意说话的非语言信息，不要害怕听到非常困难或复杂的信息，积极思考。

## 三、知彼——调查研究应聘单位和应聘职位

### （一）调查研究的目的

面试前对应聘单位和应聘职位进行调查研究，是获取有用信息的必要和有效的手段。面试有一个重要的评价要素，就是求职动机。主考官经常会问类似这样的问题：你对我们单位了解吗？你为什么来应聘？你对你要应聘的职位了解吗？你为什么应聘这个职位？假如你被录用后，你将如何开展你的工作？对于这样的问题，回答绝不仅仅是个技巧问题，从来也没有什么标准的答案。如果你没有进行过调查研究，你的回答很可能不着边际，你可能自以为回答得很得体很巧妙，而实际上犯了重大的忌讳。假如你所应聘的职位本来就要求按章办事，循规蹈矩，你却大谈改革创新、锐意进取，其结果就可想而知了。面试过程中，你回答每一个问题都要有根据，从客观实际出发，这个客观实际就是指应聘职位的实情，离开这一点，你的回答就失去了根基，你的成功也就失去了保障。

对所要应聘单位和应聘职位进行调查研究，会减少你应聘的盲目性，从而减少你被录用以后可能产生的心理反差，也有利于你今后顺利开展工作和职业生涯的设计和开发。求职动机不单是主考官必须关心的问题，也是应试者必须关心的问题。应试者必须对自己的求职动机有明确的认识，而这种明确的认识必须建立在可靠的信息基础上，因此你必须了解应聘职位尽可能多的情况，从而能更快地面对现实，适应单位的环境，采取有效的应对措施。

### （二）调查研究的内容

调查研究必须坚持两个原则：一是要为自己的职业选择、单位选择、职位选择而服务；二是为面试取得成功而服务。一个人要为自己的前途和命运负责，对像职业选择、单位选择、职位选择这样的问题必须予以高度重视，使你的选择有科学可靠的根据。然而，你的选择应

依靠什么呢？你需要什么样的信息呢？第一，你应当调查研究当前的就业形势、国家和地区的就业政策，从宏观上把握你的现实处境。第二，了解你可能从事职业的社会地位和职业声望。第三，了解你可能会从事的职业的工资福利待遇和未来发展的机会。第四，了解你可能应聘的单位的社会地位、待遇水平、发展前景。以上所列的四项调查研究内容是从宏观上考虑的，保证你在大的方面减少或防止选择上的失误。

下面，我们再从如何争取面试成功这个角度，提出一些需要调查了解的具体问题。

（1）调查研究应聘单位的性质、主要职能、组织结构和规模。

（2）了解有关应聘职位尽可能全面真实的信息。如工作的性质、中心任务和责任，所需的知识结构、能力结构以及对兴趣爱好、个性特征、技术特长等的专门要求。

（3）调查研究应聘单位的人员结构，如年龄结构、专业结构以及人际关系状况等。

（4）了解单位主管、你所应聘职位的直接上司以及可能的面试考官的个人情况，如姓名、教育程度、专业、出生地、民族、信仰、家庭、兴趣爱好等。

（5）了解面试的大约时间、面试室的环境、面试可能采取的形式等。

（6）了解有关单位的新闻报道，分析有无可能会出现在面试问题中。

**（三）调查研究的方法**

由于时间、财力等多方面因素的制约，我们的调研将会受到种种限制，应试者一般很难获取足够的信息。但应试者应尽可能利用现有的资源和条件，获取有用的信息。下面介绍几种获取信息的有效方法，以供参考。

1. 网络查询法

当今时代已是信息化时代，我们要充分利用高科技带给我们的资源。现在的网络几乎无孔不入，所以关于应聘单位及应聘职位，我们通过网络查询法可能获得许多意想不到的信息。

2. 文献资料法

这种方法用于了解宏观的和原则性的问题。

例如，你可以通过阅读各种报刊杂志、新闻报道、调查报告等了解国家的经济、政治形势，行业形势和政策，这对职业声望调查、行业比较调查都有参考价值；你可以去应聘的单位查阅其内部报刊、文件、规章，这是有实际价值的信息源。

在查阅有关资料时，要做一个积极的思考者，努力从浩瀚繁杂的信息中提取真实、有用的信息。

3. 间接访谈法

这里所说的间接访谈法，是指请人代替你对所要应聘的单位进行访谈。你可以请亲友、同事、同学、老乡等关系比较密切的人采用直接或间接的方式帮助你寻求必要的信息。你要充分利用可以利用的人力资源去获取宝贵的信息。尽量多与人沟通，让他们知道你想要了解的信息。在与人沟通的过程中，有时你会获得意想不到的重要信息，所以千万不要把自己封闭起来，而要积极主动地利用现有资源和发掘新的资源，从而为你服务。

4. 直接访谈法

这种方法是指亲自到应聘单位进行访谈。直接访谈的对象可以是单位领导，可以是一般职员，如秘书、司机等。访谈可以采取社会调研、实习考查、新闻采访等多种形式。访谈次数可以是一次也可以是多次。采访前最好预约，得到允许后再登门采访。采访时要注意礼仪，态度要诚恳、谦虚，言谈举止要自然得体、落落大方，要有气质和活力，话题要集中，尽量引起被访者的兴趣，访谈时间一般不要太长，以免影响他人的工作，访谈结束时要诚恳地表示感谢。如果你以后真的去你采访过的单位应聘，而主考官又曾是你采访过的对象，那么你的采访就成了一次面试，你可能因为出色的采访而获得了成功的机会，也可能因采访时的蹩脚表现而失去了成功的机会，所以直接访谈法既增加了让单位了解你的机会，也增加了暴露自己缺点的机会，机遇和风险并存，因此直接访谈法必须慎重，努力表现出你的优势。

5. 信息共享法

这种方法是指与人合作寻求信息，然后彼此交换信息。

## 四、面试问题准备

参加面试前，最好对面试问题有所准备。准备包括两个方面，一是面试中可能要问到你的问题，另一方面是你在面试时要提出的问题。因为应聘单位不同，工作性质不同，主考官不同，提出的问题肯定不同，同样，由于应试者面临的情境不同，各人自身的情况不同，想要提出的问题也不会相同，所以对于面试问题的准备，应试者不要企图事出万全，预先做好一切答案，这不仅不可能，也不必要，否则面试将会变得毫无意义。但事物在各具特性的同时，又有其共性，共性和特性是辩证统一的。作为面试，总会有共通之处，我们可以从中总结归纳出面试的一些共性，找出一般规律来指导我们的实践。下面，我们就以面试中出现频率最高的一些基本问题作为例子，引导应试者做一些具体的有针对性的准备。

### （一）应试者个人信息

主要是有关应试者自身情况的基本情况，如精力、活力、兴趣、爱好、特长、恋爱、婚姻、家庭、宗教信仰、理想和抱负、人生观、价值观、世界观等。这些问题的答案没有正确和错误之分，个人根据自身情况可以有多种回答，但应注意以下几点：（1）要与个人简历和求职信上的信息对应一致，千万不能自相矛盾；（2）不要谈一些与做好所应聘工作无关的东西，即使是你的特长和优点；（3）谦虚谨慎，不可表现得野心勃勃，唯我独尊。

### （二）求职动机

弄清应试者的求职动机，是主考官的基本任务之一。大凡有经验的考官，都不会放过考查、验证应试者求职动机的任何机会。这一类问题一般有如下几种：

（1）你为什么辞去原来的职务？

（2）你为什么来本单位应聘？

（3）你对应聘职位有哪些期望？

（4）如果你被录用，今后五年内你会如何发展自己？

（5）谈一谈你的上级，并谈一谈你的同事如何？

（6）你在工作中追求什么？等等。

### （三）工作经验

在人员甄选录用中，用人单位一般坚持这个原则，即在素质、能力相当的情况下，工作经验优先。特别是对职位比较高的人员，工作经验是必需的。因此，有经验的考官，肯定会询问应试者的工作经验，并验证其是否属实。这类问题有：

（1）你以前都从事过哪些工作？你最喜欢哪份工作，为什么？你最讨厌哪份工作，为什么？

（2）你最近的工作有哪些职责？

（3）你在工作中曾取得了哪些值得自豪的成绩？

（4）我们每个人都会犯错误，你能谈一下在工作中所犯的错误和所受的挫折吗？

（5）你在工作中曾经遇到过什么困难？最后是怎么解决的？

主考官所关心的是与你目前正在申请的职位和工作有关的工作经验，所以你必须把有利于你做好应聘的工作的经验说清楚，突出地强调一下，不要漫无边际的闲聊。有经验的考官往往采用案例性的提问证实你所说的工作经验。例如一个有从事办公室工作经验的候选人应聘办公室主任的职务，主考官就可能会问这样的问题："你认为一个办公室主任的基本职责是什么？需要哪些知识、技能和经验？你以往工作中最头疼协调的问题是什么？需要哪些知识、技能和经验？你是怎样处理的？处理后的效果如何？"等。如果应试者曾是一个单位的销售经理，主考官就可能会问有关如何做好销售经理的问题。此外，主考官在询问工作经验的同时往往也在分析你的离职原因、求职动机，在回答的时候，要考虑周全，不要误入陷阱。

**（四）教育和培训**

主考官一般会验证一下你在简历和求职信上所说的是否属实，你所受的教育和培训是否有利于完成你应聘的工作。这类问题有如下几种：

（1）你是哪个学校毕业？哪个专业毕业？

（2）简单介绍一下你的专业好吗？

（3）你最喜欢的功课是什么？

（4）你受的哪些教育和培训会有助于做好你要应聘的工作？为什么？

（5）简要谈一下你的毕业论文或毕业设计，好吗？

（6）你的学习成绩怎样？你是否满意？

（7）你在工作中主要受过哪些培训，效果怎样？

对自己所受的教育和培训一般应如实回答，不可把自己拔得太高，回答时要谦虚一点，不可旁若无人，夸夸其谈。要特别突出自己所受教育培训与你所应聘的工作之间的关系，要有所分析，不能简单地下结论。

**（五）未来的计划和目标**

用人单位非常关心新进员工的心态和打算，特别想知道他们是否全身心投入到工作中去，有没有明确的计划和目标。因此，主考官对这些可能成为本单位新进员工的应试者往往会问及其未来的计划和目标。这类问题有如下几种：

（1）如你被录用，你准备怎样开展工作？有什么设想？

（2）如有其他的工作机会，你怎样看待？

（3）你五年至十年的职业规划是什么？十年后你希望从事什么工作？

（4）进入我们单位后，你认为自己的优势和不利因素是什么？

（5）你是否确定了在我们单位的奋斗目标？你怎样去实现自己的目标？

对于未来的计划和目标，你自己必须要有所考虑，要理清自己的思路，在回答时要把握住这样一个原则，即个人的计划和目标应当服从于组织的计划和目标，不能太理想化，不能犯个人主义的错误。这类问题不太好回答，事先要仔细、全面地考虑，面试时不可避而不答，应大胆地提出自己的设想和方案，尽管可能不成熟，但总比一无所知好得多，因为主考官关心的往往不是你的设想和方案是否可行，而是你对这类问题有没有认真考虑过。如果你能提出可行性的计划和方案，符合组织的利益和需要，那么你将成为优先的被录取者。机会和成功是留给有准备的人的，好好努力吧！

至于面试中考查表达能力、归纳能力、分析能力、想象力、创造力、组织能力、应变能力、判断能力、自控力等的问题，你可以做一定的准备，但一般不是短期能见效的，因此不要为此劳神费力。树立起自信心，发挥出正常的水平，你就成功了。

此外，如果你想问主考官一些问题，事先一定要想清楚该不该问、怎样问，整理好、归纳好，提问要谦虚、谨慎，不要自找没趣。所提问题应限制在询问应聘单位和应聘职位的范围内，但在招聘告示、单位介绍中已有的内容，主考官已经介绍过的内容要排除在提问之外。不要问特别简单或复杂的问题，要回避敏感性的问题。通过其他渠道可以了解的信息，一般不要在面试时间发问，如工资、待遇问题。可以问一些像有关应聘单位在前进中取得的成绩、存在的问题和面临的困难以及未来的发展战略之类的问题。总之，在面试前除非感觉确有必要，不要费心费力去准备一些所谓的问题，但即使准备了，也不是到时候必须要问，临场应试一定要随机应变，不能拘泥于自己订的计划。例如，当你发觉主考官迫切希望结束面试，你就不要反其意而行，非得追问几个问题不可。虽然面试是双向的交流，但不要忘了还有主考官和被面试之分，不要忘了自己是应试者而不是主考官。

## 五、形象准备

面试形象的准备也非常重要，俗话说"人靠衣装"，包装自己，不仅仅是面试前的那个上午才要做的事。细心的应试者，很早便开始装扮自己的形象了。

### （一）最佳形象

包装自己的理想效果是，虽然的确精心修饰过，但却看不出修饰的痕迹，也让人挑不出毛病。包装自己时要记住一点，服饰和装扮本身就是一种无声的自我介绍，有经验的面试官会从这里读出你的许多内容，比如：年龄、家庭状况、经济条件、教育程度等信息。

漂亮的形象并不一定是最佳形象，一定要适合自己，适合自己的学生身份或者最好是将来进入职场工作岗位的身份。一次面试中，一位清丽的女大学生为了刻意打扮自己，一展自己与众不同的修养与风度，遂倾其所有，备上一套高档黑色套裙，又在美容院做了一次美容，整个人越发显得高贵美艳，她的形象是赏心悦目的，但在面试场中，她的这一番刻意的装扮势必会给自己带来麻烦。应试者在欣赏她的美丽同时，心中便已经开始对她下不利的断语了"好高档的衣服，但这是学生的模样吗？""太喜欢打扮了，能安稳地工作吗？""看来很有经济条件，是不是娇生惯养的大小姐呢？"而老练的面试官一眼便看穿了她刻意打扮的背后的内容"心情很迫切。""这个样子不过是装出来的。""还不够成熟，不够稳重啊！"在装扮自己时，一定要给自我一个清醒的定位，要清醒地意识到"我是谁？我是在应聘场上，我是找工作。"

平时，我们可以是只顾及自己的品位，随着心情去追随潮流或自创风格去着装，但在面试中，你必须给自己定位——"我要凭我的个人形象来赢得面试官的首肯。"这时，服饰和装扮一定要符合以下要点：（1）与面试环境、气氛协调；（2）自然大方地显示着你的形象；（3）与你的气质相协调；（4）与你的举止相符合。

### （二）发式

男性的头发处理起来比较简单，因为可供男性选择的发型不多。如果使用发胶，需要注意，临出发前一定要用梳子把固结成绺的头发梳开，刚理过发后，尤其是换新发型后有一个适应期，一定要提前准备。

女性的头发最忌讳的一点，是有着太多的头饰和过分的装扮。在面试这样的场合，大方自然才是真。所以，不要弄"爆炸式"的发型或者过于时髦耀眼的发型或颜色，这种膨胀着的带有威胁意味儿的发型，会使面试官对你有着本能的排斥；高挽的头髻也不可取，它会让面试官倾向于以家庭型女性来评判，这无疑是对你求职的否定；披肩的长发已渐渐被接受，但应稍加约束一下，不要让它太随意。显得干练精神的发型会更受到用人单位的青睐。

### （三）着装的艺术

一般而言，面试官评判应试者的服装的标准是：协调中显示着人的气质与风度的档次；稳重中表达着人的可信赖的程度；独特中言说着人的个性。

服饰的最高境界是自然协调，如果你的衣着首先与你自己的个性、品味不协调了，就很难与面试的气氛相一致。

面试的着装是要郑重一点，但也不必为此而改变你日常中一贯的形象。比如，如果你从来不穿西装，大可不必为了面试买一件西装，这样会让自己特别紧张很不自在，反而影响面试效果。当然，也要根据自己面试岗位的基本要求来定。要学会从过去的你的无数形象中选择和面试相匹配的。要相信自己的审美能力和身旁的众多"参谋"的审美能力。

### （四）面部的化妆

面试中，脸部的化妆一定要淡而自然。因为一副浓妆无异于在向面试官诉说着："我没有自信，所以我要掩去我的本来面目"。

在面试中，尤其拒绝浓妆，因为它使人的脸部不自然，它破坏了人脸上的表情，而一张脸最生动的地方就在于它的细微生动感人的情绪表达。

当然，像黄脸婆一样去面试去也不行。最好略略将面颊修饰打扮一下，让自己看上去健康、精神焕发就已足够。

眼睛是情绪交流的焦点，一双明亮而自信的眼睛必然会给自己的面容增色不少，所以，要注意修饰一下自己的眼睛，但不要露出修饰的痕迹来，切忌不要在眼睛四周描上黑而深的眼影。

合理地修饰嘴唇，可以达到一个效果，能吸引人的视线，而让其忽略自己面部的其他缺陷，即便是男士，也不要干瘪着嘴去面试，他应该给自己的嘴涂上一层婴儿油膏，让它有一定的润泽感，干巴巴的嘴唇会给面试官一种仓促匆忙的感觉。嘴大、唇深的女士也可以效仿一下男士的方法。年轻的女性只要用大红或橙红色的口红，慎用紫色口红，以防给面试官血盆大口的感觉，唇线不要画得太深，这会让你的嘴唇显得突出虚假。面试前，最好在牙科清洗一下牙齿，面试官喜欢看到你洁白的牙齿。

可适当地注意一下鼻子。如果你的鼻子容易出油发亮，可略施淡粉。如果有粉刺鼻、酒糟鼻，最好提前到医院去诊治一下，不要让这些本来无关的东西影响面试的效果。鼻毛长的人，面试前最好要认真修剪一下。

面试的早上，冲个淋浴会使你容光焕发，早餐中不要吃大蒜、洋葱，亦不要喝酒，要让你在面试中的气味像初春的微风一样清新怡人。

如果是烟民，请注意慎抽烟，尤其不要抽雪茄烟。它们可能让你精神稍稍振作，但面试官可能会对你身上的烟味反感。

### （五）杜绝饰物

如果你天性偏爱着那些形形色色的小饰物；或者你听信了种种服饰小册子中赋予各种小饰物的意义，这些小东西能给你略略增色，但在面试中，最好杜绝饰物。

面试官的目光是挑剔的，他总能从你的小饰物上看到种种拖泥带水的意味。你一身珠宝气，他就认为你有钱、喜欢消费，不会对工作热心；你招招摇摇，他会认为你太好打扮自己，而在工作上低能；你花枝招展，他会觉得你好引人注目，虚荣心强。一句话，你只要戴上饰物，面试官就有理由说三道四。因此，面试中最好杜绝饰物。

## 【案例分析】

### 盲目求职的小王

**案例：**小王是一名即将毕业的大学生，看着同学们纷纷落实了就业单位，自己心理非常着急，于是他开始投递简历。他海量的投递简历，以至于他自己都不记得投递了多少家，有一天他接到一家公司 HR 的电话通知，希望他能去公司面试，他信心满满的穿了一身正装，第二天按时前往。

面试开始了，HR 很礼貌地和他沟通，请他讲述一下他的学习、工作经历，在过程中也询问了一些情况，小王的学习、工作经历与他所应聘的岗位有一定相关，但也有很多不足之处。于是 HR 询问小王对所应聘的职位的职责和要求是否清楚，小王竟然不记得自己到底应聘的是什么职位，更说不清该岗位具体负责什么和该岗位的要求。不仅如此，当 HR 提示了他之后，他依然对该销售岗位所要求的产品方面的知识一无所知。这样的情况下，HR 对小王感到非常失望，一个即将毕业的大学生，应聘工作的时候竟然是如此盲从。HR 告知小王在面试前需要对行业知识进行一下了解，小王竟然自负的说："公司又不是只有你们一家，用不着你来教我怎样面试！"之后愤然起身离去。

**分析：**1. 应聘工作需要有针对性地投递简历，切忌盲目乱投。

2. 应聘工作要做到知己知彼，对公司的情况、公司招聘的岗位职责和任职要求要非常熟悉，再对自己进行分析，看自己是否能承担这样的职责，是否能符合该岗位的要求，从而沉着应对。

3. 对该岗位的相关行业知识要做深入了解，做个主动积极的人，这样能让自己在应聘过程中表现得更加专业，即使不能应聘成功，学习一些有用的行业知识总是没有坏处的。

4. 在面试过程中，秉持谦虚的态度，不要狂妄自负，双方应保持互相尊重的和谐氛围。过于情绪化的表现对求职成功有害无益。

## 【思考与练习】

1. 面试的基本技巧与注意事项有哪些？

2. 请根据你期望的工作岗位，拟定一份详细的面试方案。

3. 在班级学生制作自荐材料的基础上，挑选几份有代表性和针对性的自荐材料，组织一到两场模拟面试招聘会，邀请专业教师、综合素质评定教师充当主考官、考官参与，组织同学现场观摩。

# 第十五章　大学生创业

## 【导读】

2012 年 8 月 1 日，教育部高教司下发了《普通本科学校创业教育教学基本要求（试行）》的通知，这标志着我国大学生创业教育课程建设进入了有明确规范可依的发展阶段。创业教育被联合国教科文组织称为教育的"第三本护照"，和学术教育、职业教育具有同等重要的地位。

创业教育的教学目标是要使学生掌握创业的基础知识和基本理论，熟悉创业的基本流程和基本方法，了解创业的法律法规和相关政策，激发学生的创业意识，提高学生的社会责任感、创新精神和创业能力，促进学生创业就业和全面发展。

希望通过本章的学习，引导同学们去思考：创业是否一定要创办公司？跳出"创业一定要创办公司"这样的思维限制时，你会如何重新理解创业这件事？

# 第一节　创业概述

## 一、创业的概念

《现代汉语词典》中对"创业"的解释是：创办事业。"事业"是指人所从事的，具有一定目标、规模和系统，并对社会发展有影响的经济活动。

《辞海》中对"创业"的解释是：创立基业。"基业"是指事业的基础。

不同的学者对于创业有着不同的定义和理解。

"创业，是不拘泥于当前条件限制，将不同的资源加以合理利用，追求机会，创造价值的过程。"（Stevenson）

"创业，是一个个体寻求机会的过程，在这个过程中，个体并不考虑当前所控制的资源。"（Gartner&Baker）

创业有广义和狭义之分。狭义上讲的创业概念源于"Entrepreneur"（企业家、创业者）一词，是指创业者的生产经营活动，主要是开创个体和家庭的企业；广义上讲是指创业者的各项创业实践活动。

创业，可以从创造你人生事业的角度来考虑。创业本身就是一种生活方式的选择，你可以选择创办企业，也可以选择在企业内公司创业；你可以选择以公司为主要的承载手段，也可以选择在日常生活中创造一些新的产品和服务来满足需求。你认真对待你的生活并将其转化为一种有价值的行动，即是真正的创业精神。

对于有创业思维的人，他们愿意去发现周围的问题，并且从中寻找机会，积极主动地行动，通过自身以及周围资源的支持，最终获得一定的价值。

创业，只是在你原有的生活中，增添一点积极主动的思考与改变，把你想要去做的东西，转化为真实的存在，把"不可能"转化为"我试试看"，最终会变为"我真的做到了"。

## 二、创业的要素与特征

创业需要贡献出时间和付出努力（心理与生理），承担财务、精神和社会层面上的风险，并要在一定风险之下来获得金钱的回报，从而实现对创业目标的追求。一般来说，创业具有如下八个特征。

### （一）开创性

开创性是指创业对于任何创业者来说都是一项前所未有的事业。创业的精神实质是开拓创新，要求创业者开拓新的事业。从经济学意义上就是从无到有地创建一个企业，或使已有的企业从小发展为大，从旧产品格局发展为新产品格局。

### （二）艰辛性

创业的艰辛性是指创业的过程是艰辛的劳动过程。换句话说，创业者要付出精神层面、物质层面的代价，其过程并不是一帆风顺的。

### （三）持续性

因为人的需求是不断发展的，因而满足需求的创业活动是永不停止的，带有明显的持续性。

### （四）动态性

创业是一个过程，始终处于变动状态，因而不同于守业。

### （五）社会性

社会性是指创业一般是群体的社会行为，即使是作为个体的创业行为，也一定会对社会产生影响，而不只是他个人的行为活动。

### （六）价值性

创业的成功与否取决于创业者是否为自身和社会创造了价值。事实上，创业者在实现经济价值和社会价值的同时，自我价值也得到了提高和升华。实践证明，创业者只有把自我价值和社会价值统一起来，才能获得创业的机遇，才能获得成功。

### （七）风险性

自主创业存在风险是必然的。由于创业环境的不确定性、创业机会与创立企业的复杂性，创业过程中的风险是不以人的意志为转移的。许多的创业事实已经说明，"对于创立企业来说，除了风险，没有什么是确定的。"

### （八）赢利性

创业者只有赢利才能实现为个人、为社会创造财富的目标，创业才具有价值。

总之，创业是创新过程，是艰苦奋斗过程，是勇于冒风险的过程，也是财富的创造过程。因为创业可以创造财富，所以人们才去冒着风险，艰苦拼搏，以勇于创新的精神去创业。创业是人类社会发展的需要，任何国家、任何社会都需要人们去创业。没有创业国家就不会发展，社会就不会进步。

## 三、创业的要素

创业要素包括创业者、资金、市场、人力资本、技术等几个方面。

### （一）创业者

创业者的素质和能力是创业成功的第一要素，创业者既要有良好的决策能力，又要有实干精神，因此，创业者要掌握一定的创业理论知识和实战技巧，特别是要把好决策关。创业者的经历、鉴别力、可信赖的形象与企业发展密切相关。创业者大多数具有如下鲜明的特征：自信，爱冒险，有远见；坚韧不拔；独立思考，精力充沛，努力工作，渴望成功；有创造力，挑战性，应变性，冲动性；有很强的执行能力有很强的沟通能力，态度积极，随机应变能力强，对事物能很快反应等。

### （二）创业市场

市场是创业成功的平台，机遇与风险同在。抓住机遇，创业就有可能成功。因此，创业者必须要以市场为主，考虑市场的营销问题，需要对市场发展趋势、市场细分、市场机遇、市场经营环境、市场营销手段、市场宣传等进行认真研究和把握。

### （三）创业资金

资金对于处在不同发展阶段的企业来说都是非常重要的。在创业之初，企业主要是靠自筹资金，包括自身的存款、家庭及朋友的资金支持、政府小额贷款等。对于初创企业来说，没有足够的资金支持将无法进行进一步的发展。而在企业快速发展时期，资金的缺口将直接限制企业的发展壮大。

### （四）技术

技术是产品或服务的重要基础。产品与服务当中的技术含量是企业满足社会和市场需求的支持和保障，是企业的核心竞争力，是企业持续发展的核心。 因此，创业者一定要把技术放在重要的层面上。

### （五）人力资本

创业成功的关键在于创业者的识人、留人、用人，在于有推动企业成长的优秀技术人员、管理人员加入，形成优秀的创业团队。只有这样，才能够制定出有利的政策制度和有效的组织结构，建立起良好的企业文化，取得创业的成功。

## 四、创业的形式

一般来说，创业者选择自主创业，成为市场经营主体的形式主要有四种：建立公司、成为个体工商户、开设个人独资企业、组建合伙企业。

### （一）公司

公司是企业法人，有独立的法人财产，享有法人财产权。公司以其全部财产对公司的债务承担责任。公司分为有限责任公司和股份有限公司两种形式。有限责任公司的股东以其认缴的出资额为限对公司承担责任，也可以是一个自然人成立的公司；股份有限公司的股东以其认购的股份为限对公司承担责任。真正创业者，一般选"公司"这种模式。

《中华人民共和国公司法》规定有限责任公司注册资本的最低限额为 30 000 元人民币，一人有限责任公司的最低注册资本为 100 000 元人民币，并要求有固定的生产经营场所和生产条件。由于公司一旦运作起来往往受到多方面的影响，所以创业时要准备充分，有较好的项目、良好的市场，而且能够持续发展。

### （二）个体工商户

个体工商户是有经营能力的城镇待业人员、农村村民以及国家政策允许的其他人员，申请从事个体工商业经营，依法经核准登记后成为的市场经营主体。个体工商户可以个人经营，也可以家庭经营。个人经营的，以个人全部财产承担民事责任；家庭经营的，以家庭全部财产承担民事责任。

个体商户可以在国家法律和政策允许的范围内，经营工业、手工业、建筑业、交通运输业、商业、饮食业、服务业、修理业及其他行业。个体工商户可以根据经营情况请一两个帮手；有技术的个体工商户可以带三五个学徒。

### （三）个人独资企业

个人独资企业是由一个自然人投资、财产为投资人个人所有、投资人以其个人财产对企业承担无限责任的经营实体。个人独资企业投资人对本企业的财产依法享有所有权，其有关权利可以依法进行转让或继承。当个人独资企业投资在申请企业设立登记时，明确以其家庭共有财产作为个人出资，则依法以家庭共有财产对企业债务承担无限责任。个人独资企业要求投资人是一个自然人，有合法的企业名称，有投资人申报的出资，有固定的生产经营场所和必要的生产经营条件，有必要的从业人员。

### （四）合伙企业

合伙企业是由各合伙人签订合伙协议自主创业、共同出资、合伙经营、共享收益、共担风险，并对合伙债务承担无限连带责任的营利性组织，适合资金缺乏者。合伙企业在其名称中设有"有限"或者"有限责任"字样，没有对资本的最低限额。这种类型的企业首先要求合伙者能够长期志同道合，其次要求团队中人员间的合伙协定必须明确责任和权力划分，要有团队意识。

## 五、创业的分期

### （一）孕育期

孕育期是指企业尚未诞生，还处于筹划准备阶段。这个时期的主要特点是以谋（策）划、创业定位、设立企业的条件保障期为主，体现为对主观条件和客观条件的准备。主观条件的准备主要是创业者对自身能力的准备，客观条件的准备主要包括资金、产品或服务定位与时机等的准备。

### （二）创建期

创建期是指在一切准备工作就绪之后，开始进行创业实施的阶段。创业期以生存为首要目标，其特点是主要依靠自有资金，缺少正式的组织运作方式。这个阶段的企业，虽然有名义上的分工，但运作起来一般是哪儿急、哪儿紧、哪儿需要，就往哪儿去。这种做法看似"混乱"，实际上是一种高效运营"有序"的状态，能够集中精力解决最需要解决的问题。这个时期团队中的每个人都清楚企业的目标和自己应当如何为目标做贡献，一般没有人计较得失、计较越权，相互之间只有角色的划分，这也是团队精神建立的初始阶段。创业初期，还往往需要创业者直接向顾客推销产品，亲自与供应商谈判，亲自到车间里追踪顾客急要的订单，在库房里装车卸货，策划新产品方案，制定工资计划等。只有对经营全过程的细节了如指掌，才能使得生意越做越精。

## 六、创业的顺序

对于创业来说，其过程会按以下顺序发展。

### （一）发现机会

发现机会就是取得初始创意。这种机会的来源一般有两种：一种是意外发现的，一种是经过深思熟虑才发现的。从创业实例来看，大多数创意是从职业工作中产生的，也有一些是从业余爱好、社交或社会观察中得到的。

### （二）识别机会

识别机会就是对机会进行评价和提炼。有创业想法的人发现机会后，需要把知识、经验、技能和市场的资源等进行整合，对机会进行论证。一般来说，对机会的处理有四种方式：一是把机会看作一个随机过程，不对其进行正式的计划或评价；二是自主摸索，自我鉴定机会；三是从图书馆、商家或其他地方寻找与机会相关的知识；四是请相关机构或人员按程序对机会进行鉴定。

### （三）机会形成

机会形成是一个演进和重复的过程，包括四种相关行为：信息综合、深度研究、资源评估、机会开发。通过这些行为，初始创意才可以转变为一个成熟的商业机会。

### （四）创业结果

创业结果分为两个层面。一是在预期阶段内形成可感知的成功和失败，以成功或失败取得的经验来推动未来创业，其中意外的失败可能会将创意转换成其他商业机会。二是退出。创业者可能因为某些原因，有意识地退出新企业的运作，从而终止创业，如将企业出售给他人或其他组织。

## 七、创业的分类

### （一）按创业的目的分类

按创业的目的分类，创业可分为机会型创业与就业型创业。

#### 1. 机会型创业

机会型创业指创业的出发点并非谋生，而是为了抓住、利用市场机遇。它以市场机会为目标，以创造新的需要或满足潜在的需求为目标，因而会带动新产业发展。

#### 2. 就业型创业

就业型创业指为了谋生而自觉地或被迫地创业。大多属于尾随和模仿，因而往往加剧市场竞争。世界各国的创业活动以机会型创业为主，但中国的机会型创业数量较少。因此，通过强化教育和培训来提高创业能力，对于增加机会型创业、减少低水平竞争具有重要作用。

### （二）按创业起点分类

按创业起点分类，创业可分为企业内创业与创建新企业。

1. 企业内创业

企业内创业指现有企业由于产品、营销以及组织管理体系等方面的原因，在企业内进行重新创建的过程。企业流程再造本质上就是一种创业行为。正是通过二次创业、三次创业乃至连续不断的创业，企业的生命周期才能不断地在这样的循环中延伸。

2. 创建新企业

创建新企业指创业者个人或团队从无到有地创建出全新的企业组织。这个过程充满挑战和刺激，风险和难度也很大，创业者往往缺乏足够的资源、经验和支持。

### （三）按创新内容分类

按创新内容分类，创业可分为基于产品、营销模式和组织管理体系创新而创业。

1. 基于产品创新而创业

基于产品创新而创业指基于技术创新或工艺创新的成果，产生了新的消费者群体，从而导致创业行为的发生。

2. 基于市场营销模式的创新而创业

基于市场营销模式的创新而创业指采取了一种有别于其他厂商的市场营销模式，因而有可能给消费者带来更高的满足度。例如，美国联邦快递公司所提供的邮包服务。

3. 基于企业组织管理体系创新而创业

基于企业组织管理体系创新而创业指采取了一种有别于其他厂商的企业组织管理体系，因而能够更高效地实现产品的商业化和产业化。如20世纪80年代国内乡镇企业的大量创立与成功正来源于组织管理体系的创新。

### （四）按创业方向或风险分类

按创业方向或风险分类，创业可分为独创型创业、依附型创业、尾随型创业和对抗型创业。

1. 独创型创业

独创型创业指提供的产品或服务能够填补市场空白。大到商品独创性，小到商品的某种技术的独创性，如最新推出的环保型洗衣粉，改革开放后创立的首家搬家服务公司、婚介公司等。

2. 尾随型创业

尾随型创业即模仿他人创业，即"学着别人做"。其特点，一是短期内只求维持下去；二是在市场上拾遗补缺。

3. 依附型创业

依附型创业可分为两种情况，一是依附于大企业或产业链，为大企业提供配套服务；二是特许经营权的使用，如利用麦当劳、肯德基的品牌效应和成熟的经营管理模式创业。

4. 对抗型创业

对抗型创业指进入其他企业已形成垄断地位的某个市场，与之对抗较量。这类创业风险最高，必须在知己知彼、科学决策的前提下进行。如针对20世纪90年代初外商在中国市场大量倾销合成饲料的背景，希望集团建立了西南最大的饲料研究所，定位于与外国饲料争市场，一举取得成功。

### （五）按创业项目性质分类

按创业项目性质分类，创业可分为知识服务型、高新技术型和传统技能型创业。

#### 1. 知识服务型创业

知识服务型创业指为人们提供知识、信息的创业项目。当今社会，各类知识型咨询服务机构不断细化和增加。这类项目投资少、见效快，如北京有人创办剪报公司，把每天主要媒体上与该企业有关的信息全部收集、复印、装订起来，年收入也可达 100 万元，且市场十分稳定。

#### 2. 高新技术型创业

高新技术型创业指知识密集度高，带有前沿性、研究开发性质的新技术、新产品项目。

#### 3. 传统技能型创业

传统技能型创业指使用传统技术、工艺的创业项目。在酿酒、饮料、中药、工艺美术品、服装与食品加工、修理等与人们日常生活紧密相关的行业中，独特的传统技能项目表现出了经久不衰的竞争力，国内外均是如此。

# 第二节　大学生创业的意义

创业是一个伟大的历程，是一个精彩的大舞台。创业起步点可高可低，创业的发展空间无限。通过创业，能有效实现人生价值，把握人生航向。

## 一、创业可以主宰自己，充分发挥自己的才干

许多上班族之所以感到厌倦，积极性不高，重要原因之一是给别人"打工"，个人的创意、想法得不到肯定，个人的才能无法充分发挥，愿望得不到实现，工作缺乏成就感，行事有诸多约束。而创业则完全可以摆脱原有的种种羁绊，摆脱在行为上受制于人的局面，充分施展自己的才华，发挥最大潜能，使自己的人生价值得到更好的体现。

## 二、创业可以帮助个人积累财富，一定程度上满足个人对物质的追求欲望

创业可以充分展现一个人的能力。一个人的能力究竟有多大，谁也不清楚。大部分人就是在这不清楚中度过了自己的一生，可是创业者却能在创业中使自己的能力得到了最大的展现。创业可以激发人的想象力、思维力、创新力和创造力，创业培养了创业者的策划力、执行力，创业增强了创业者的团结力、领导力。

## 三、有利于创造新的生活理念

为了获得创业的成功，创业者必为社会推出新的产品、新的服务和新的经营方式。这一

系列经营创新必将带来人民生活方式的改变和生活质量的提高。观察我们的生活，几乎每天都在发生着新的变化和提高，这其中与创业型企业的大量出现是密不可分的。

## 四、有利于高等教育的改革和发展

创业蕴涵着开拓进取、奋发向上的积极人生态度。大学生创业活动实践暴露了高等教育存在的弊端，推动着高校教育观念的转变，呼唤用新的价值标准和评价体系来培养人才和开展教育教学改革，也给大学的教育体制和大学生素质教育提出了新的课题。

# 第三节　大学生创业环境和市场分析

## 一、大学生创业环境分析

一方面，经济全球化的涌动，知识经济的兴起，为新行业、新产业、新职业的打造提供了广阔的空间；另一方面，劳动力供大于求的形势需要大学生去创业。在就业压力越来越大的现代社会中，与其1000人去抢一个工作，不如干脆给自己造一把"椅子"坐。为鼓励大学生创业，国家、地方也都在相关政策上予以扶持，为大学生提供了良好的创业环境。

### （一）政治环境

政治环境主要指国家的政治、管理体制的变化因素和国家政局是否稳定，对创业活动产生巨大影响。国内政局稳定，则促进经济繁荣，有利于创业活动；反之，则阻碍经济的发展，不利于创业活动。

在我国，教育行政部门针对大学生创业出台了一系列政策，鼓励毕业生自主创业。国家和各级政府为了鼓励和支持大学生自主创业出台了一系列优惠政策，涉及融资、开业、税收、创业培训、创业指导等诸多方面，这些政策为大学生创业提供了诸多机遇。如大学在校生可享受"弹性学制"，允许大学生在规定的时间内完成学业。他们既可以提前毕业，也可以先工作再完成学业。所有这些为大学生自主创业提供了强有力的保障。具体来说，包括以下几方面。

（1）大学毕业生在毕业后两年内自主创业，到创业实体所在地的工商部门办理营业执照，注册资金（本）在50万元以下的，允许分期到位，首期到位资金不低于注册资本的10%（出资额不低于3万元），1年内实缴注册资本追加到50%以上，余款可在3年内分期到位。

（2）政府人事行政部门所属的人才中介服务机构，免费为自主创业毕业生保管人事档案（包括代办社保、职称、档案工资等有关手续）2年；提供免费查询人才、劳动力供求信息，免费发布招聘广告等服务；适当减免参加人才集市或人才劳务交流活动费；优惠为创办企业的员工提供一次培训、测评服务。

（3）大学毕业生新办咨询业、信息业、技术服务业的企业或经营单位，经税务部门批准，免征企业所得税两年；新办从事交通运输、邮电通讯的企业或经营单位，经税务部门批准，第一年免征企业所得税，第二年减半征收企业所得税；新办从事公用事业、商业、物资业、对外贸易业、旅游业、物流业、仓储业、居民服务业、饮食业、教育文化事业、卫生事业的企业或经营单位，经税务部门批准，免征企业所得税一年。

（4）各国有商业银行、股份制银行、城市商业银行和有条件的城市信用社要为自主创业的毕业生提供小额贷款，并简化程序，提供开户和结算便利，贷款额度在2万元左右。贷款期限最长为两年，到期确定需延长的，可申请延期一次。贷款利息按照中国人民银行公布的贷款利率确定，担保最高限额为担保基金的5倍，期限与贷款期限相同。

（5）自2011年1月1日起，毕业生从毕业年度起三年内自主创业，从事个体经营项目（除建筑业、娱乐业以及销售不动产、转让土地使用权、广告业、房屋中介、桑拿、按摩、网吧、氧吧外），在3年内将凭高校毕业生自主创业证按每户每年8000元为限额，依次扣减其当年实际应缴纳的营业税、城市维护建设税、教育费附加和个人所得税。

### （二）经济环境

经济环境是指国家或地区经济发展的整体水平、收入分布状况和生活水平、人员状况、经济结构和产业结构、利率、汇率、生产原料和能源供应状况等因素。通过对经济环境的分析，大学生可以准确预测将来的发展趋势，以便调整创业战略。

企业由人才、产品和资金所组成，如果自有资金不足，往往会导致创业者支出负担过重，无法成就事业。资金来源可以借自亲朋好友，也可以借贷于银行，如果企业拥有具有市场前景的产品或成果，还可以寻求风险投资商的资金支持。大学生创业的首期资金，如果没有企业的信任和投入，一般往往由团队成员共同出资。不过，目前，直接投资于新兴产业的"创业投资基金"正在中国兴起。创业投资基金的经营方针是在高风险中追求高回报，其投资目标主要是那些不具备上市资格的小型企业和新型企业，对那些以高科技创业的大学生创业企业也尤为感兴趣，这就为大学生创业提供了另外一条融资渠道。

### （三）教育与科技环境

教育与科技环境是指一个国家或地区的科技发展水平、国民受教育的程度、人力资源的开发程度以及教育模式等。由于技术更新速度快、产品的生命周期越来越短，市场竞争越来越激烈，谁能够率先掌握和利用新技术，满足市场新的需求，那么谁就能在市场竞争中立于不败之地。作为立志创业的大学生，不仅要从国内的技术环境出发，更要紧密把握国际前沿的技术变化趋势，识别和评价机会与威胁。

随着科技体制改革的深化以及企业运作与国际化的接轨，以促进技术创新和推动科技成果应用为目标，通过组织协调、提供技术信息和筹集资金等手段，支持企业单位应用高新技术开发新产品和提高科技成果转化为生产能力的"孵化机构"大量出现。这些机构为初始创业者提供共享服务空间、经营场地、政策指导、资金申请、技术鉴定、咨询策划、项目顾问、人才培训等多类创业服务。"孵化机构"作为专门从事科技创业的全民所有制事业单位，推动了科技和生产相结合，加快了高新技术朝着产业化方向发展，为科技成果产业化、商品化创造了良好的条件。

### （四）社会文化环境

社会文化主要指一个国家或地区的民族特征、人口状况、社会阶层、价值观念、生活方式、风俗习惯、宗教信仰、伦理道德、文化传统等的总和。大学生在进行创业时，首先应对自己的产品消费对象或服务对象有一个清楚的定位，应当密切注意人群特征及发展动向，不失时机地辨明和利用人口状况带来的市场机会。

文化环境对创业者的创业行为会产生一定的促进或阻碍作用，同时它又调节和决定着消费者的购买行为，以致影响人们的社会生活方式和行为准则。随着改革开放的深入开展，人们的思想不断解放，创业文化环境也将不断得到改善，大学生也需要对此进行分析。

## 二、大学生创业市场分析

创业市场主要指大学生创业的行业环境，它是创业环境中作为微观且最为重要的环境，它直接影响着创业能否成功。创业市场分析主要包括以下几方面。

### （一）产品用户分析

用户在两个方面影响行业内企业的经营：一是用户对产品的总需求决定着行业的市场潜力，从而影响行业内所有企业的发展边界；二是不同用户的讨价还价能力会诱发企业之间的价格竞争，从而影响企业的获利能力。

### （二）供应商分析

供应商向行业内的企业供应原材料、零部件等投入性资源。为创业者所在的行业提供产品和服务的供应商的数量、特点及态度，这些都是供应商分析中要评价的因素，数量的多少决定了供应商的垄断性及在商务谈判中所处的地位，而特点和态度则关系到相互关系的稳定性和融洽程度，也关系到创业者超过竞争对手取得与供应商良好合作的难易程度。

### （三）现有竞争对手分析

当创业者进入某一行业时，就要对行业内的现有竞争对手进行分析。现有竞争对手的分析主要包括以下几方面内容。

（1）基本情况的研究，它包括竞争对手的数量有多少、分布在什么地方，它们在哪些市场上活动，各自的规模、资金技术力量如何，其中哪些对自己威胁最大等情况。

（2）主要竞争对手的研究，其目的是要找到主要的竞争对手，要分析其之所以能够对本企业构成威胁的主要原因，是技术力量雄厚、资金多、规模大、人才优势还是其他原因，以帮助企业制定相应的竞争策略。

（3）竞争对手的发展动向，密切关注竞争对手的发展动向就要收集有关资料，分析竞争对手能开发哪些新产品、开辟哪些新市场，从而帮助企业先走一步，争取时间优势，使企业在动态博弈的竞争中取得主动地位。

### （四）潜在竞争对手分析

一种产品开发成功，会引来许多企业的加入，特别是那些进入壁垒不高的行业。新厂家进入行业的可能性大小，既取决于由行业特点决定的进入难易程度，又取决于现有创业者可能做出的反应。因而，创业者在创业时还应考虑自己的新创企业会引来多少跟风者，以及如何保持自己的优势。

### （五）替代品生产厂家分析

产品的使用价值或功能相同，能够满足消费者相同的需要，在使用过程中就可以相互替代，生产这些产品的企业之间就可能形成竞争关系，因此，行业环境分析还应包括对生产替代品企业的分析。替代品生产厂家的分析主要包括两个内容：一是确定哪些产品可以替代本企业提供的产品；二是判断哪些类型的替代品可能对本企业（行业）的经营造成威胁。

### （六）市场风险分析

创业者对市场风险的理解和警惕会直接关系到创业的顺利与否。一个作好市场预测，有多条销售渠道，不依赖局部市场的企业，它的风险无疑比那些没有准备的企业小得多。创业者在掌握某种资源后，要借助资源发展企业规模，但不能长期依赖资源。只有在资源利用上形成良性循环，创业才会成功。

大学生创业者防范市场风险的最好方法是市场调查。市场调查，就是运用科学的方法，通过各种途径、手段，有目的、有计划、系统而客观地收集、记录、整理与分析有关市场营销的现状和历史资料，了解创业的外部环境、市场需求、现有资源及原材料、竞争对手，并进行创业项目的投资成本和价格预测，预测其发展趋势，以此为企业经营决策和管理提出方案，为企业决策者进行科学决策提供依据。在这里，市场调查主要是指创业项目的实施者在选择项目前所进行的市场调查，它是创业者正确地选择项目的前提条件。

影响创业活动的外部因素主要包括经济环境、政策与法律环境、科技环境、文化环境等内容。外部因素极为复杂，各种因素对创业活动所起的作用又各不相同，并且在不同的客观条件下，这些因素又以不同的方式组合成不同的体系，发挥着不同的作用。因此，在确定创业项目、从事创业活动前，必须收集各种信息，认真分析、研究外部环境的发展变化，了解产业与市场结构变迁的趋势，国家关于发展经济的政策导向，社会文化和价值观念的变迁等。否则，很可能因为不了解外部环境而导致创业项目选择不合理。只有适应外部环境的客观实际，开拓创新，创业活动才能得以顺利进行。

不少大学生创业者不习惯对其产品或项目做市场调查，而是进行理想化的推断，例如："如果有 3 亿人需要我们的产品，每 1 件售价 100 元。我们就有 300 亿元的销售市场。"这种推断方法是站不住脚的，而且常常起着误导作用。大学生在创业初期一定要做好市场调研，一些可行性研究也可委托专业机构进行，在了解市场的基础上创业，才能长久。

## 【延伸阅读】

### 创业 6 大死穴

1. **短视老板短命店**

因为中国曾经缺乏创业环境，所以，我们的企业家就像个被带进烧饼店的"饿鬼"，抓到什么吃什么。没有长远战略规划的企业是"短命"的。

2. **贪大求全死得快**

企业在创建以后，成长是个过程。如果过分追求成长速度，无异于拔苗助长。其实，企业经营好比一场马拉松比赛，不是看谁现在跑得快，而是看谁能在关键时刻跑到别人前面去。在创业过程中，当企业效益逐渐凸现后，创业者不能一味地扩大营运规模，而应关注并妥善处理资金预算、市场预测以及材料、人员相关要素的协调等管理问题。如果对这些问题没做好充分准备，高速的增长只能带来巨大风险。

3. **熟人搭伙好开饭**

很多创业者在选择合伙人时，总喜欢在熟悉的圈子里找。由于彼此熟悉了解，因此在创业初期常凭感情做事，忽视了必备的契约签订和严格的约束制度。于是，随着企业的成长，这种工作关系引发的矛盾和问题逐渐显露，不仅不利于企业发展，有时甚至导致企业步入破产境地。

4. 哪儿热闹奔哪儿

有些创业者在确定经营方向时爱盲目跟风，哪行赚钱就做哪行，总觉得这样能少走弯路。然而，市场运作有其自然周期及空间，一旦跟错了，就会掉进投资的陷阱。因此，创业前周密的市场调查和理性的分析尤为重要。

5. 你办事我不放心

无论作为老板的你有多能干，都不可能一个人做完所有工作。在不同专业范围内雇佣有关的人才，给予他们发挥的空间，才能令公司得到最大利益。

6. 跑得又快又省料

在中国，没有高薪想聘到良将的机会相当渺茫。作为老板要是觉得一个人无法经营这么大的企业，想找几个帮手，请提前设计好激励机制。

# 第四节　大学生创业素质

创业素质是创业者创业实践前所经历的物质和精神力量的聚集过程，对创业者的成功起着决定作用。创业者最需要的自身素质主要体现在以下几个方面。

## 一、要有强烈的创业欲望

欲望是一种生活目标，也是一种人生理想。创业者的欲望往往伴随着行动和牺牲精神。创业者的欲望与普通人欲望的不同之处在于，他们的欲望往往超出他们的现实，需要打破他们现在的立足点才能够实现。

## 二、要了解创业形势

形势分大势、中势、小势。大势指的是国家政策。创业的人一定要跟对形势，要研究政策，国家鼓励发展什么，限制发展什么，对创业之成败有莫大关系。中势指的就是市场机会。市场上现在流行什么，人们现在喜欢什么，不喜欢什么，可能就标明了你创业的方向。小势就是个人的能力、性格、特长。创业者在选择创业项目时，一定要找那些适合自己能力，契合自己兴趣，可以发挥自己特长的项目，这样才有利于你做持久性的全身心的投入。创业是一项折磨人的活动，创业者要有吃苦的心理准备。

## 三、要有开阔的眼界

人们都喜欢夸耀自己见多识广，对于创业者来说，就不仅夸耀，而是要真正见多识广。广博的见识，开阔的眼界，可以很有效地拉近自己与成功的距离，使创业活动少走弯路。眼界的作用，不仅表现在创业者的创业之初，它会一直贯穿于创业者的整个创业历程。"一个人的心胸有多宽，他的世界就会有多大。"我们也可以说，"一个创业者的眼界有多宽，他的事业也就会有多大。"

## 四、要有高明的谋略

创业者的智谋，将在很大程度上决定其创业成败。尤其是在目前产品日益同质化、市场有限，竞争激烈的情况下，创业者不但要能够守正，更要有能力出奇。商场如战场，一个有勇无谋的人，早晚会成为别人的"盘中餐"。

## 五、要有广泛的人脉

每一个人的创业，都必然有其凭依的条件，也就是其拥有的资源。创业者资源，可分为外部资源和内部资源两种。内部资源主要是创业者个人的能力，其所占有的生产资料及知识技能，也就是人们通常所说的有形资产及无形资产。创业者的家族资源也可以看作创业者内部资源的一部分。创业者外部资源中最重要的一点是人脉资源，即创业者构建其人际网络或社会网络的能力。一个创业者如果不能在最短时间之内建立自己最广泛的人际网络，那他的创业一定会非常艰难，即使其初期能够依靠领先技术或者自身素质，比如吃苦耐劳或精打细算，获得某种程度上的成功，我们也可以断言他的事业一定做不大。同学资源、职业资源和朋友资源是扩大人脉的重要途径和方法。

## 六、要有超强的忍耐力

俗话说"吃得菜根，百事可做"。对创业来说，肉体上的折磨算不得什么，精神上的折磨才是真正痛苦的，如果有心自己创业，一定要先在心里问一问自己，面对从肉体到精神上的全面折磨，你有没有那样一种宠辱不惊的"定力"与"精神"。如果没有，那么一定要小心。对有些人来说，一辈子给别人打工，做一个打工仔，是更合适的选择。

## 七、要有超强的心理承受能力

创业本身就是一项冒险活动。赌徒最有胆量，敢下注，想赢也敢输，所以，他们最适合创业。研究发现，赌徒的心理承受能力远远强过普通人，而创业正是最需要这种强大的心理承受能力。

## 八、要有强烈的创新意识

创业者具有极强的求异追求，是其积极进取、蓬勃向上、富有生命力的源泉。创业者在创业之初，一切都处于全新状态，创业者会花费大量心力试图创建一种公司经营运作的模式，这对于公司能够稳健地成长是非常有必要的。在求稳的同时，创业者要紧紧把握人们喜新厌旧的心理，迅速满足人们求新的感觉。创业者一定要善于独辟蹊径，无论是在产品生产上还是包装设计上，甚至营销方式、售后服务等方面，都要从求异的角度出发求发展。

## 九、要有真正的独立性

创业成功的人是那些善于摆脱依赖性，努力实现自己独立性的人。真正有决心创业的人，要认识到什么是真正的独立性，真正的独立性首先是思想上的独立性，承认专家权威的存在，但不盲目听从、信从他们的建议，而是用自己的头脑去独立地思考。

## 十、要有超强的主观能动性

对于创业者而言，自己所从事的是任何人都没有干过的事业，其他人的建议或经验教训只是参考，创业者不要迷信书本，也不要迷信一些所谓的权威，要勇于尝试，并在创业过程中主动出击，发挥主观能动性。因为只有发挥进攻性，才能激发人的潜能，才能发现并抓住稍纵即逝的良机，从而走上成功之路。创业者在创业时，要面对许多强大的竞争对手，一定不要被对方貌似强大的实力所吓倒，而是要像豹子型的人一样直面相对，寻找良机。

【延伸阅读】

**测试自己的创业素质、能力**

（一）基本素质自测

下列各题均有四个选择，请在符合你实际情况的小括号内填上 A、B、C、D。

1. 在急需做出决策的时候，你是否在想："再让我考虑一下吧？"　（　）
2. 你是否为自己的优柔寡断找借口说："是得好好慎重考虑，怎能轻易下结论呢？"（　）
3. 你是否为避免冒犯某个或某几个有相当实力的客户而有意回避一些关键性的问题，甚至表现得曲意逢迎呢？　（　）
4. 你是否在已经有了很多写报告用的参考资料的情况下，仍责令下属部门继续提供？　（　）
5. 你处理往来函件时，是否读完就扔进文件框，不采取任何措施？　（　）
6. 是否无论遇到什么紧急任务，都先处理琐碎的日常事务？　（　）
7. 你是否非得在巨大的压力下才肯承担重任？　（　）
8. 你是否无力抵御或预防妨碍你完成重要任务的干扰与危机。　（　）
9. 你在决定重要的行动计划时常忽视其后果吗？　（　）
10. 当你需要做出可能不得人心的决策时，是否找借口逃避而不敢面对？　（　）
11. 你是否总是在快下班时才发现有要紧事没办，只好晚上回家加班？　（　）
12. 你是否因不愿意承担艰苦任务而寻找各种借口？　（　）
13. 你是否常来不及躲避或预防困难情形的发生？　（　）
14. 你总是拐弯抹角地宣布可能得罪他人的决定吗？　（　）
15. 你喜欢让别人替你做自己不愿做的事情吗？　（　）

诊断结果：答案：A. 是（记 4 分）；B. 多数（记 3 分）；C. 很少（记 2 分）；D. 从不（记 1 分）。

**50～60 分**：你的个人素质与创业者相差甚远。

40～49分：你不算勤勉，应彻底改变拖沓、效率低的缺点，否则，创业只是一句空话。

30～39分：大多数情况下充满自信，但有时犹豫不决，不过没关系，有可能是成熟、稳重和深思熟虑的表现。

15～29分：你是一个高效率的决策管理者，更有可能是一个成功的创业者，具有良好的心理素质和坚韧不拔的毅力。

# 第五节　如何做好创业计划

创业计划是指创业者在创业初期所编制的商业计划。任何计划的制定都是为了指导实践，因此，大学生创业者应该将所作的创业计划以创业计划书的形式呈现出来，这样，不仅有利于自己按照计划来安排创业活动，还有利于让他人明白该创业的价值所在，为赢得风险投资打下基础。

## 一、创业计划书的编制原则

一份好的创业计划书必须是符合市场的需求、呈现竞争的优势和投资者的利益，同时要具体可行，便于实施，并提出符合实际的客观数据。一般来说，创业计划书的编制要遵循以下几条原则。

### （一）要以市场为导向

计划书的编制要以市场为导向，要充分认知企业的利润来自于市场需求，没有明确依据的市场需求分析，所撰写的创业计划书是不具有说服力的。

### （二）要客观并且符合实际

计划书中的所有数据都要尽量客观、符合实际，不能凭主观估计而下结论。通常情况下，大学生创业者容易高估市场潜力或报酬，而低估经营成本，从而导致创业实践出现偏差，因此，在创业经营计划书中，大学生创业者要尽量呈现出客观、可供参考的数据与文献资料。

### （三）要体现竞争优势与投资利益

创业计划不仅要将资料完整陈列出来，还要体现出具体的竞争优势，并明确投资的利益所在。只有这样，这份创业计划书才会使创业者对于创业有一个清晰的认识。

### （四）要呈现经营能力

创业计划书要尽量展现经营团队的企业经营管理能力与丰富的经验背景，并显示对于该企业、市场、产品、技术，以及未来经营运作策略已有完全的准备。

### （五）要分析出机会与威胁

编制创业计划书时，要明确指出企业的市场机会与竞争威胁，并尽量以具体资料作证。同时，要分析出可能的解决方法，并要配有相应的事实，为其解决创业中可能出现的问题提供相应的思路。

### （六）要具有完整性

一份好的创业计划书，应该完整地包括企业经营的各项职能要点，尽量提供相应的各项资料信息，并附上其他参考资料，为创业实践打下基础。

## 二、创业计划书的组成

不同创业者因所面临的创业项目不同，在内容上会有所不同，但是从整体上来看，创业计划书主要包括以下几方面的内容。

### （一）计划摘要

计划摘要浓缩了的创业计划书的精华，其主要内容包括公司介绍；主要产品和业务范围；市场概貌；营销策略；销售计划；生产管理计划；管理者及其组织；财务计划；资金需求状况等。

### （二）产品（服务）介绍

通常，产品介绍应包括以下内容：产品（服务）的概念、性能及特性；主要产品（服务）介绍；产品（服务）的市场竞争力；产品（服务）的研究和开发过程；新产品（服务）的计划和成本分析；产品（服务）的市场前景预测；产品（服务）的品牌和专利。在产品（服务）介绍部分，要对产品（服务）做出详细的说明，语言要准确且通俗易懂，内容要符合实际，不能过分夸大。

### （三）人员及组织结构

企业管理的好坏，直接决定企业经营风险的大小，高素质的管理人员和良好的组织结构则是管理好企业的重要保证。因此，人员及组织结构也要在创业计划书中有所体现。一个企业必须要具备负责产品设计与开发、市场营销、生产作业管理、企业理财等方面的专门人才。在创业计划书中，必须要对主要管理人员加以阐明。

### （四）市场预测

市场预测应包括市场现状综述、竞争厂商概览、目标顾客和目标市场、本企业产品的市场地位、市场价格和特征等内容。需要注意的是，市场预测不是凭空想象出来的，如果对市场进行了错误的预测，势必会导致创业失败。

### （五）营销策略

营销是企业经营中最富挑战性的环节，针对不同的情况，企业可以采用不同的营销策略。好的营销策略也是创业计划书的必要组成部分。在创业计划书中，营销策略应包括市场机构和营销渠道的选择、营销队伍和管理、促销计划和广告策略、价格决策等。

### （六）财务规划

财务规划一般要包括创业计划书的条件假设、预计的资产负债表、预计的损益表、现金收支分析、资金的来源和使用等。

## 三、编制创业计划书的注意事项

### （一）要注意简洁、明了

在进行相关内容的阐述时，要避免不必要的分析、描述和说明，要重点突出，详略得当，主旨明确，不拖泥带水，不重复啰嗦。

### （二）要注意层次分明、条理清楚

只有层次分明、条理清楚的计划书，才能够让读者理解所阐述的问题是什么，才会明确了解创业者对市场的调查分析和未来市场趋势预测，以及未来顾客的需求特征，从而打动投资者。

### （三）要注意实事求是

编制创业计划书时，一定要实事求是地描述自己的产品、技术或服务的独特性、前瞻性、创新性和可行性，不主观臆断、夸大其词；要实事求是地介绍创业团队强烈的成功欲望，以及为了成功具备的能力和可利用的社会资源，不胡编乱造、刻意欺瞒。

总之，创业计划书是创业开展的蓝图和指向标，是衡量创业的市场价值和进展情况的标准和参考，是未来创业成败的关键，大学生创业者一定要重视创业计划书的编制，使其符合实际，具有可操作性。只有这样，创业才能够有良好的发展前景。

【思考与练习】

1. 创业有哪些必备要素？
2. 为什么要支持大学生创业？
3. 当前我国大学生创业有哪些政策扶持？

# 第十六章　大学生就业权益保护及毕业派遣与档案管理

## 【导读】

本章主要对大学生在就业过程中如何保护自己的权益进行了阐述，并对毕业派遣与档案管理的相关问题进行了说明。

## 第一节　大学生就业过程中的权益保护

### 【案例分析】

**案例1：**某大学毕业生小杨得到了某公司的试用通知，上班后，他做的工作是网络维护。第一天，主管带他到公司各个部门走了一圈，熟悉情况，对他的业务能力也做了初步了解，主管对他也挺满意的。可好景不长，只上了几天班，却接到了公司打来的电话："对不起，你的那项工作我们已经有更合适的人选了，你不必来上班了。"对公司的这个"解雇"决定，小杨觉得十分气愤："我做错了什么？他们凭什么拒绝我？"即使再气愤，小杨也只能无可奈何地接受这个结果。因为从一开始，该公司就以试用为名，没有与他签订任何书面协议，他没有办法讨回公道。

**案例2：**小张在某公司毕业实习，实习结束后双方达成了就业录用意向。由于相互之间比较了解情况，彼此比较信任，因此双方仅就就业录用的相关事项进行了口头约定，小张认为自己工作的事就这么定了。没想到的是，等他毕业后正式到公司报到时，公司以岗位已录满为由拒绝录用他。由于小张与公司之间没有签订书面的就业协议，孰是孰非，亦无法定论，小张只能自食苦果。

**分析：**小杨和小张没得到他们想要的工作，是因为他们都忽略了在达成就业意向后应该签订一份就业协议书，来保障自己的合法权益。没有与用人单位签订任何书面的协议，用人单位如果不讲信用拒绝录用，求职者只能自认倒霉。

近几年全国每年都有几百万大学毕业生，就业形势严峻。一些用人单位利用大学生缺乏社会经验和求职心切的心理，在招聘中编织各种美丽谎言来引诱一些涉世未深的毕业生上钩，因此经常有大学生上当受骗，遭遇各种陷阱的新闻见诸报端，造成很多负面影响。大学生在就业市场中属于弱势群体，为了能顺利地找到合适的职业，在求职过程中，应该提高警惕，增强法律意识，熟悉我国相关的法律法规和政策，加强自我保护的能力。

# 一、大学生就业权益

《中华人民共和国宪法》《中华人民共和国劳动法》《普通高等学校毕业生就业工作暂行规定》等法律法规和政策明确规定了毕业生在就业过程中享有双向选择、自主择业、公平竞争、平等就业等权利。具体来说包括以下几点。

## （一）就业信息知情权

就业信息是大学生就业过程中的关键因素，主要包括：了解就业形势与政策法规，及时获取用人单位的需求信息和真实情况。

## （二）职业选择权

大学生毕业就业只要符合国家的有关方针、政策，就可以自主选择行业、职业，用人单位、任何部门或个人无权干涉毕业生的选择自由。

## （三）公平竞争权

大学毕业生享有公平参与竞争的权利。除特殊行业和特殊岗位外，求职者不得因民族、种族、宗教信仰、性别、户籍、相貌等因素受到歧视。

## （四）平等择业权

毕业生在就业过程中与用人单位法律主体地位平等，信息知情应对称，对用人单位的工作内容、工作地点、工资福利等内容享有协商的权利。

## （五）隐私保护权

任何单位和个人不得将毕业生的个人信息随意发布和使用，用人单位在招录过程中不得侵犯毕业生个人的隐私权。

## （六）要求赔偿权

签订就业协议或劳动合同后，因用人单位违约，毕业生有权要求用人单位承担违约责任并做出相应赔偿。

## （七）寻求保护权

在权益受到损害且无法得到合理补偿的情况下，毕业生有寻求就业行政主管部门及学校保护的权利，或寻求劳动部门的调解、仲裁和向人民法院起诉。

# 二、规避求职风险

对于大学生初次就业，没有社会经验，难以应对复杂的就业市场，大学生合法权利被侵害。那么，高职学生如何规避求职风险？应具备哪些防范能力和基本知识呢？

## （一）求职过程中常见的侵权违法行为

1. 发布虚假招聘信息

（1）主体合格（合法）的用人单位召开专场招聘会，名为招聘，实际却大肆宣扬单位形象，或者以提供实习机会为名，窃取毕业生的智力成果，如创意或者设计等。

（2）主体不合格（非法）的机构，如非法人才中介机构人收取信息介绍费为目的，发布过时或子虚乌有的招聘信息；传销机构假借某知名企业的名义发布虚假信息，高薪诱骗毕业生进入传销队伍。

2．招聘过程中出现歧视条款

平等就业是法律权利，但近些年出现了不少招聘中的歧视行为，主要有以下几种。

（1）性别歧视。这是女生经常遇到的无奈。有的用人单位不顾社会责任，片面追求利益最大化，逃避劳动法赋予用人单位对女职工的特殊义务，在招聘员工时私下或公开规定只招男生或男生优先。

（2）身体歧视。一些用人单位在缺少相关规定的情况下将身体残疾或身患疾病的人拒之门外，剥夺了这些人的就业机会；还有一些单位在并无必要的情况下对求职者的身高和相貌提出要求。

（3）户籍歧视。有的单位只招收有本地户口的毕业生，没有本地户口就必须要有当地居民担保。有的地方政府为了保护本地人口就业，制定不合理的人才准入制度，使本地单位无法招收外地户口的毕业生，或者无法使外地户口的劳动者成为正式员工，严重限制了人才的合理流动。

3．侵犯求职者隐私

（1）将求职者的姓名、住址、电话、身份证等信息转让给他人或中介机构。

（2）询问与工作无关的个人信息，如询问女性求职者有无男朋友或结婚计划等。

（3）非行业需要，强行求职者检查乙肝等指标。

4．收取求职者的财务或扣押证件

（1）招聘过程中向求职者收取培训费、押金、服装费等。

（2）扣押求职者的身份证、毕业证等证件。

5．不按规定签订就业协议或劳动合同

有些用人单位会以各种理由拒绝签订就业协议或劳动合同。

6．不履行或者不完全履行就业协议或劳动的条款

（1）就业协议签订后，违约或不按时接受毕业生到职。

（2）不按就业协议安排工作内容，不能兑现就业协议协商好的工作福利待遇等。

**（二）怎样识别**

所谓求职陷阱，是指用人单位、机构或个人利用求职者的弱势心理，以提供就业机会为诱饵，骗取求职者的钱财，或与求职者达成权利义务不对等的各类就职意向，从而侵害求职者的合法权益。常见的求职陷阱主要分为以下五种：招聘陷阱、协议陷阱、试用期陷阱、智力陷阱和劳务陷阱。

1．招聘陷阱

人才市场上，招牌林立，良莠难分，在毕业生求职高峰时期，有些不负责任的招聘单位，利用年轻学子求职心切的心理，来诱惑一些涉世未深的求职者，造成很多负面影响。据调查资料显示，有70%的求职者都遇到过招聘陷阱。在面对招聘陷阱时，需要用智慧的双眼和逻辑思维来识别和预防招聘陷阱。在现实生活中，常见的招聘陷阱主要有以下三类。

（1）招聘会不合法。

一些人利用求职者就业心切的心理，打着帮助求职者早日就业的名义举办招聘会，而招聘会事实上并没有经过有关部门的审批，不是广告上公布的知名企业没有到场，就是招聘单位良莠不齐，主办方举办招聘会的目的就是为了赚取高昂的门票费。与此同时，有些不良用人单位还会骗取、出卖求职者的个人信息，或打着招聘的幌子用高薪引诱求职者做传销或从

事其他违法活动。

（2）以面试为由骗取求职者的钱财。

有些不法分子从网络或者其他渠道得到求职者的个人信息，就以某企业名义打电话给求职者，通过面试，这些不法分子在求职者不设防的情况下骗取钱财。

（3）变相收费。

有的用人单位与求职者不当场签约，要求通过网络或者电话继续洽谈，而这些网络或者电话都是收费的；有的用人单位向求职者收取报名费、资料费或者培训费等，等求职者交了费用之后再将它们拒之门外。

**【案例分析】**

**案例 1**：有一位求职者很顺利地通过了一家公司的面试，并且参观了该公司，觉得非常正规。很快公司就通知他参加培训，并且要缴纳 300 元培训费。这位求职者认为机会难得，交了钱并参加了培训。培训之后公司又组织体检，体检费是 150 元。这位求职者最终因为视力不好而被公司拒绝录用。这位求职者到后来才发现，几乎每一次招聘会这家公司都在招人，而且录取的几率几乎为零，这才知道自己上当受骗了。

**案例 2**：某高校毕业生小王到一家职介所求职，被要求交 300 元报名费，600 元培训费。并公开承诺，签订协议后找不到工作可退钱。小王放心地交了 900 元钱，然后和其他求职者被召集到一起，听了一个小时的培训课，职介所让小王回家等通知。结果等了半个月也没回音，小王耐不住，三番五次去职介所催促，可是每次都得不到明确的答复，小王觉得情况不妙，想把 900 元钱要回来。结果职介所说，根据协议只能返还报名费的 20%，培训费不能返还。小王几次去要，都被恶语相向，不仅浪费了大量时间，精神还受到极大伤害。

**分析**：上述例子都是用人单位利用了毕业生求职心切，生怕错过机会，这类陷阱毕业生最容易上当。在求职过程中，需增强自我保护能力，一旦发现钱财被骗，应摆脱自认倒霉、忍气吞声的消极心理，及时向公安机关报案。其实国家早有明确规定任何招聘单位以任何名义向求职者收取各种费用都属于违法行为，毕业生遇到这样的情况就要引起注意，保护好个人利益，避免不必要的损失。

**2．协议陷阱**

求职者在找好工作后要和用人单位签订就业协议，就业协议是双方表示愿意的一种约定。在签协议时，经常出现的问题有以下三种。

（1）口头承诺。

用人单位的口头承诺常常因为缺乏法律依据而不具有法律约束力，一旦发生问题，求职者的权益难免受到侵害。有的用人单位在与求职者谈条件时，往往口头承诺许多优越条件，以此来吸引求职者。但是在签协议时却不把这些承诺写入协议条款中。求职者来到单位之后才发现现实与承诺相差甚远，却因为没有法律依据而成为权益受害方。

（2）签订不平等协议。

有些用人单位和求职者签订的协议有明显的不平等条款。造成这些情况的原因如下：一直以来，劳动力市场严重供大于求，求职者在求职过程中觉得"机会难得"，再加上有些人维权意识较差，签订就业协议不留意其中的条款；还有的求职者为了保住工作，明知道劳动协议不平等也只能忍气吞声，促成了"霸王条款"的出现。

（3）以就业协议代替劳动合同。

有的求职者因为不懂劳动法，认为就业协议等同于劳动合同。求职者到单位报到，不知道要求单位和自己签订合法有效的劳动合同，盲目的以为就业协议的条款就是合同的内容。在这种情况下，一旦双方发生了劳动争议，求职者的权益很难受到保障。

3．试用期陷阱

大家都知道，试用期是劳动关系对方互相了解的一个考查期。在此过程中，求职者可以考查用人单位是否符合自己的职业取向，而用人单位也可考查求职者是否符合自己的录用标准。

依据《中华人民共和国劳动法》与《中华人民共和国劳动合同法》，试用期是一个法定的协商条款，是否约定和约定期限的长短都由双方依法自行协商。但是在现实生活中，关于适用期的陷阱一直困扰着求职者。

大致来说，试用期陷阱的类型主要包括如下三种。

（1）单位不约定试用期。

有些单位要求求职者报到时就马上签订劳动合同，而不约定试用期，要求求职者立即上岗。然而，当求职者还在暗自庆幸单位不需试用的时候，却发现单位各方面的情况都不尽如人意，与广告和招聘时的承诺相差甚远，工作内容与自己想象的也截然不同，于是决定另谋高就。此时，求职者才发现自己在"无意"中放弃了试用期这个有利的机会。在这样的情况下，求职者若想单方面解除劳动合同，一方面要提前30天通知，另外一方面还要支付相应的违约金。

（2）只约定试用期，索取廉价劳动力。

由于求职者试用期的工资、福利待遇与正式录用后的差距较大，而招聘的费用并不高，一些用人单位就利用"无休止"的试用来降低成本。例如，有的单位以避免麻烦为由，只以口头或者书面形式和求职者约定几个月的试用期，表示试用期合格之后录用，然后再签订正式的劳动合同。在试用期间，单位支付比正式员工低很多的工资。很多求职者为了得到工作机会，常常不计较暂时的工资待遇。然而，试用期结束后，单位却往往以各种理由将求职者辞退。

（3）试用期过长或者无故延长试用期。

一些单位和求职者约定的试用期过长，有的长达1年以上；也有一些用人单位以各种理由延长试用期，变相将求职者作为廉价劳动力。有些用人单位甚至在几次延长试用期以后，依然把求职者辞退，而有些求职者的维权意识较差，对劳动法不了解，因此有苦难言。

在求职时，面对试用期陷阱，求职者最好的办法就是拿起法律的武器来保护自己。

4．智力陷阱

在当今这个信息化高速发展的社会，"智力产品"成为了企业的核心竞争力。对于很多年轻求职者特别是大学毕业来说，维护知识产权的意识比较欠缺。有些用人单位正是利用了他们的这一弱点设计"智力陷阱"。根据有关调查，有23%的大学生遭遇智力陷阱。

所谓智力陷阱，就是指用人单位以招聘考试为名。实则是召集创意，无偿占有大学毕业生的广告设计、程序设计、文章翻译、策划方案等。许多求职者在经过笔试面试以后就没有了消息，而自己曾经提供的策划方案和设计等却在该公司的产品或活动中出现。

智力陷阱是近年来新出现的一种求职陷阱，求职者必须要提高警惕，多加小心，以防上当受骗。

**【案例分析】**

**案例 1**：一天，小王在招聘会上应聘了一家广告公司。该公司要求每位求职者写一份不同产品的广告策划方案，主要有服装、饮料和小家电等。招聘人员表示，公司将对每份上交的作品进行对比，最终确定两个人选。小王写的是一种小家电在上海市推广的策划方案。内容包括广告、户外宣传画、电视广告创意以及市场推广活动等详细计划。经过一个星期的辛苦努力，小王交上了自己的策划推广方案，但是一直未等到用人单位的消息，而自己的广告策划方案却在不久之后出现在了各大媒体上。

**案例 2**：小刘毕业于某高校计算机系，学的是软件专业，有 2 年的编程兼职工作经验。一天，他看见某软件公司招聘程序员，就欣然前往。该公司有四五十人规模，月薪 5000 元。对此，小刘感到比较满意。该公司招聘流程很严格，初试合格以后，小刘进入笔试阶段。笔试内容为试用 JAVA 语言上机编写一段程序，不限制时间，可以上网查询相关资料，但是不能相互交流，最后从编程优胜者中录用两个人。

在笔试的房间里，一共有 9 名求职者，每个人的试题不一样，几个求职者无意中发现，看似是 9 段的程序，实际上恰巧能整合成一个项目。在笔试结束以后，小刘再也没有接到任何消息。据了解，其他几位求职者也未得到任何音讯。

**分析**：在上述两个案例中，两位求职者没被录用，但自己劳动成果却被用人单位占用，显然是遭遇了求职中的智力陷阱。因此求职者在无法判断用人单位的真实意图，又很想得到这份工作的情况下，就需要对自己的劳动成果进行一些必要的保护。首先，求职者在提交策划方案或者设计成果时，要注意复制一份，一份提交，另外一份自己保存，而保存的那份需要用人单位签字确认，以备日后作为法律依据；其次，求职者在提交劳动成果时，最好能够附上版权申请，同时也要求用人单位签字确认。用人单位如果拒绝签字，求职者就要多加考虑了。

5．劳务陷阱

在求职时，用人单位说的是合同工，但没想到录用以后却发现自己变成了劳务派遣工。劳务派遣的用工方式是近年来在我国出现的一种比较新型的用工方式。被派遣的员工是与劳务公司签订合同，是劳务公司的合同员工，由劳务公司发放工资福利，受派遣到用工单位工作，用工单位将劳动报酬核算给派遣公司。用工单位只用人不管人，减轻了用工单位的用人成本。如果是劳务派遣工，求职者在签订协议里的甲方名称并非用人单位，而是某人力资源公司，所以求职者在签协议时要认真阅读协议内容，看清楚协议里的用人单位名称是否是自己应聘的公司，弄清自己是合同工还是劳务派遣工。同时求职者应该熟悉相关的法律和法规，2013 年我国劳动合同法对此作了最新修订，修订后的劳动法对劳务派遣工的劳动报酬等方面作了明确规定，求职者应多了解相关知识，保护自己的合法权益不受侵犯。

**（三）虚假招聘信息的一般特征**

1．坐收渔利

招聘不招人，招聘者通过招聘，获取大量报名、培训、服装、手续费等。这类招聘广告往往以非常优厚的待遇作诱饵，致使一些不在乎 10 元、20 元报名费的人受骗上当。在沿海地区，还有人猎取一轮又一轮的廉价劳动力（试用期内付低薪，期满辞退，再行招聘），既坐收招聘之利，又降低工资成本，可谓一箭双雕。

2．剽窃智力成果

有的公司以招聘的名义，以高薪引诱无偿地占有他人的劳动成果。招聘时让求职者完成所谓的"考卷"，实为某研究项目的一部分或工艺方案，求职者在不知情的情况下，努力完成招聘方交给的"考卷"，还唯恐不合格。待"考卷"交回后，招聘自然也无消息了。

3．瞒天过海

有的单位以招聘为名虚晃一枪，实际上私下早有安排。譬如某领导将意中人放在事先安排好的"竞争"环境中，使其万无一失的"取胜"，其他求职者只是陪衬。这样，对外可以光明正大地显示其"公平竞争""择优上岗"的用人制度。

4．虚假广告

不少企业大张旗鼓地摆出招聘阵式，用意不在聘用合适人选，而在于制造热点产生新闻效应，显示其拓宽新领域，扩展企业形象，提高企业知名度。

5．拐卖人口

与虚假招聘信息相比，拐卖人口的假招聘更令人深恶痛绝。这种招聘无需收缴保证金，更没有培训费。有的只是令人向往的优厚待遇、工作条件。假招聘者正是利用人们求职心切、渴望能得到挣钱机会的心理，在骗取应聘人的信任之后，将他们弄到外地贩卖。

6．色迷心窍

不少人打着招聘女秘书的幌子；遇到合意对象时，或许诺高额薪酬，或当场做出一些过于亲近的动作，如应聘人无反对意识，则正中下怀。

7．过于殷勤

有的骗子会主动打电话找你，然后轻松通过面试，许诺高薪和轻松的工作环境，薪水与工作明显不符；或要求你去外地面试，骗入他们设计好的圈套。

**（四）辨别就业信息真伪的一般方法**

在求职应聘过程中，求职者应提高自我保护意识，要做到多选、多看、多问、多告。

1．多选

优先选择到政府人事部门所属人才交流机构开办的人才市场或人才中介机构求职应聘。这类部门不是以赚钱为目的，而以为用人单位、为人才服务为宗旨，运作规范服务周到，信誉高，功能全。还有各级毕业生就业主管部门和就业指导机构，以及各级各类的双向选择供需见面会。

2．多看

一看招聘单位有无法人执照。二看是否办理了合法的招聘手续。在人才市场设摊招聘的单位介绍均由市场统一印制、统一装订，招聘者可看黑板所示单位名称与实际招聘单位名称是否一致。另外人才市场还贴有摊位总表，招聘单位名称、性质、拟聘岗位均列于表上，求职者可先浏览摊位总表再进场应聘，做到心中有数。三看招聘工资是否与该岗位社会基本工资相符。四看招聘岗位是否与单位经营范围相符。

3．多问

求职者在人才集市求职应聘时，应仔细询问招聘单位的详细情况，包括其上级主管部门、单位性质、经营范围、用工形式、用工时间、工资待遇等，还可以直接向有关的管理部门咨询。

4．多告

求职者在应聘活动中一旦遇到非法中介，或借名义欺骗、讹诈求职者的单位，应及时、迅速到人事部门、劳动部门咨询、投诉，寻求帮助。

除多选、多看、多问、多告外，熟悉人才流动方面的法律、政策也是非常必要的。现在不少报纸、电台、电视台都开辟了"人才市场"专栏，求职者平时应多了解这方面的信息，增强自我保护的本领。在毕业生求职方面，中国劳动法学研究会副会长、湖南大学法学院博士生导师王全兴教授特别强调："一定要学会行使知情权"。

毕业生初涉职场，在签订就业协议前，有对用人单位基本情况、劳动条件、劳动待遇等事实进行了解的权利，即"知情权"；招聘单位应有告知的义务。毕业生应当主动了解、询问用人单位情况，判断该单位提供信息的真实性。毕业生要利用这种权利保护自己的合法权益，保障就业的顺利进行。也有相当多的毕业生在对用人单位不了解、对用人单位将要给予的待遇，以及将要安排的工作岗位等都不清楚的情况下，与用人单位签订了协议。还有少数运作不规范的用人单位，往往夸大单位的现状、工作环境和将来的前景，或向毕业生开出空头支票，如安排住房、高额奖金、在总部或大城市工作等，以此来吸引毕业生应聘。毕业生报到后才发现，单位根本无法兑现他们的承诺。而毕业生对用人单位单方面违约提出诉讼，却欲诉无门。知情权是毕业生在求职时避免上当受骗的有力武器，所以学会使用知情权，对毕业生顺利就业，找到满意的工作，可以起到积极促进作用。

# 三、签订就业协议与劳动合同

目前，随着国家就业制度改革的不断深入，毕业生自主择业的权利越来越大了。但是，毕业生如何行使、保护自己的权利，如何正确的签订劳动合同，在行使自己权利的同时应承担哪些义务，发生争议时如何解决等，是人们普遍关心的问题。就业协议对毕业生来说是求职中非常重要的一环，对于大学毕业生来说，通过双向选择落实了用人单位后，必须签订就业协议书，需要毕业生认真对待。

**（一）签订就业协议书**

为保障聘方与受聘方的合法权益，在经双方达成一致意见后，毕业生与用人单位必须履行正式、具体的法定手续——签订就业协议书。

1．就业协议书签订的原则

签订就业协议书，实质上是用人单位与受聘人经过平等协商后达成的一项具有法律效力的承诺。需要遵循以下原则：

（1）主体合法原则。即订立就业协议的主体必须合法，内容必须合法。主体合法主要是指求职者必须具有就业资格，即必须是毕业生或者结业生，并具有民事能力；用人单位必须具有民事能力，具有录用毕业生的权利或计划。内容合法是指所签订的协议必须符合国家的法律法规，符合国家的就业方针政策和各级政府的有关规定，符合社会道德。

（2）平等协商、自主自治原则。就业协议的当事人在签订就业协议时的法律地位是平等的，一方不得将自己的意志强加给另一方。用人单位不应在签订就业协议时要求学生缴纳高数额的风险金、保证金或扣押毕业生的相关证件。自主自治是指当事人依照自己的价值判断，自立地去判断、选择，而不受他人的强迫。

（3）合同自由原则，或说双向选择原则。即当事人依法享有自由决定是否订立就业协议、与谁订立就业协议。

（4）诚实信用原则。这主要是指当事人各方面都要客观、如实介绍情况，不得用欺诈、隐瞒、作假等手段骗取他方，同时必须守信践约，认真履行协议规定的义务。

2．签订就业协议内容

（1）就业协议书的概念。

就业协议书是指用人单位、毕业生两者之间的义务和权利的书面表达形式。《全国普通高等学校毕业生就业协议书》是由教育部统一制表，用以明确毕业生、用人单位和高校在毕业生就业中的权利和义务的法律文书。是由教育部制定样式，作为示范性文本，地方毕业生就业主管部门或高等学校负责印制。就业协议书由毕业生、用人单位共同签署后生效，对签约双方具有约束力。协议虽然不是劳动合同，但也是一个民事合同行为，具有合同效力，所以在签订之前要慎重考虑。就业协议是高校毕业生与用人单位为确立劳动关系、明确双方在毕业生就业工作中权利和义务，经协商签订的协议。教育部颁布的《普通高等学校毕业生就业工作暂行规定》要求："经供需见面和双向选择后，毕业生、用人单位和高等学校应当签订毕业生就业协议书，作为制定就业计划和派遣的依据。"从目前学校的毕业生就业工作来看，毕业生如果被用人单位录用，则用人单位、毕业生双方就应该以协议书的形式确定彼此之间的权利和义务。能否签订就业协议，已成为毕业生毕业后是否能够就业的重要标志之一。

（2）就业协议书的主要内容。

包括毕业生的基本信息、用人单位基本信息（包括档案接收单位和户口转移地址）、毕业生和用人单位双方协商达成的条款；

毕业生、用人单位签名盖章。协议书一式三份，毕业生和用人单位各执一份，学校留存一份，复印件无效。就业协议书一般由国家或省、市高校毕业生就业管理部门统一制表。

3．就业协议的作用

就业协议是约束毕业生、用人单位的权利义务关系的契约，依法签订的合同或达成的协议是具有法律效力的。就业协议签订之后，实质上成为当事人之间的"法律"，必须严格遵守，否则将承担不利的法律后果。具体来讲，就业协议具有以下几点作用：

（1）就业协议是确定毕业生与用人单位之间劳动关系的依据。

就业协议的签订所引起的是一定期限的劳动关系，它要求不是一次或几次的行为，而是在一定期限内或较长期限内连续存在的关系。只要就业协议处于有效期内，劳动法律关系必然存在。

（2）就业协议是保护毕业生和用人单位各自权益的法律准绳。

就业协议是毕业生和用人单位双方意见一致时的书面表达形式，协议签订后，主体双方中任何一方有违约行为，另一方依据协议规定要求对方承担相应的法律责任，进而维护自己的合法权益。

（3）就业协议是编制就业方案的依据。

国家和学校依据就业协议的签订情况，及时准确地掌握毕业生的就业动态，并编制当年的就业方案。同时，国家还将依据协议的签订情况，做出适合的就业政策安排，促进教育事业的发展。

4. 签订就业协议时应注意的问题

就业协议是明确在就业过程中毕业生和用人单位双方权利和义务的协议，涉及毕业生的切身利益，并具有法律约束力，毕业生在签订就业协议书时要注意以下几个问题。

（1）确认用人单位的主体资格。

签订就业协议的当事人必须具备合法的主体资格。与毕业生签订就业协议的用人单位必须具有从事经营或管理活动的资格和能力；并具有录用毕业生就业的自主权。一般来说，招聘毕业生的各种所有制的企业单位都应具有经过工商行政登记的独立法人资格。毕业生在与用人单位签订就业协议前，应先仔细了解用人单位的基本情况，以利于做出正确的判断。

（2）条款的内容必须明确。

毕业生与用人单位通过协商，如果确有必要对协议书条款进行变更或增、减，涉及的内容一定要具体、明确，不会产生歧义，尤其是工资福利待遇、工作期限（包括试用期或见习期）、违约责任等涉及自身权利和责任条款的内容。毕业生和用人单位如果对超出协议书范围以外的条款另有约定，尽量采用书面的形式。如果报考了研究生或准备出国，应事先向用人单位讲明，并写在协议书中。采用隐瞒情况的做法是不可取的，会带来许多麻烦。用人单位在与毕业生签订就业协议书时，常常附加补充协议或增加某些条款，个别用人单位还可能要求毕业生另外签订单位自己或者单位所在地的毕业生就业主管部门印制的协议书。用来进一步明确用人单位与毕业生之间的有关权利和义务等具体问题。

（3）按规定程序签订协议。

毕业生在签订就业协议时，应按照规定程序进行。一般来说，毕业生应通过和用人单位的协商，在双方对就业协议的条款和内容达成一致后，请用人单位和自己同时在就业协议书上签字盖章。然后把就业协议书交学校就业工作部门见证，列入毕业生就业档案。按照规定程序签约，有利于保护毕业生和用人单位的合法权利，可避免因任何一方在另一方不知晓的情况下，另增加有损于对方权益的其他条款和内容。按照规定程序签约，也有利于毕业生保护自己的合法权利，避免承担不应承担的责任。

（4）解除就业协议的条件应事先约定。

就业协议一经签订，对毕业生和用人单位双方当事人都具有约束力，任何一方不得随意解除，否则将承担违约责任。如因为考研、准备出国等一些因素可能导致毕业时不一定去签约单位就业，毕业生在与用人单位签订就业协议时，可约定解除就业协议的条件。

（5）注意与劳动合同的衔接。

应尽可能将劳动合同主要条款的内容体现在就业协议的约定条款中，并约定就业时签订的劳动合同要包括这些内容。若事先没有书面约定，一旦双方就劳动合同有关内容达不成一致意见，而双方又不能就解除就业协议达成共识，毕业生提出不再去该单位就业，则毕业生就将承担违约责任。

5. 签约前要三思

这时候，你与用人单位应该已经基本达成了就业协议，除了审核就业协议书的具体条款外，你应该确认自己思想不再反复。作为一个具有完全民事行为能力的大学毕业生，你应该考虑清楚违约的后果。

总之，就业协议书的签订，对毕业生来说是保证其合法权益的有效方式，每个毕业生都需要认真对待，谨慎签约。

**【案例分析】**

**案例 1：** 某晚报曾报道了一起典型的毕业生违约案。某年 3 月 1 日，某报社到某院校招聘文字编辑。通过双向选择，报社与毕业生小周及其就读的某院校三方签订了《全国普通高等学校毕业生就业协议书》。协议中约定："毕业生表明自己的就业意见，在规定的时间内到用人单位报到，若遇到特殊情况不能按约报到，须经用人单位同意。"此外，小周和该报社双方还约定：小周毕业前不得再与其他单位签订聘用合同，否则，须赔偿报社定编损失费 1 万元。协议签订后，该报社拒绝了其他应聘人员，一心只等小周报到。

为迎接小周到来，报社按约定，为其提前安排了工作和生活所需，购置了办公电脑，预交了住房租金。但在当年 7 月中旬，高校毕业生分配基本结束时，小周仍未报到。报社到其所在的院校了解情况，才知道小周已经到另外一家报社上班了。

该报社只好起诉。法院经审理认为，原、被告之间自愿签订的就业协议是双方真实意愿的表示，双方都应按照协议履行，被告的行为违背了《中华人民共和国合同法》。小周毕业后未到原告单位工作，违反了就业协议，应承担违约责任，赔偿违约金及各项损失 12768.95 元。

**分析：** 从该案例可以看出，一些毕业生对就业协议的法律性质和法律后果还不太清楚，对就业协议缺乏足够的尊重，现在有不少毕业生在找工作时往往手里捏着好几份就业协议书，这些学生普遍认为这不是不讲诚信，更不是违法行为，而是双向选择，这种认识是完全错误的。

**案例 2：** 某院校毕业生小李应聘到某公司做办公室文员，双方签订的劳动合同约定试用期 3 个月。3 个月试用期满后，公司对他说需要进一步考查他的工作情况，需要延长 3 个月试用期。小李不服，与公司协商不成，诉至法院，法院经审理，判小李胜诉。

**分析：** 小李之所以能打赢官司，维护自己的合法权益，其关键是与公司签订了劳动合同。劳动合同是劳动者与用人单位之间权利和义务的明确约定。一份有效的劳动合同应该是用人单位与劳动者之间各自权益的"双赢"。

在目前就业压力较大，劳动者处于弱势的有利于用人单位的买方市场的情况下，只能靠劳动者去主动争取。毕业生到用人单位后一般都要签订劳动合同，但由于毕业生对合同法、劳动法以及相关的人事政策不是特别了解，签约时总是心存顾虑。那么，劳动合同应该怎样签，应该注意什么呢？

**（二）签订劳动合同**

毕业生正式到用人单位工作，意味着双方将正式建立劳动关系。而按照国家法律规定，建立劳动关系需要订立劳动合同，以维护劳动者自身的合法权益。

**1. 劳动合同的含义**

劳动合同是指劳动者同企业、国家机关、事业单位、民办单位、个体经济组织等用人单位之间订立的明确双方权利和义务的协议。劳动法规定，建立劳动关系应当订立劳动合同，它是确定劳动关系的标志，劳动合同是劳动者维护自身权益的重要依据，对于劳动者特别重要。劳动合同制是我国一种新型的用工制度，它对于我国社会主义市场经济的发展和劳动者合法权益的实现和保护，具有重要的意义。

订立劳动合同必须遵循平等自愿、协商一致和合法原则。只有依法订立的劳动合同，才具有法律效力。

2．劳动合同的主要条款

根据《中华人民共和国劳动法》第 19 条第一款的规定，签订劳动合同必须具有以下条款：

（1）劳动合同期限；

（2）工作内容；

（3）劳动保护和劳动条件；

（4）劳动报酬（单位支付给劳动者的工资和其他劳动报酬）；

（5）劳动纪律（包括厂纪厂规、生产标准、操作规范等）；

（6）劳动合同终止条件；

（7）违反劳动合同应负的责任。

劳动合同除了前面必备条款外，当事人还可以协商约定其他内容。

3．社会保险和福利

法律规定，劳动者依法享有社会保险和福利的权利，用人单位和劳动者必须依法参加社会保险、缴纳社会保险费用，用人单位应该承担费用的相当比例。用人单位必须为劳动者办理养老、失业、医疗、工伤、生育五种保险。有的地方还要求办理住房公积金和其他险种。

4．劳动合同的订立

劳动合同的订立，是指劳动合同的订立过程中必须履行的手续和步骤。劳动合同在劳动者被录用的第一个工作日之前订立。劳动合同的订立程序主要按下列步骤进行：

（1）用人单位制定劳动合同方案，主要包括劳动合同内容的意向，须约定有关事宜以及责、权、利等。

（2）采取一定形式，向劳动者宣读劳动合同方案，如实说明本单位的规章制度、劳动报酬、劳动条件等情况以及签订的意见和要求。

（3）在双方平等自愿的前提下，协商劳动合同内容。

（4）经协商一致，由用人单位、劳动者本人签字盖章。

（5）劳动合同一式两份，双方各持一份。

5．订立劳动合同时应注意的法律问题

劳动合同的签订，不仅事关个人在薪酬、福利、社会保险等方面的物质利益，还涉及培训、晋升等个人长远发展的问题，因此必须谨慎对待。在订立劳动合同时，劳动者应注意以下常见法律问题。

（1）提前准备。在劳动合同订立前，可以要求用人单位提供合同文本，以便对合同内容有充分了解，特别是对于双方协商的条款，应引起高度重视。

（2）谨慎交费。用人单位在与劳动者订立劳动合同时，不得以任何形式向劳动者收取订金、保证金或抵押金（物）。

（3）把握内容。了解《中华人民共和国劳动法》，注意劳动合同的条款包括的两部分内容：一是法律规定的必备条款；二是双方认为有必要明确规定的条款。在把握合同条款的基础上，还应清楚了解事关自身利益的内容。

（4）附加条款要看清楚。求职者在签订劳动合同前一定要企业要拿出原文、仔细查看无异议后，还要盖章留存，作为依据。要认真检查有无遗漏的约定事项或附加说明，需要立即补充的绝不拖延。

（5）当面签字、盖章，并仔细鉴定单位所盖公章是否与自己即将进入的单位一致。

（6）数字一定要大写。

（7）要充分注意合同生效的条件和时间。

（8）要注意合同生效的必要条件和附件。合同至少一式两份，双方各持一份，妥善保管；双方在签订时如有纠纷，应通过合法方式解决。

6. 劳动合同的解除

劳动合同的解除，是指劳动者合同期限届满以前，由于出现某种情况，导致当事人双方提前终止劳动合同的法律效力，解除双方的权利与义务。劳动合同解除可以是单方面的，也是双方解除，但必须遵守一定的规则。

7. 违反劳动合同的法律责任

违反劳动合同，即劳动者与用人单位订立劳动合同关系后，有违反劳动合同的约定，解除劳动合同的行为。最常见的是用人单位任意解雇和劳动者任意跳槽时所承担的法律责任，一般违约或者侵权如果构成犯罪，还应承担刑事责任。

**（三）就业协议和劳动合同的区别**

就业协议和劳动合同是用人单位录用毕业生时所签订的书面协议，但两者又是有区别的。具体表现在以下几方面。

（1）《毕业生就业协议》是毕业生在校时，与用人单位、学校三方协商签订的，是编制毕业生就业方案和派遣毕业生的依据。劳动合同是毕业生与用人单位明确劳动关系中权利义务关系的协议，学校不是劳动合同的主体，也不是劳动合同的见证方，劳动合同是上岗毕业生从事何工种劳动的依据。

（2）毕业生就业协议的内容主要是毕业生如实介绍自身情况表示愿意到用人单位就业；用人单位表示愿意接收毕业生；学校同意推荐毕业生并列入就业方案进行派遣，而不涉及毕业生到用人单位报到后所享有的权利和义务。劳动合同的内容涉及劳动报酬、劳动保护、工作内容，劳动纪律更为具体，劳动权利义务更为明确。

（3）一般来说就业协议签订在前，劳动合同订立在后。如果毕业生与用人单位就工资待遇、住房等有事先约定，亦可在就业协议备注条款中予以注明，日后订立劳动合同时对此内容予以认可。

（4）协议是毕业生与用人单位对将来就业意向的初步约定，及对于双方的基本条件以及即将签订劳动合同的部分基本内容的大体认可，并经用人单位的上级主管部门和高校就业部门同意和见证，经毕业生、用人单位、用人单位主管部门、高校签字盖章即具有一定的法律效力，是编制毕业生就业方案和将来双方订立劳动合同的依据。

# 第二节　国家关于大学毕业派遣的相关规定

大学生派遣原则依据教育主管部门下发的关于高校毕业生就业报到证签发工作的相关文件执行。

## 一、主要的两种派遣方式

第一种，已签订两方协议或劳动合同，并将两方协议书交于学院就业办公室的毕业生。

（1）性质为公有制且能够接收毕业生户籍和档案的单位，经学院就业指导办公室审核后，其报到证地址为相关单位人力资源部。

（2）性质为私有制的单位，毕业生须到就业单位所属相关人才交流中心办理户籍代管手续，且将代管证明交于学院就业办公室，经审核后，其报到证地址为相应地市人才交流中心。

（3）以上手续均在毕业当年 5 月 30 日以前交到就业指导办公室，超过规定期限不予受理。

第二种，未办理其以上相关就业手续的毕业生档案统一发回生源所在地人力资源和社会保障局或其他档案管理部门。

## 二、需要改派的常见几种情况

（1）某毕业生开始和 A 企业签订了就业协议书，并且报到证已经派遣到了 A 企业相关的城市，而学生工作几个月后辞职了。去了 B 企业工作。如果这个 B 企业能接收你的档案，那么这时就应该改派。

（2）如果报到证上出现姓名、专业或者派遣地区等错误，就应该重新开具报到证。

（3）当初毕业时没有找到工作，档案派回了原籍。如果毕业半年后找到工作，并能接收档案关系等，将派遣回原籍的报到证，改派到你要去的单位所在的城市。（报到证两年有效，两年内可以改派）

（4）已经就业或者未就业的学生，考上公务员或者事业编制。在规定年限内，需办理报到证改派。

注意：改派时间一定要在改派的期限内。需改派的毕业生向学院就业部门提出改派申请，由学院就业部门协助改派。

# 第三节　大学生毕业档案、户口管理

大学毕业时，按照教育部相关规定，毕业生的档案和户口等自身证明材料要从毕业学校转出到其他单位。涉及三种材料，即报到证、档案、户口。

## 一、报到证的用途

（1）报到证是毕业生到就业单位报到的凭证，也是毕业生参加工作时间的初始记载和凭证。

（2）学校相关部门依据《报到证》为毕业生办理档案投递、组织关系转移和户籍迁移等手续。

（3）就业单位所在地公安部门凭报到证为毕业生办理落户手续，就业单位凭报到证为毕业生办理相关工作手续。

报到证上有时间限制，请同学最好按照规定的时间报到。一般报到证的有效期限为 2 年。

## 二、个人档案和户口用途

（1）个人档案是记录一个人的主要经历、政治面貌、品德作风等个人情况的文件材料，起着凭证、依据和参考的作用，在个人转正定级、职称申报、办理养老保险以及开具考研等相关证明时，都需要使用档案。而且，随着人事服务工作的发展，个人档案的作用会越来越重要。比如：参军、考公务员、当教师、到事业单位工作。

（2）毕业后，同学们面临的首要问题是结婚或考试，若不办理落户及人事档案相关手续，婚育证明或考试证明是无法开具的。

（3）档案是记录了一个人的成长过程的原始资料，必须完整并及时补充，其他材料替代不了，如果断档，会有很多麻烦，有些档案过期就没有办法再补充。

（4）参加公务员或事业单位的考录，其中要通过"政审"即"审查档案"，没有档案是不能办理相关手续的。

（5）没有户口、档案，是不能办理各种社会保险的。

（6）技术职称档案材料是人事档案的一个重要部分。有的同学可能要从事专业技术工作，这就不可避免地要晋升专业技术职称。

（7）档案在各地人才交流中心进行托管，根据国家政策，可申报专业技术职称。

## 三、毕业时档案和户口的几种处理方式

（1）升学（专升本被录取）的毕业生保留学生身份，不进行派遣，毕业生就业指导中心按照录取通知书或调档函的要求转递档案和户口；

（2）已落实就业单位，并且用人单位有权力接收档案，将毕业生派遣至该用人单位并将其档案转递至该单位档案管理部门；

（3）已落实就业单位，但单位不解决户档关系，同时在协议书上加盖了人事代理机构的公章或出具了接收函，同意进行人事代理的，将毕业生派遣至该人事代理机构，其档案转递至该人事代理机构，一般是单位所在地方的人才交流中心。

（4）已落实就业单位，但单位不解决户档关系，也没有办理人事代理和托管协议的，将其派遣至原籍。

（5）未落实就业单位，一般将其派遣回原籍。

（6）已入选各省市"选调生""志愿服务西部计划""三支一扶"等国家和地方基层项目的毕业生，按照有关文件要求进行派遣和档案处理。

（7）一般户口迁移地址和档案寄送地址一致。毕业生在户口迁移证上规定的时间内办理上户手续。

毕业生档案由学院就业指导中心于每年的 7～8 月集中处理，通过邮局或人工送达等形式寄发。毕业生可在8～9月根据报到证上的派遣地址查询本人档案的去向，并及时到档案接

收单位办理托管手续。

**【思考与练习】**

1. 综合本章所学相关知识，试对下面案例进行分析。

案例1：是否该交"风险抵押金"？

小张学的是信息技术专业。在招聘会上，他看上了一家待遇和条件都不错的 IT 公司，经过"过五关、斩六将"被公司录用了。当他报到时，公司负责人告诉他："你刚毕业，没什么工作经验，我们给你 3500 美元，待遇是很高的，今后，公司还会给你很多培训机会，要培养你。为了避免以后由于你个人原因给公司造成损失，在咱们正式签订劳动合同前，请你先交 2 万元风险抵押金，这是公司规定。"小张很看重这份工作，但不知是交还是不交？

案例2：是否该交违约金？

小李毕业以后，分配到某工厂做车工。他与工厂签订了为期五年的劳动合同。去年回家过春节，看到家乡变化很大，很多人做买卖挣大钱，小李跟妻子一合计，决定不如辞职，在家乡开个小商店。春节一过，小李回到工厂立即写了一份辞职报告，要求即行解除劳动合同，厂领导不同意，认为按规定应该提前 30 天通知工厂才行。小李没有理会工厂的意见，径直就离开工厂。小李开个体商店应享受政策优惠。在办手续的时候，有关部门要求他出具解除劳动合同的证明。但厂领导明确表示不能为他出具劳动合同证明。原因是他没有提前 30 天通知解除劳动合同，擅自离开给工厂的生产造成了损失，应该缴纳违约金。

案例3：试用期应该是多长？

小陈被某连锁超市录用为收银员，签订了为期一年的劳动合同，其中约定试用期为 3 个月。该劳动合同履行完毕后，单位同意再与她续订一年的劳动合同，但是单位强调必须要再订 3 个月的试用期。小陈发现她的工作岗位未发生变化还是继续做收银员。小陈不解"怎么还有试用期？不能老试用啊？"

案例4：小黄在求职中遭遇了陷阱？

小黄是厦门某重点大学的一名计算机专业应届毕业生，不仅形象好、气质佳，而且编程能力强。因此，比起她的同学来说，她的求职经历非常顺利。在学校举行的一次大型双选会上，小黄以优异的专业成绩和实习单位较高的评语，被一家小有名气的内资 IT 企业相中，并很快签订了用人合同，双方商定试用期为三个月，试用期月薪 1500 元。当其他同学还在为找工作东奔西走的时候，小黄已经满心欢喜的开始上班了。可是天有不测风云，刚结束春节休假的小黄一到公司，便接到人事部门的通知，称"通过试用发现小黄不适合在本公司工作，决定解除双方的试用合同……"公司的决定，让她感到非常突然，就在春节前小黄还通宵达旦加班加点的为公司设计出来的一个财会软件还受到部门经理的夸奖，怎么就突然变卦了呢？小黄感到十分不解。后来一个共过事的公司员工向她道明了事情的真相："公司根本就没想要你这个人，只是需要你设计的软件，想无偿占有你开发的软件而已。"小黄才幡然醒悟。

# 参考文献

[1] 储克森. 大学生职业发展与就业指导. 北京：机械工业出版社，2009

[2] 戴建兵，姬振旗. 大学生职业生涯发展规划. 北京：科学出版社，2010

[3] 丁栋虹. 创业管理. 北京：清华大学出版社，2006

[4] 高桥. 大学生就业者指导. 北京：清华大学出版社，2006

[5] 葛玉辉. 职业生涯规划管理实务. 北京：清华大学出版社，2011

[6] 韩洪建. 高职大学生职业发展与指导教程. 北京：中国水利水电出版社，2008

[7] 胡志强. 大学生职业生涯规划与就业指导. 北京：中国传媒大学出版社，2009

[8] 教育部人事司. 高等教育法规概论. 北京：北京师范大学出版社，2000

[9] 金环，刘平. 职业生涯规划大学生职业素养教育规划教材. 北京：清华大学出版社，2013

[10] 李东. 大学生创业教育. 济南：泰山出版社，2010

[11] 李时椿. 创业管理. 北京：清华大学出版社，2010

[12] 李晓波，李洪波. 大学生职业生涯规划与发展. 北京：化学工业出版社，2010

[13] 刘清亮等. 就业指导与职业规划. 北京：人民邮电出版社，2009

[14] 闫振华等. 大学生职业生涯规划. 北京：中国经济出版社，2009

[15] 彭晓华，刘志伟. 大学生职业规划与就业指导. 北京：中国商务出版社，2009

[16] 钱晓，李增秀. 大学生就业指导. 北京：科学出版社，2009

[17] 任国升，高雪升. 大学生职业生涯规划与就业指导. 保定：河北大学出版社，2011

[18] 施锡栋，匡亦珍. 高职学生职业规划与就业指导. 济南：山东大学出版社，2008

[19] 石建勋. 职业生涯规划与管理. 北京：清华大学出版社，2009

[20] 宋贤钧，陈兴义. 大学生职业素养训练. 北京：高等教育出版社，2011

[21] 田新民，张宗恩. 择业与就业——大学生职业规划与发展（第三版）. 上海：上海交通大学出版社，2008

[22] 王维华等. 大学生就业与创业指导. 北京：高等教育出版社，2007

[23] 王移山，李瑞昌. 高职毕业生就业指导. 北京：科学出版社，2007

[24] 王豫，孙爽. 大学生职业生涯规划和就业指导. 重庆：西南大学出版社，2009

[25] 伍大勇. 大学生职业素养. 北京：北京理工大学出版社，2011.

[26] 学习考试用书研发中心. 面试. 北京：清华大学出版社，2012

[27] 杨军，万建国. 大学生全程就业指导教程. 北京：北京师范大学出版社，2009

[28] 应届生求职网. 应届生求职面试全攻略. 上海：上海交通大学出版社，2009

[29] 郑美群. 职业生涯管理. 北京：机械工业出版社，2010

[30] 职业生涯与发展规划课题研究组. 大学生职业生涯与发展规划教程. 北京：北京出版社，2008

[31] 周长茂. 大学生职业生涯规划. 北京：中国石化出版社，2011

[32] 周耀明，马林. 大学生就业指导与职业生涯规划. 北京：科学出版社，2011

[33] 朱莉，姜峰. 赢在未来大学生创业实物与策略. 济南：山东大学出版社，2010